泉州文库

選堂題

（明）葉春及
（明）陳懋仁 著
鄭煥章
吳遠鵬 點校

惠安政書
泉南雜誌

泉州文庫整理出版委員會 編

商務印書館
The Commercial Press

前　　言

　　泉州建制一千三百多年，爲中國歷史文化名城和古代海外交通的重要港口。"比屋弦誦，人文爲閩最"，素稱海濱鄒魯、文獻之邦。代有經邦緯國、出類拔萃之才，歐陽詹、曾公亮、蘇頌、蔡清、王慎中、俞大猷、李贄、鄭成功、李光地等一大批傑出人物留下了大量具有歷史、文學、藝術、哲學、軍事、經濟價值的文化遺産。據不完全統計，見載於史籍的著作家有一千四百二十六人，著作多達三千七百三十九種，其中唐五代二十九人三十二種，宋代二百人三百九十一種，元代二十一人四十種，明代五百三十六人一千五百八十五種，清代六百四十人一千六百九十一種；收入《四庫全書》一百一十五家一百六十四種，《四庫全書存目叢書》五十六家七十四種，《續修四庫全書》十四家十七種。二〇〇八年國務院頒布第一批國家珍貴古籍名録，屬泉人著述、出版者十三種。

　　遺憾的是，雖然泉州典籍贍富，每一時代都有一批重要著作相繼問世，但歷經歲月淘汰、劫難摧殘，加上庋藏環境不良，遺存至今十無二三，多成珍籍孤本。這些文化遺産，是歷史的見證，是泉州人民同時也是中華民族的寶貴文化財富，亟待搶救保護，古爲今用。

　　對泉州地方文獻的搜集與整理，最早有南宋嘉定年間的《清源文集》十卷，明萬曆二十五年《清源文獻》十八卷繼出，入清則有《清源文獻纂續合編》三十六卷問世。這些文獻彙編，或已佚失，或存本極少。二十世紀四十年代，泉州成立"晋江文獻整理委員會"，準備整理出版歷代泉人著作，因經費短缺未果。八十年代，地方文史界發起研究"泉州學"，再次計劃編輯地方文獻叢書，可惜後來也因爲各種條件的限制，其事遂寢。但是這兩次努力，爲地方文獻叢書的整理出版做了準備，留下了珍貴的文獻資料和書目彙編。

　　二〇〇五年三月，中共泉州市委、泉州市政府決定將地方文獻叢書出版工作列爲國民經濟和社會發展第十一個五年規劃的一項文化工程。翌年,正式成立"泉州地方典籍《泉州文庫》整理出版委員會",着手對分散庋藏於全國各大圖書館及民間的古籍進行調查搜集,整理出《泉州文庫備考書目》二百六十七家六百一十四種,以後又陸續檢索出遺漏書目近百家一百八十餘種。經過省内外專家學者多次論證,最後篩選出一百五十部二百五十餘種著作,組成一套有一定規模、自成體系、比較完整,可以概括泉人著作風貌、反映泉州千餘年文化發展脈絡的地方文獻叢書,取名《泉州文庫》,二〇一一年起陸續出版發行。

整理出版《泉州文庫》的宗旨是:遵循國家的文化方針政策,保護和利用珍貴文獻典籍,以期繼承發揚中華民族優秀文化傳統,增進民族團結,維護國家統一,提高民族自信心和凝聚力,加强社會主義核心價值體系建設,增强文化軟實力,爲泉州的物質文明和精神文明建設服務。

《泉州文庫》始唐迄清,原著點校,收録標準着眼於學術性、科學性、文學性、地域性、原創性、權威性,具有全國重要影響和著名歷史人物的代表作優先。所録著作涵蓋泉州各縣(市、區),包括金門縣及歷史上泉州府屬同安縣,曾在泉州任職、寄寓、活動過的非泉籍人氏的作品,則取其内容與泉州密切相關的專門著作。文庫採用繁體字横排印刷,内容涉及政治、經濟、歷史、地理、哲學、宗教、軍事、語言文字、文化教育、文學藝術、科學技術等領域,其中不乏孤稀珍罕舊槧秘笈,堪稱温陵文獻之幟志。

值此《泉州文庫》出版之際,謹向各支持單位、個人和參加點校的專家學者表示誠摯的感謝!由於涉及的學科和内容至爲廣泛,工作底本每有蛀蝕脱漏,加之書成衆手,雖經反復校勘,但限於水平,不足或錯誤之處還是難免,敬請讀者批評指教。

泉州地方典籍《泉州文庫》整理出版委員會
二〇一一年三月

整 理 凡 例

一、《泉州文庫》(以下簡稱"文庫")收録對象爲有關泉州的專門著作和泉州籍人士(包括長期寓居泉州的著名人物)著作,地域範圍爲泉州一府七縣,即晋江(包括現在的晋江市、石獅市、鯉城區、豐澤區、洛江區)、南安、惠安(包括泉港區)、同安(包括金門縣)、安溪、永春、德化。成書下限爲一九四九年九月以前(個別選題酌情下延)。選題内容以文學藝術、歷史、地理、哲學、政治、軍事、科技、語言教育等文化典籍爲主,以發掘珍本、孤本爲重點,有全國性影響、學術價值高、富有原創性著作優先,兼及零散資料匯總。

二、每種著作盡量收集不同版本進行比較,選擇其中年代較早、内容完整、校刻最精的版本爲工作底本,并與有關史籍、筆記、文集、叢書參校,文字擇善而從。

三、尊重原著,作者原有注釋與説明文字概予保留。後來增加者,則視其價值取捨。

四、凡底本訛誤衍漏,增字以[　]表示,正字以(　)表示,難辨或無法補正的缺脱文字以□表示,明顯錯字徑直改正,均不作校記。

五、凡底本與其他版本文字差異,各有所長,取捨兩難,或原文脱訛嚴重致點讀困難,或史實明顯錯誤者,正文仍從底本,而於篇末校勘記中説明。

六、凡人名、地名、官名脱誤者,均予改正,訛誤而又查不到出處之人名、地名、官名及少數民族部落名同異譯者,依原文不予改動。

七、少數民族名稱凡帶有侮辱性的字樣,除舊史中習見的泛稱以外,均加引號以示區別,并於校記中説明。

八、標點符號執行一九九六年實施的國家《標點符號用法》。文庫點校循新版二十四史及《清史稿》例,一般不使用破折號和省略號。

九、原文不分段者，按文意自然分段。

十、凡異體字、俗體字、通假字，如非人名、地名，改動又無關文旨者，一般改爲通用字；異體字已經約定俗成、容易辨認者不改。個別著作爲保持原本文字語言風貌，其通假字則不校改。

十一、避諱字、缺筆字盡量改正。早期因避諱所產生的詞彙成爲習慣者不改正。

十二、古籍行文中涉及國家、朝廷、皇帝、上司、宗族等所用抬頭格式均予取消。

十三、文庫一般一册收錄一種著作，篇幅小的著作由兩種或若干種組成一册，篇幅大的著作則分成兩册或若干册。

十四、文庫採用橫排、繁體字印刷出版。每册前置前言、凡例。每種著作仿《四庫全書》提要之例，由編者撰寫《校點後記》，簡略介紹作者生平、著作內容及評價、版本情況，說明其他需要說明的問題。

泉州地方典籍《泉州文庫》整理出版委員會辦公室
二〇〇七年二月五日

目　錄

惠安政書 …………………………………………………………… 1

泉南雜誌 ………………………………………………………… 385

惠安政書

目　錄

惠安政書自序 ··· 葉春及　7

惠安政書一 ··· 11
　圖籍問 ··· 11
惠安政書二 ··· 20
　地里考 ··· 20
惠安政書三 ··· 33
　版籍考 ··· 33
　　徭 ··· 41
　　綱 ··· 42
　　驛 ··· 46
　　兵 ··· 47
　　餉 ··· 47
　　匠 ··· 50
　　帶徵屯糧 ··· 50
惠安政書四 ··· 52
　惠安縣 ··· 52
　在坊 ··· 66
　一都 ··· 77
　二都 ··· 88
　三都 ··· 97

3

四都 …………………………………………………………… 97
惠安政書五 …………………………………………………… 108
  五都 …………………………………………………………… 108
  六都 …………………………………………………………… 117
  七都 …………………………………………………………… 127
  八都 …………………………………………………………… 136
  九都 …………………………………………………………… 146
  十都 …………………………………………………………… 156
惠安政書六 …………………………………………………… 167
  十一都 ………………………………………………………… 167
  十二都 ………………………………………………………… 167
  十三都 ………………………………………………………… 168
  十四都 ………………………………………………………… 182
  十五都 ………………………………………………………… 182
  十六都 ………………………………………………………… 182
  十七都 ………………………………………………………… 183
  十八都 ………………………………………………………… 195
  十九都 ………………………………………………………… 203
  二十都 ………………………………………………………… 203
  二十一都 ……………………………………………………… 213
  二十二都 ……………………………………………………… 221
惠安政書七 …………………………………………………… 231
  二十三都 ……………………………………………………… 231
  二十四都 ……………………………………………………… 239
  二十五都 ……………………………………………………… 247
  二十六都 ……………………………………………………… 256

二十七都 …………………………………………… 265

　　二十八都 …………………………………………… 275

惠安政書八 …………………………………………… 285

　　二十九都 …………………………………………… 285

　　三十都 ……………………………………………… 294

　　三十一都 …………………………………………… 304

　　三十二都 …………………………………………… 313

　　三十三都 …………………………………………… 322

　　三十四都 …………………………………………… 331

惠安政書九 …………………………………………… 346

　　鄉約篇 ……………………………………………… 346

　　冠四條 ……………………………………………… 348

　　婚十二條 …………………………………………… 348

　　喪八條 ……………………………………………… 349

　　祭五條 ……………………………………………… 350

　　明倫五條 …………………………………………… 350

　　禁邪七條 …………………………………………… 352

　　務本三條 …………………………………………… 354

　　節用二條 …………………………………………… 355

惠安政書十 …………………………………………… 358

　　里社篇 ……………………………………………… 358

　　祝文 ………………………………………………… 360

　　祭文 ………………………………………………… 361

　　祭告城隍文 ………………………………………… 363

惠安政書十一 ………………………………………… 365

　　社學篇 ……………………………………………… 365

惠安政書十二 …………………………………………………… 372
　　保甲篇 ………………………………………………………… 372

校點後記 ………………………………………………………… 381

惠安政書自序

　　令春及者,嶺東惠郡萬石里人也。父天佑,質行,顓名經,敝絮窮巷中。而春及牛好言王道,父故切難:"兒無奈好言王道,何王也?"跽曰:"傳言法後王者,以俗變相類,議卑而易行也,未及郁郁,而郁郁何從哉?兒非數千載人,終不五帝三王道語矣。"父曰:"善!"

　　射策甲科不應令。隆慶二年,伏闕上書三萬餘言,報聞,隨牒閩清文學。遷惠安令,上謁御史中丞何公,敕試吏如未廟婦,廩廩避,斗食輩稱故事,易唅人。跽曰:"故事者,上所財甲令條貫,臣下奉職是也。撟虔史乘機以侵蒸庶,創見削胲,用乃自其私臆,何故事云?"何公嘿然,蓋心善之。召邑中長老、鄉里所信鄉三十餘人,置酒設禮,咨便事、陁塞、户口、強弱之處,民所疾苦,可施行受記,條其對,詳延茂才、文學諸生切劃究之。作《圖籍問》。

　　志無慮數家,諸所疏列山川,曾不問道貽來,欲以其所不見牴牾,野人詢之。五里梁益,十里吳越,以一諸要,彼不知爲燕謂郢非也,并兼之徒亦復助歲(紂)爲虐,今宫室亭舍稍增修矣。作《地里考》。

　　長吏主錢穀出納之令,量吏禄,度官用,以賦於民。歲租税更絑諸經費有程,異時惛惛不辨。胥爲政,恣低昂不當,奚啻農夫一犢之費?儒者往往稱述孔子,安得辭計吏曰"有主者見",謂知大體而不一料量哉?作《版籍考》。

　　晉人圖具六體,其於廣輪,彼此道里、高下、方邪、迂直詳矣。朱思本法羅太史,讓其巧以圖吾邑,未論辨方經野諸大計,便遽赴期會。桑蔭未移,使隨檄而至,面謾不可,本圖遠近情得也。作《地里圖》。

　　里父居室、閨閣、庭塘、廟寢、臺樹、疆場、園池亡遠,曰游其睫,故螯足而手至。邑亡小,疏數十里,而君之號有土,自官寺、邑屋、序室、都亭、里祠,若塞徼、障候具其中。兢兢四竟，治廢所繇，豈家人之殖？作《地里表》。

户，宋幾與口等，元反之，趨辟視上。近如宋懲創，户削而口增，登三之一。儻問郡國上計，長吏、守丞不得詆膠柬矣。縣官徒言，南至僕鈆而直。封域之內，民不能有，設三萬，三三九萬可知也。大抵更卒、力役三十倍於古，故不信，奈何罪民哉？作《户口表》。

阡陌開，田民得自買賣，籍亦麗田於人。都内步畮，非盡提封之數。素封大豪，擅管山海之貨利，役細民，争占一以冒百。隍中之屯，以制西羌。今衛卒徒食廣饒之地，茭槀不入，乃以煩吏。征戍日多，糧饟不足食，當食者至箠扑①以相奉，不能舉行鹽筴，而牢盆爲虚，襲言羞比管、晏，然乎？作《田土表》。

山林、藪澤、原陵、淳鹵地，畝五升有奇，不獨爰田爾也。租税輸幣者易以粟，自閩之故。邑雖磽陿，不能異。海租名田耗息之籍，皆四十餘歲不更。縣官既漁海，不得稱東萊，事遂已。詔書檢覈天下，墾田振業，貧民甚厚，有司不奉宣，何哉？作《賦税表》。

圖三十五，有總聯者四，凡十一都。表一百五十五，圖五。表連綴之，倍者兩圖。其并視圖之聯，廣谷大川，民風謠俗具矣。高皇帝以户口率置三老亭，決一里之訟，各率其意道民。有司不務謹守，誕章徒見，闒茸輩不足與計事。一切猜禍自治，致復出正二約束之於民間。是有二三而求五也，無益於鄉亭之教，即而整齊之。作《鄉約篇》。

閩人俗鬼，尤好解祠之事。邑僅僅幅員八十，叢祀至五百五十一。腏食羣神，快割俛仰之養，大率家巫史矣。邑有公社，民間亦各自裁，若屬皆經祠，壇陊易廢，其光景動人。民唯木偶，以故駭附之，云燬而反諸經。作《里社篇》。

方入序室，能涉獵書記，綴青紫之文甚盛。然以未教成者具官，即國家何賴？邑故瘠，學士多不得養，往往見糈而争，是市之也。建學二百一十九，廣延茂士爲師，朔望陳鐘鼓，諸生執俎豆，升降揖讓，習禮樂之事，説小學書以誘進之。作《社學篇》。

國初以里甲任民，亡命過抵，若惡少年與三老迹捕，其於游徼，實兼之矣。後甲於鋪，復以保。吏有方略，厲使用命如法，何等不可者，安得盜賊發比伍中？不然，徒益爲亂耳。然皆出於疏令，合巡警。作《保甲篇》。

　　故曰：民函五常之性，剛柔緩急，繫水土之風氣，謂之風；好惡取舍，動靜亡常，隨君上之情欲，謂之俗。移其本，而易其末，壹之虖中和，然後王教可成也。其在斯乎？其在斯乎？

　　太華大夫問於希古先生曰："吏所爲賢良者，佚四肢，全耳目，身名顯榮，與百姓同其福善者也。事米鹽，無大小，關決日夜不處，勞於天下之民若城旦然，則是自納圜墻，以冠裳爲鉗釱也。南北兩極，一昂一低，泰山高而嶕嶢，亦有澗谿，何於人而平之？豪貴人驕，漁奪細民，自其故。一見問，四面蜂起，飛爲惡語聞上，幾敗其功。休呴之，幸游聲譽稱治，得右職，據位愉快，去而尸焉，不亦吉祥善事哉！而屑屑何也？"希古先生憮然嘆曰："天子爲百姓置吏，固將以司平屬我也。徒持禄，奈負朝廷何？是皆便利自營，非爲公家忠計，不取堯兢兢曆象日月星辰，禹濬九川而灑之地得以永寧，寧聽其自治乎？見稱筐篋吏所主者夥，下不敢操刀筆，侵佐史之職，安得舉凡上如宰相？故曰：或勞心，或勞力；勞心者治人，古之道也。"太華大夫曰："班孟堅所傳，其奉職循理，亦可慕與？張、趙之業，何如龔、黃？"希古先生曰："傳循吏自子長，然身脩者官未曾亂也。孫叔敖禁止子產民不能欺，石奢堅直廉正無所阿避。李離過聽自裁，非獨卻魚號異等。文翁起學官，王成勞來不怠。黃霸靡密若煩碎，精力能推行之。朱邑愛利。龔遂剛毅，著節昌邑，務農桑。召信臣開通溝瀆，起水門提閡。皆亹[亹]，所以治時異，即欲誅原、楮首惡，按東海大豪兩高氏，將至市論殺之；圍守王宮，索宗室調等(停)，傅吏捕格斷頭未易。二者較然，孰肖似也？"太華大夫曰："循吏固矣，漢相國蕭、曹以寬厚清静，民作畫一之歌，智囊更令三十章，斬於東市。磔鼠兒取約束紛更之，載牛車以死，獨洛陽少年未耳。"希古先生曰："晁錯擅權薄遽，張湯承上指興利、峻文、輔法，其及也宜。蕭、曹雖賢，不逮周公；賈生改正朔，興禮樂，適也。高皇帝監前聖建立制度爲萬世程，臣子不能遵奉，兹以義法

9

令檢式,振舉墜廢,而大夫以爲紛更,誤矣。琴瑟不御,張而鼓之,非更也,故也。"太華大夫蹙然曰:"今乃知惠安之政!"

　　輿圖之興,自隆慶五年諸籍更定,迄萬曆元,三年而成。歲附錄。

【校記】

　　①"扑":福建省地方志編纂委員會主編、福建人民出版社一九八七年出版的《惠安政書》(以下簡稱一九八七年版本)作"朴"。

惠安政書一

圖　籍　問

問父老鄭若晦等

蓋聞古之爲政，率用圖籍，以具知阨塞、户口多少、强弱之處，民所疾苦者。知縣寡昧，不逮古人遠甚，謬爲爾牧，敢不求之。凡里中狀可繪爲圖，圖不盡者悉筆于籍，以匡知縣不逮。敢問二十八章于左：

在志，境縱九十里，横八十里，分爲三十都。雖各廣輪不同，每都較以二十四里縱横爲額，畫爲二十四方。延其徼而視之，每方固止一里，其中積實之目，則五百七十六里矣。必預隱括部置，而限其縱横幅員之數，據里若干，闢之爲圖。不足，則於四維四隅空之，溢者闢于額之外。其目亦以額内爲則，務畫一［爲］規，而使里數不紊。據圖即知都之大小，其間居聚遠近瞭然也。

審方位，辨疆域，當以嚮陽爲主。或東西長，或南北長，不必截而補之，一依延袤之制。隨其形之紓縮，以待鄰境錯出于其間，按圖則里至可概矣。又詳紀於上方，某鄉某都，東西若干，南北若干，東北西南若干，西北東南若干。或東或西，或南或北，至縣若干，至府若干。

凡圖地里者，貴脉絡有條，形色惟肖，而宛然在目也。山無論其卑、高、小、大，若斷若連，若起若伏，若分若合，若順若逆，危峰奇石、巖洞嶺岫、麓阜原隰、綿邈險巘之類，一一貌而識之，其有名者大書之。水隨山而行，由澗入溪，由溪入埭，由埭入港，由港入海，此大都也。其間各都異制，或出或受，或奔或滙，坑谷、潭洋、陂塘、湖沼、溝渠、川壩、堤堰、橋渡、官井、名泉百所用溉。及島嶼、洲灘、澳蕩、礁砂、塍扈①、網門，凡穴野而窑、沿江而航者，在境内勿遺。境外山川大勢，來也當聯，去也未竟，可圖則圖之，而書其界；圖不足盡之，則識其去來尚若干里②，小者勿詳。物產雖不能悉，但圖其茂林廣牧，則物之蕃聚與否見矣。它不必圖，惟書其所產某某③而已。田園計頃數，而第上、中及下之亢潦、瘠鹵、荒沒者。屯而錯也，則棋而布之；鹽而團也，則星而列之。

　　先圖城堡、市鎮，次則鄉聚。各概以多寡，量其遠近，而共登其地之名。若公署，邑治外有司、邑中分司、各都巡檢司、鹽課分司。有學、邑學、社學、醫學、陰陽學。有所，宗武、河泊。有驛、及舊驛地。有鋪、急遞、巡警。有館、如府館之類。有倉、如際留預備類。有場、如教場、鹽場類。有院、如書院及存恤院類。有局、如稅課、惠民。有寨、如白水、虎窟類。有墩、如黃崎、赤山類。有臺、及樓之屬。有關、如里門類。有坊、華表、都廂。有亭、申明、旌善類。有衢、墟市。有路、凡諸官巷。有社、每境所會。有壇、邑中并各都社、厲。有廟、城隍類。有祠，名宦、鄉賢類。則圖而名之，廢亦名其地焉。外若義塚及名人之墓，凡寺佛之庵堂、塔院皆附。觀及不在祀典叢祠之稱宮廟、堂祠者。古蹟亦登之備考。

　　凡山川都有圖，其大者邑有志矣。又有所當詳者，山述大勢本末，而分為諸紀。南紀如何？北紀如何？東西如何？水亦如之。山書其或殖或童，以稽其地力之上下；水書其流之大小盈涸，切于生業之利害者，不但具奇勝，備探討為也。物產惟穀屬最切，各以所宜土者書，餘以桑綿麻苧④為重。次可為貨，以市地方，如鹽市飴油及草木蔬果、水陸牲畜，凡羽毛、鱗甲之屬，俱於所產所聚書之。公署雖登于圖，其沿革存廢之故，非圖所能盡者，各據圖之名列之。若夫民居，則顓詳於《保甲》諸篇。

　　乃今田土之制，以地從人。如本都之地，本載田十頃，而冊乃二十頃；本載田二十頃，而冊或十頃者，以人為主，此國法也。余謂宜地為主，地若干田，冊亦若干，各屬其里不移，則田永有定額，曾應詔言其概矣。邑土田，概有三別，在山、在坑，舊志不具，稍具埭田，而未嘗別其里。今可倣魚鱗簿之遺制，各都而列之：某處山田也若干，某處坑田也若干，某處埭田也若干，內各若干新墾者。又各第而記之：上等某某有幾，中等某某有幾，亢若干，潦若干，瘠若干，鹵若干，荒若干,没若干,詳其下等,爲農疾苦計也。既以地所有爲主,而共計其數矣,乃計人之户丁所有,具於遞年黄册者,而分爲二例:官田,地、山、林、蕩、水門等各若干,其租、税、糧上則、中則、下則各有幾;民田,地、山、林、池、蕩、水門亦如之,共依册之實在者總之。其間事產,有暗飛、詭寄、包荒、移换,則錢穀有駕空埋跡、虛入實出之弊,各釐而舉之。外有寺田,書在寺若干,入官若干。軍田,又詳附于後。

屯田,事雜衛所,其奸弊雖未遽釐,但其初制,不但授之田也,每屯設倉以貯之,設場以練之。今廢久矣,其地亦當籍之。田則宜書原額若干,某衛有幾,某所有幾,或耕、或荒有幾。及糧本、折色各若干,據春耕舊籍爲欵,附于土田之後。蓋自屯外,則皆官、民田地也。本縣有籍,斯侵奪可防矣。土田水利爲重,宋志邑有三百所矣,乃今幾存,而其當興、當修、當復、爲占、爲塞、爲遏,其利、其害,悉陳之。餘若井泉、橋渡之類,亦詳之備考。

户口既登于册,今惟具其大數,如里、甲户若干,户内丁有幾,不成有幾,女口有幾,據册之實在者録之。又考近年,折有幾,絶有幾,故有幾,逃有幾,革回⑤有幾,歸併有幾,附寄莊者有幾,應蠲免者有幾,據册之實徵者詳之。大較民户爲重,且最多,宜詳;軍户多,次之,且歲有清勾;鹽匠多,又次之,且歲有輸納,俱詳。若醫户最少,弓兵、鋪兵亦少,又勻編之,不必詳矣。但各有詭立花分者,則詳而舉之也。

比歲清軍,其累解户甚矣。諺曰:"勾一軍,害百口;充一軍,禍三族。"余素隱之,恐民之重畏之也。故今之稽户丁,惟書某籍,原抽某衛所若干;或存、或絶、或原垜充者各若干人。其未解者勿開,予弗擾。若籍有官者,則書某户人,襲某衛所官。其舊屯旗軍及新謫戍卒亦附之,共别爲一條,載於户口之後,庶主客之軍户咸稽矣。

貢賦邇來雖重,其名不煩,大較綱有二:曰銀,曰米。基目有四:爲鈔,有官、民田地之税焉,折銀以解;有官、民田地之租焉,并米以徵。又有商之正辦,以銀;又有局之帶辦,以銀。爲糧,官田地者全以銀,民田地者半以米,俱有耗。

有户口之鹽米,有河泊之魚米,皆以銀,閏月有加。爲課,自糧、鈔各課外,有桑課其疋,有鹽課其引,有匠課其役。今桑徵於稅,而鹽輸價、匠代班各以銀。爲料,有額辦、有歲辦、有雜辦,凡以銀,其諸以米者,惟崇武、永寧、金門三倉實徵而已,可條其目而彙書之。鈔,夏稅官民各若干,各折銀有幾;秋租官民各若干,徵米若干,浮若干,實折銀有幾。糧,原若干,增若干,浮若干,官以銀若干,民以銀若干,又以米若干,鹽米、魚米各若干,併閏折銀有幾。課,各丁米若干,引銀、班銀各有幾。料,丁米各若干,共解銀有幾。乃通纂其數,它姑勿詳。

魚課,雖有專司,邇之訟者實繁,由版籍久闕,易以誣誷故耳。原額八[6]澳,澳有甲,當書某澳、某甲、某户,有某處、某業米若干,隱者予覈登答簿而罪焉。有業而未籍者,及原無籍而業者可告余酌之,以抵一二無徵者。

鹽之額辦,鹽官司之,户口則轄于縣,已具貢賦條内。其團若干,其盤若干,其受田經䃰司䑦當民役若干,亦宜録之,以覈其稽避者。匠既奉例納價,則縣覈課之矣。邇之有爲無、存爲絕、在爲逃、壯爲幼者甚多,可悉數其户及其歲之所納者。

力役,出於力也,故身有役。爲里正、爲鄉老、爲甲首、爲户丁,以追徵、以勾攝、以供辦,正役也,邇來征以米,繁矣。又雇而且徵,至移而它用之。有餉銀焉、有綱銀焉、有兵銀焉、有驛銀焉、有徭銀焉。丁以銀,米以銀,則各役雖繁,惟銀辦之矣。苟其數靡稽,吏胥因而出沒之,則民之奔命者,其膏血之浚日甚。今書里凡幾圖,圖凡幾甲,丁幾何,米幾何,共計幾何;餉若干項,綱若干項,兵若干項,驛若干項,徭若干項,余憑以稽而省節之焉。

驛傳,自元年來變爲官募,符節既嚴,關支又謹,民宜稱便,乃訐告驛傳者多,豈非有豪猾苦之乎?其實陳之,爲爾究治。若兵、餉、綱、徭等既有定規,毋容輕議。倘有未便,不過數之未清,爲吏胥所舞;亦有里正緣以需索,坐此民日愁苦耳!既登其數,則五尺之童可適庭輸納,而莫之敢欺矣。

夫城池之重,不特縣中也。若崇武所有之,若巡檢司有之,及關寨、墩臺、市鎮、土堡,所係匪輕,況有警之後乎!亟記其建設之年,并其繕修之次,或何處險隘當設，或何處崩頹當修。屯某聚也，某方之保障；守某關也，某方之咽喉；於某而登之，遠可以望幾里；於某而集之，近可以召幾里；某爲寇所出入之路，某爲盜所聚散之區，纚纚陳之，安無忘危可也。

高皇帝制，里有耆老，皆里所推擇者。可約乎里，即謂之正；可保乎里，即謂之長，蓋兼之矣。邇之聽役者，不足取重有司，故有司賤之。又設保長、約正之名，不知制具存也。余復厥初，延訪父老，躬宴勞之，與共爲理。考制，父老所居旌善申明亭，匪邑然也，里皆有之，今廢久矣。乃行鄉約，多棲佛老之宮、叢祠之宇，非所以令衆庶興也。茲宜量其都之大小，道之遠近，酌爲一區，有佛老之宮、叢祠之宇即正其名。倘無，當創何區，費將安出？務其中可亭，居父老行事。地之大者，旁爲塾，後爲倉；小者別創。大都須兩亭者，聽。

自邑學有籍，余與博士先生司之，第鄉校久廢，何以群子弟哉？里有亭，亭有塾矣。鄉聚有小大，子弟有多寡，當幾區從便，務使比屋絃誦可也。

倉名預備，所以防匱。崇武以軍待哺不廢，邑與學者雖廢，然官吏、師生實有常給也。惟預備名存，而未嘗儲穀久矣。且近有明旨，定立穀數，余將取贖鍰，如其數儲之。又欲各社置倉，以便都中之待哺者。但今之費何出，而後之穀何處耶？

今保甲，古之遺法，匪直親睦，亦相糾察。邇者有司屢奉明旨行之，民尚未信，恐或因而擾之耳。知縣甚拙，但此心民或信之，茲申鄉約，以重風化。若有一人弗與，是自外於王化也。知縣愁之，欲盡稽其數。十歲以上及耄耋咸在，非將役之，蓋不敢遺乎老幼也。當書某處幾家，某家幾人，某人何爲，或世居焉，或寄居焉，比鄰而次，或十，或十以上爲甲，又合而編某甲爲甲。某甲乙之計，甲共若干，家共若干，丁共若干。又錯而綜，都幾姓，姓幾族，族長一人爲宗，亦以多寡爲次。族之畸零、戶之流寓者附。凡二帙：一縣考之，一約正詳之。有隱者舉，不舉至有詞於庭，稽帙無名者不問。其爲人所訟者尤加罪之，且罪令所書及約正之不舉者。

稽初制，甲有十，里之長統之矣。總甲之役，爲機兵未設，藉之巡警，而或爲守禦計也。乃釀沙寇之變,閩事之鑒豈遠哉?今縣有機兵,鄉有保甲矣。此役未罷,凡官司至,輒有迎送之繁,則於閭閻間能無科索之擾者乎?意將罷之,又以法沿已久,即統于約正,而籍其數與名。

凡饑餓於我土地,恥也。爾鄰里鄉黨,豈無疲癃殘疾、顛連無告之人乎?能周,周之;不能周者,送存恤院,月給米布,毋令愁嘆之聲,鬱于窮閻也。嗟夫!春至矣,禮當掩骼,有暴之中野久不能葬者乎?可釀錢葬之,不能者告。

神廟,載在祀典者,其宇或久壞當修,其地或久侵當復,各明具之。又各里有社壇焉,有厲壇焉,所以為民祈報,且仁鬼之無歸者,使不為祟。今多蕪沒矣,即各著其存毀及當修復之故。餘不在祀典,如寺觀之類,詳開其神何名,宇幾區,及地之丈尺若干,廢者如之。

夫風俗大概,予知之矣。但各鄉詳之,則可以辨同異。有善固書,未善勿諱,移風易俗之策,尤所樂聞。

蓋氣候因地殊齊。邑有枕山者,有負海者。山有向背,海有盈虛,而氣候因之,故有多風、多陰、多暑、多寒之異。襲水土者詳之,告余以時節宣。

潮汐利于漁鹽甚大,但斥鹵之田,則稍防之耳。邑東南環海,以潮為家矣。但有潮至者,有潮不至者,有潮半至者,有朔望潮始至者,有利潮至者,有不利潮至者,率告余知。澳中舟若干,如式與否,參澳甲而丈尺之以告,否者連坐。

災祥係民,非細故也。邇來水旱,民頻頻苦矣。爾瞿其殃,當詳其故。

人物之係於鄉,尚矣。以其品騭者定也。縉紳先生,予既知之。若子孝孫順、夫義婦節及抱德而隱者,無其人乎?其具之。弟子員、社學師亦具之。凡技藝有足述者亦具之。科第、貢薦、貤封、掾職亦存其數。

惠才藪也,詞翰宜煜⑦然耳。邑志不多載,非闕典與?余將哀而梓之,以徵邑之文獻。倘未周知,亟請於鄉先生及弟子員之博古者,且以商諸圖籍之故。

問弟子陳瀚、洪進隆、陳鍔、江贄卿

夫畫里圖,為地方計,此邑為之,自不佞始,稍有弗亟,曷以傳信?亹亹設問,煩鄉老、里正,亦甚勞苦而圖之矣。其要領肯綮,殊未之得也。乃案諜,郡志有新，縣志有續，共四種，不概余心者有矣。敢條刺其八于諸生，幸刺經之暇披圖校之，廣輪、原本、經紀、連屬、合併、疆域、險要，方畫之大者條對。

郡志：南北袤一百五里，東西廣七十五里。余初問父老，據邑志縱九十里，橫八十里，謂邑先人諳之矣。邑志與郡[志]同者，惟南至北鎮。若北界仙游，西南達晉江，郡志概指鄰封，邑志稍同。西維，郡志指其地又殊，其它三隅，不及邑志詳。各都所指者，大概同二志。今而圖之，則方嚮異，其縱橫之數符之或難矣。所見各殊，惡乎定之？

山川大紀，志大較可知也。但各志與圖，亦有當辨者。邑志以山分三紀，中紀縣治所負。其云：自晉江盧田之東，循芹嶺東行⑧至鷄籠山，又東至三髻山，又東少北至大帽山；其南爲雲峰，循後吳嶺、東平、卧龍以至螺峰，而縣治負之，以三髻而大帽、雲峰也。郡志：自仙游大小尖而南行至三髻爲縣界，是縣之山皆自三髻行也。又云大小尖至縣界大帽山，南行三十里分爲三支，中支南行二十里許爲雲峰山，又南爲東平，又南爲螺山，縣治負焉；大帽右支，分爲三髻山。又云雲峰山分自三髻。似以大帽而三髻。又云三髻而雲峰也，且大帽南至雲峰不十里，其敘五十里謾言矣。邑志：北紀循日曝嶺爲觀音山，其北爲塗嶺、白水，東馳以至于海；其南至五公山。是觀音山者，北紀三分之鎮也。志在六都，乃以菱溪發源於此。後懸鐘，懸鐘在極西北。菱溪自晉江入，至十一都而南下四、五都，六都亦非其委也。郡志：在縣西北三十里。今各圖在十一都者或是矣。邑志：南紀循螃蟹嶺至田船、報劬，抵洛陽江；又以鸛堂山在報劬山南，佛通山在鸛堂山南，脊脉相望，至佛通山而止。郡志亦以三髻山分爲二支：其一西馳爲報劬、覆船、鸛堂諸山至洛陽江；其一迤邐叢山至盤龍山。考郡志，鸛堂、佛通皆在十八都，中間有沙溪斷之，則至報劬、覆船而下止矣。其鸛堂等山，志謂不與衆山接，似自盤龍支分，安可謂脊脉相循乎？夫山如此，則水可知，凡各都者宜詳辨之。

夫圖以綮僅不滿尺，寧略于山，水所當詳。故羅太史輿圖，水之文盈楮，蓋其分合、斷連，則山界於其中矣。其爲全圖，山惟五岳及一二，水自四瀆外無所不具有以也。若夫或岡或坡，二水背流，志之稱脊脉者誤之，則山脉斷而水紀亂。然其亂於志者不能無，亦因無圖而志弗覈耳。邑西充溪，宜入傅埭，郡志入添奇港，邑志改之。黄坑溪宜入泮州埭，郡志入馬山埭，邑志蹈之。南方溪之遠者，莫過于洋坑，郡新志始紀之，則舊之闕者或多矣。郡志叙川四港，叙潮四澳，其紀潮入，而不載洛陽江，邑志載之。其云由岱嶼入者，西至鳳山，而白崎，而馬山，入洛陽江。當先白崎，而鳳山、馬山。其它多與圖異者，孰得其當也？

昔人之分都，序而聯之。其數自左旋後繞而右復左。邑人言其循環卷然如蠱盤蛇伏，故三十四都與一都僅隔四五里，首尾應故也。然二十四都與二十五都斷，二十七都與二十八都斷，其故余不知之，大較則若循環然。夫都三十有四，今唯二十七耳，蓋因十九者二併爲一，十一者三併爲一，十七者四併爲一，其原固有九，今在版籍者三也。然地之分合無定，安知它日之不離析乎？故從今籍，而舊界存之，都之併析瞭然，而其序亦弗闕矣。

域民以封疆故，都各有界，或以山，或以水，山水跨于兩界四隅者，彼此各指之可也。然其陰陽亦各有辨焉。若夫平原，自有條理，故圖命畫界，蓋非漫然矣。苟界靡定，而志亦無徵。松洋或以在二十九，或以在二十五；筆山或以在二十八，或以在二十九，郡新舊志各不同也。界定于今，後乃畫一。據各圖之界，亦有淆者，如山川連屬，各書可也，豈於所居聚亦兩存之乎？所通者道塗，各圖而貫之可矣。

險塞重務，邑志有三寨；郡新志有四，曰青山寨，寨在崇武城北，誤以青山之斥堠爲寨也。郡志二十二斥堠；邑志二十三，曰黄崎，郡志無之，蓋誤以青山爲黄崎，而青山固自有斥堠也。自嘉靖末海防重矣，故檄各巡司先定厥向，叙陸塗至縣[⑨]若干里；乃紀水路，以大概計之，至縣某所、某司及某墩、某寨，近屬某江、某澳若干里，旁及外縣所司兵船防汛之地。兼以潮汐爲準，或半潮至，或一潮至，或幾潮至。外洋某有礁，某有嶼，并内港砂渚之屈曲多少。又某賊船常過，某賊船常登，某南北風可泊，某東西風可避，何風至某最速，何風至某最遲。及一切險要緩急，某寨當繕，某墩已廢，并修築防守之策。恐其猝未能對，幸爲延海濱故老問之。

　　全圖簡之者，方策限之矣，各圖宜詳載之。藩之圖異郡，郡之圖異邑，則邑之圖各都亦宜異之矣。至界外循環，當書某聚，庶合成之。如綸之緇，乃櫬其中之廣輪，屈曲交錯，勿有異。鑑之小者，貌雖因之，其本貌未嘗改。若小而大之，不見燭之影形乎？善史者，丈尺者或縮，方寸者或贏，惟其似之而已。今之登于全圖者，大小各有所限。至於各圖，則目方幾里，不拘一律，必盈其方策也。

　　嘉靖中，甌寧李公所著《輿地圖叙》，靈寶許公所上《九邊圖論》，各條析之，而圖莫詳于羅太史。余學太史爲圖，亦欲學二公論著之。夫國無小，由畿之藩，由藩之郡，由郡之邑，由邑之里，其條理然也，誰謂縣之窮閻下里亡論哉？父老所對，無馴雅可采。諸生綴學有年矣，宜各質言其鄉，若版籍將共爲之表，其論宜如史氏之例。父老請各綴于里圖，以便甿隸户知之。余思古之吏，米鹽靡密，不厭煩碎，乃從其請。考之邑志所稱載者，嘉靖庚寅以前四十年往矣，其在于今可無記言哉？試白其大歸，而可爲長度者焉。

【校記】

① "塍扈"：一九八七年版本作"墦扈"。

② "若干里"：一九八七年版本作"若里干"。

③ "某某"：一九八七年版本漏掉一"某"字。

④ "桑綿麻苧"：一九八七年版本作"桑棉麻絲"。

⑤ "回"：一九八七年版本作"革"。

⑥ "八"：一九八七年版本作"人"。

⑦ "煜"：一九八七年版本作"燁"。

⑧ "行"：一九八七年版本作"進"。

⑨ "至縣"：一九八七年版本無"至"字。

惠安政書二

地 里 考

余至縣,首命父老圖地里,畫方之法倣①羅太史。父老圖上多不合,適閩中郭建初將遊塞上,過余,視之圖,爲斥臧否②而去。余乃參考郡邑之志,信如建初言者,命史持指南,三四反,閱歲而圖始成。初,余考訂山川沿革異同之辨,頗有記。建初歸,見在篋中,謂諸志言人人殊矣,不著其文,孰知今之不謬?余病閉閣,乃次第之,俾覽者考信焉。

郡志新者多采邑志,間有所論,不專爲邑。邑志襄惠公所作,其叙文典雅,諸論鑿鑿裨③名理,蓋志之美者。第時山川未有圖,惜乎莫詳焉,有續者可備采。余并郡志而參考之,凡郡、邑同者不别,概以志稱之;異者言郡、言邑,皆舊志也。然郡舊志,今雖縉紳鮮有之,故邑志未采者,余多述其舊焉。

建置,宋太平興國六年,始割晉江東鄉十六里置縣。然六都有古縣遺址,若始基於彼,後乃遷之,則今署非六年建矣。故老又傳建自崔令,自三、四都左旋至十都,原屬興化,餘屬晉江,尚未有徵,闕之。

形勝,邑志備矣。大帽山南馳爲雲峰、東平、卧龍諸山,至螯山④,縣治負焉。東爲東嶽山,其西少北爲蓮華峰。蓮華南爲登高山,又南復東折里許有山卷然,迴拱縣治,曰"留",言風氣去而復留也。蓮華、登高峭拔,東嶽東麓支山培塿,若委伏不敢與抗者,昔多建廟宇、浮屠以壯其勢。水出蓮華峰下,循螯山經縣治前至留山之陰,鑰以石亭。留山外尖峰秀聳,曰文筆。復東而北爲靈瑞山,逶迤十五里至峰崎山,當縣治東北。諸山至此而窮,青龍橋在其下,諸水滙焉,北入海,壯哉縣也!故老言邑原逼螯山建城,益失險,余有論在圖。

封域,郡、邑志唯指南北與西南概同,它各異。余定其子午,惟郡志:正東寧崎⑤,東南大岞是也;其南北者爲隅,西北之虎窟者西也,故其數廣輪與圖不符矣。

縣城,見邑續志,其門在四隅,非四維之正也。又曰:玉津關通大聖山下之水。大聖山志在九都,去此遠矣。然載其制頗詳,余復修之。輞川鎮城見續志,余修始成。各堡十六,見圖。

巡檢司四,邑志以舊僅有沙格、小兜二司,至洪武二十年移沙格于峰尾,移小兜於小岞,而增置黃崎、獺窟二司。然獺窟移自南安縣盧溪,黃崎移自德化清泰里,郡志可考。且邑志敘秩官,元小兜、塗嶺巡檢各一員,是舊固有三矣。又以每司垣周一百五十丈,厚一丈二尺,高連女墻二丈,爲窩鋪凡八,南北闢二門,建樓其上,城中各有營房三十間。然黃崎厚一丈;峰尾厚如黃崎,高丈八尺,窩鋪惟六,在西北各門建兵馬司。今城已移之近地,廣輪視昔倍⑥之,女墻五百,樓櫓四,營于嘉靖乙丑,成于隆慶壬申。

國初,墩臺,通志:屬崇武所。今所惟屬墩四:青山、赤山、大岞、古雷,并其中軍臺,共戍軍二十五名。防汛有六月,月米一石,與海軍等。捍寨,京召延平衛軍二百五十名協守,月糧從本所秋屯二米支給。不知裁于何年,今寨廢,而糧仍舊。夫既設崇武所,其離城三里又有寨者爲之犄角耳,安可冒糧食而廢防守哉?白水、東坑二寨,屬泉州衛內五所軍守之,通志可考。

邑志:初置縣時,析晉江東北十六里,領以三鄉。其後復增至二十里,慶曆八年定爲十八里,仍三鄉領之:西南曰崇武鄉,領大康、守節、禮興、民安、長安;東南曰崇善鄉,領平康、歸化、祥符、溫陵、安仁、同信、尊賢、延壽;東北曰城山鄉,領崇德、德音、光德、待賢、民蘇。熙寧,保甲法行,分三十四都,置保正副。元元貞元年,更爲四鄉,曰文質、行滿、忠恕、信義,仍十八里,三十四都,其倚郭者爲在坊。至正末,兵起,西北數都皆崎嶇山嶺間,寇所出没,戶口消耗,至我朝正統間猶未完復,都圖名數雖仍其舊,亦不能無合析變更矣。

考郡志,都之併者有三:三、四也,十一、二、三也,十四、五、六、七也。其

五、七、八、十及二十七、三十四也。都各分上下圖,至永樂間又增坊之三圖。邑志,上下都者有三、七、八、三十四也,續志又載合十與二十七之上下,今惟三十四都分上下。嘉靖間,二十併於十九,名雖三十四都,其實二十七都。城内在坊惟二併三十四都,上下如舊。共爲三十圖。通志:一併二,六併三、四,以九都爲信義。與郡志異。

郡志誤以"長安"爲"長興",其叙各里水利遺延壽。新志以元三十五都并在坊爲三十六,以二都與三、四都併爲一,誤。邑志叙宋三鄉,元四鄉,其目四鄉稱宋,誤也。其各里都與郡志同者,五都爲崇德里,六、七、八都爲德音里,九、十都爲光德里,十八都爲禮興里,三十一都爲延壽里。問之故老,其同者不殊,其異者多異。故老從邑志者多,以水利所載之地考之信然;若郡志則戾矣,亦述故老所異者備考。故老云:十八爲長安,十九爲禮興,二十及二十一都爲民安,二十五半爲民安,三十爲祥符;又十二三當從郡志待賢,三十二都半從郡志延壽,半從邑志温陵云。黄册又殊,姑從縣志。

志之南北,以驛路爲概也。自白水爲北,六、七、八、九、十、十一都在其左,十二、三都地廣敵之,在其右,凡八,屬之北;二、五及二十八、九、三十,有一、二、三、四、路之左也,凡九,屬之東;一、三、四及十四、五、六、七、八、路之右也,凡八,乃屬之西;十九、二十,有一、二、三、四、五、六、七,凡九,屬之南。郡志以在坊統四鄉,邑志無所屬。郡志以一都屬之(西),而邑志屬之東。

諸山大紀,邑志稍備矣。其言德化所自,余未至之。第考自仙遊九投山,而鵝角往晉江吴洋,東至盧田、馬嶺池三分焉:一、南分晉江雙髻,往清源爲郡城;二、入縣北爲林坪頭,循長年、東坪、石峽、大小岐、東坑之觀音而支分至海,旋于五都。凡菱溪之左而南謂北紀,縣背及左臂也。東爲縣雞籠山,連三髻而大帽爲雲峰,至縣治及迤海諸山,菱溪之右循而南矣,蓋盧田之水惟南自馬嶺池出者爲晉江白洋,其東北二支入縣者皆入黄田溪而爲菱溪,則山川所歷可概焉。故縣自吴洋爲盧田分二支而入,中支固自盧田分,北支非即分于吴洋。其自中而西,而南,而東,蓋南其樞謂之中紀,亦南紀也。自雞籠循芹嶺、螃蟹至田船、報劬,抵洛陽江,其節短爲縣右臂,壓于晉江之支,山川條理固然。中有長溪曰巖、曰柯、曰沙、曰澳，雖分一臂大帽之右，水皆歸之，亦稱一紀，宜謂之西。蓋鷄籠山，水有三派：西出晉江白洋者循芹嶺而去，非循芹嶺而鷄籠也；北入黃田之下爲蔡溪；南由三髻山前入曰巖溪。是鷄籠山者，縣中紀之祖也，而大帽爲之宗。

觀音山，郡志：在縣西北三十里，有秀嶺喬松、清泉石室是也。邑志：在六都，故以靈鷲在其東，崑侖在靈鷲之東，伏虎巖在靈鷲之南。又云：循日曝嶺爲觀音山，其北爲塗嶺、白水。而實分觀音爲日曝，東爲白水，東南爲塗嶺，靈鷲在塗嶺之東南，崑侖在靈鷲東南，伏虎巖在崑侖東北也。其云以二峰駢連形肖故名，乃山後有二峰焉，而兹山獨出，故肖之云。

報劬山，邑志：又名覆船山。郡志：在十九都，以形似名。時有異雲蓋頂，禱雨多應。奔出前接沙溪，又若偃月云。今里人言覆船者三，有近陳竹寨者，有近虎窟寨者，有小田船者。接沙溪曰十九者，十七誤也。又志：報劬，唐刑部郎中陳嘏⑦葬父母其下，建庵曰"報劬"。考之，嘏爲延僧清惲作也，爲之請額于朝得名。惲參馬祖歸，會昌沙汰，隱居于牛頭山云，故有寶蓋巖、坐禪臺、方磚塔、定公塔、天香[石]、牛頭石。其未賜寺名之先，山名牛頭也。又有龍濟潭，下有橋，所謂禱雨多應者。

鸛堂山，去報劬山二十里，中白巖溪下二十餘里隔之，可謂之脊脈相循者歟。

佛通山，臨洛陽江，在鸛堂東南，非谷口橋旁也。郡志：洛陽未橋時，此山陸路通佛國庵，故名之。庵不可考，或曰山麓有石如佛，土人謂之佛國庵是也。若以未創橋時有陸路通郡城，因泉有"佛國"之號，故名，夫橋未創，兹能飛渡耶？如它陸路通泉多矣。

三髻山，郡志：在十四都，頂上廣平，可百步許。平處聳三峰，勢若立指，因名。其上有萬年松、龍鬚草。又云三台嶺，山勢連延萬叠，三峰聳起，峭絶不可攀，上有雲湫跡，蓋即三髻也。其顛有石壁小石室，雲湫潭廢，有瓦孔不絶，土人謂僧通靈湫者。仙跡并仙人橋在。

雲峰山，郡志：在縣西北十六都，自三髻山支而來。邑志：自大帽之南爲大腹山，既斷復起爲雲峰。二説不同。大抵自三髻分大帽，大帽爲雲峰，若斷而起，乃其水左右分也。郡志：無憂巖去西南二十五里，山名南巖。北有磐石傍于沙溪，高三丈餘，其廣半之，與此山危石相類，圖之巖山是也。

東平山，邑志：在雲峰山南，群山連屬，有平原三四里，故名。郡志：在縣東北十三都，一名北山，群山連屬，東有平原三四里，復突起一山，故名。此圖四都界于十三都之東坪山也。通志有陳平山，在二十九都。

卧龍山，邑志：一峰如馬鬣。郡志：如龍首，故名是也。第云一名蓮花山。蓮花山在其西三四里許，中有龍津之源隔之。

螺山，邑志：又[名]登龍峰。郡志：登龍峰在十六都。何也？

泗州山天開巖，邑志：熙寧中，令吳克所名。郡志以熙寧有攝令者名之。考吳克七年任，馬康侯⑧十年任，此言攝令必有據也。疑當闕之，余幸猶及之者。

大中山，郡志不載。邑志云：雲峰東至泗州，西至大中，蓋茭溪、沙溪出雲峰之陰左右。泗州山，茭溪之轉而南也；大中山，沙溪之轉而南也，皆當記之。大中其西有寶珠石，奇。

城山，郡志：東連大海，西接晉江，延袤如城。是南方之山盡名之矣，則諸山可無紀也。邑志：與筆山如連城，故名。

錦田山，郡志：其前田數頃。邑志：萬頃。豈漸于海耶？因畫錦名山者，郡志曰張西湖，邑志曰張清溪。

岱嶼，海環之，當屬晉江。獺窟爲塢，有石杠以渡。大岞，海隅。竿嶼、樂嶼，在海中。

靈瑞山，邑志：東麓曰龍泉。郡志：龍泉別爲一山，在二十六都，下有龍窟深尺許，泉水湧出時見龍出之狀⑨。

香山，初名谷山，見郡志《吳孝子傳》。

小岞山，郡志：其洞可容數百人。亡之，誤自通志。

黄崎,郡志：舊名寧崎。

松洋山,郡新志：在十九都,乃邑山最高大者,望之蒼然,爲一方巨鎮。舊在二十五都,乃十九都界耳。舊志但紀其洞可容二百人,洞門石罅有老藤直垂三丈餘,入者縋以下,不枯亦不萌,尚在,奇哉！

太白峰,邑志：在十六都,一名蓮花峰,有石方直如碑碣,上刻蔡忠惠大書"太白峰"。今三都有蓮花峰,而太白峰在十一都。

郡志之所載,多不馴雅。如螺山舊名羅峰,相傳羅隱寓此；又二十五都楊崎山,東漢末將軍楊大眼居山之陽。第載之矣,安可遺也？故邑志未采者,存之于左。

虎岫巖,在縣西北,上有石竇可容三十人,相傳爲虎穴,在四都。通志又有赤石巖在縣東,白馬巖在縣西。

螺蚮山,在縣東南二十八都,上有盤石十丈餘,圓如之。

嘶山,在縣東南二十六都,相傳五季時其山忽嘶,聞十餘里。山之顛有石如笠,上有巨人跡,入石六七寸許,在二十五都。

鶴堂山,在縣西南二十一都,峰若飛峙。山下有唐鴻臚卿留公⑩之墳,相傳葬時有二鶴來止是山哀鳴,葬畢飛去,故名。今不知所在,或云近虎窟,謂其下有留氏塚。通志：舊傳留從效葬此。

邑志：凡山所趨,必有水循其脉絡；山之窮處,乃水之所會,故大勢可得而見矣。第以傅埭爲正北,馬山爲正南稍異。其塗嶺北麓之小溪爲證果溪,入添奇港,非入傅埭。白水東流入傅埭,與塗嶺源不相循。自三髻山前出者,無入谷口橋；其入峰崎者,叙縣之左右水耳。自城山、筆山而東入前林港者紀之,其松洋自西而北之大入峰崎者遺之。大概縣水大者四,各入海者二,盧溪自添奇入海,沙溪自洛陽入海。沙溪稍大,會入海者二。菱溪、松溪二委同入于峰崎,而菱溪最大,以來自界外也。沙次之,盧次之,松次之,它各爲紀,紀之小者登于圖。

西充溪,郡志誤入添奇港。其云一自小鼓溪出,一自小溪出,合流過白水抗橋、小溪村，乃西充之背，證果溪源也。小鼓溪在橋外，其源不足稱，合流過張在橋，入傅埭。其一源西充山之陰，過七里岳，出港西埭入海。

證果東溪，郡志：發源定光寺後山，過橫山橋爲下盧溪，與真如之水會而南流，至林田溪、古縣溪、陂頭橋入添奇港。林田即龍田，陂頭即埭頭也。

真如溪，有二源：其一發橫溪等嶺，在觀音山左；其一在山前，至埔上始會。

入洛陽江曰澳溪，上爲沙溪、巖溪、柯溪、郭溪，其源最多。郡志：白巖溪發源三髻山後大山坑，此往黃溪入菱溪者。邑志：在白巖前爲沙溪。是矣。郡志：柯溪發源胡坑山。此指柯溪東與白巖溪會也。邑志：出胡坑爲前郭溪。非矣。志一出晉江柯山嶺，出爲澳溪，並會于柯溪。然考自晉江來者，惟分留公坡（陂）之水，與出自虎窟西行者于谷口各埭，未有與沙溪會也。然谷口故橋在今銀地，而東溪之沉橋，沙溪過之。志言巖溪、柯溪、沙溪、澳溪並過谷口橋，何也？蓋自白巖、柯溪外，有沙白村。東發源後吳嶺，前後會于石佛村而出者，沙溪也。自陳竹嶺下報劬、田船出柯宅村者會沙溪，過前郭溪。前郭溪出青林之陽、盤龍之陰接上諸溪，過澳埔村，下洛陽江，或曰澳溪。

菱溪，郡志：玉田溪在十三都，發源懸鐘嶺，折而東流曰陳田溪、菱溪。過菱溪曰埔頭溪、沙步溪，過新橋入峰崎港。懸鐘嶺之水向仙遊，菱溪源非自此出。邑志：發源觀音山。亦其一源。

驛坂溪，郡志：發源禪靜山，過驛坂橋會埔頭溪者。菱溪至埔頭，與驛坂溪會也。蓋其源極遠，自晉江盧田過九安山後爲黃田溪；又一源自鷄籠山後入蔡田，即玉田；又一源自大帽後與蔡田會爲陳田溪，乃爲菱溪，元盧琦[11]所游。其下至驛坂、荄布諸溪會之。

李林溪，郡志：在四都，發源源林院後山，過舊鋪橋。

縣後溪，郡志：發源東平山，過南嶺橋至下謝溪。此龍津之溪也。郡志：下田坑溪發源山半坑，分爲二派，又合流爲溪，達于王孫埭。非龍湫之源，則出自蓮花旁者。

荄布溪，非發源曾師嶺。邑志：發源雲峰山。是也。其云一溪發源五峰巖,過泗州橋,亦至前澳與茭布會者,非源于五峰巖,出于後吳嶺也。

黃坑溪,志過九斗丘、十八都五里亭。是也。不入馬山埭,入洑州埭。

南坑溪,發源上坑湖。郡志:發[源]馬壠坑;又以寂光溪過牛場橋。殆非也。

洋坑溪,郡新志云:發源於松洋山,歷寂光溪與南坑溪會于下林溪。

潮汐,東南一支由岱嶼入,西至白崎山,又西至鳳山,又至馬山;又一支至白沙,及洛陽橋。凡諸溪水之入洛陽江及馬山埭者皆歸之。

邑志:宋海舶無禁,利入甚富且易,不捐之於橋梁道路,則以崇奉釋氏,無所愛惜。然宋之釋氏,其捍海為田多不稅之,故釋氏亦富,其餘力及于橋梁最多。

龍津橋,郡志:俗呼南嶺橋。故其叙縣後溪,曰過南嶺橋云。

菱溪橋,郡志:宋始平二年圮,邑令張盖重建。邑志:治平二年,邑令張介創。考之,張盖在治平時,以"盖"為"介",以"治平"為"始平",字誤也。盧琦有記,其文亦雅,云"治平中,橋之以渡",則郡志誤矣。

萬安橋,邑與晉江半之,當存其名。

張店橋,郡志:在十一都,宋治平二年建。

浮梁橋,郡志:在二十六都,長十丈,溪源出于香爐山,西南過于獺窟橋。

馬山橋,郡志:在二十九都,元至元十九年僧法助建。

十八都官路旁有井,古以《金剛經》一部勒于甓,環砌之。志在十九都,誤。通志:十九都有金蓮池,產華如金。

宋重水利,郡志所載晉江者,方圓、丈尺及深若干,灌田若干,創修姓名、歲月亦具,誠重之也。載邑者,存其名而已。邑志因之,去其埭將別記之,因而遺者頗多。余存其舊于埭之條,又志其非埭者三:祥符里泡埭上塘、尊賢里長分陂、白巖畎圳。余初決七都之水于六都,實考之故志,曰"水自西而東南流者入蔡埭⑫,其東西洋各有定坡(陂)",乃知七都東洋之存,六都西洋之廢,故決七都之蔡坡(埭)者入六都之崇福。嗚呼!水利可不詳與?今登之案牘者,塘、壩、埭不能盡列。余所決者壩頭，其流名曰鳲鳩，凡十里。又決承天壩，謂金釵圳也。并修王孫埭、官埭、新埭、前黃等埭。

邑志：崇福埭、蔡埭、官埭、左丞相埭、傅埭、嘉禾埭凡六，受北紀諸溪之水，其自西而東南入者則入蔡埭、崇福埭，其北流者及傅埭。然八都有蔡埭，七都前蔡埭，若自西而東南入則前蔡埭耳，嘉禾及蔡埭自入海。五都有官埭，非受北紀之水，其左丞相埭莫考。郡志：埭在德音里者四，曰陳廷偉、曰梁次雲、曰林紹、曰長坑。

邑志：王孫埭、孫府埭、赤嶼埭、鱸鰻埭、承天埭、法石埭、曾爐埭、石塍埭、後曾埭、陳埭凡十，俱受中紀諸溪之水，其自南之北者入王孫埭，其正東者經承天、法石、曾爐三埭而皆滙于輞川港。然郡志：鱸鰻、赤嶼及蘭盤埭皆在歸化里三、四都。陳埭、後曾埭在中紀者，郡志：在三十三、四都。安仁里埭三：曰浮湖、曰陳、曰曾崎。曾崎或後曾也，此徑入海。又有埭六在崇德里五都：曰官、曰大陳、曰後坑、曰石湖、曰後倉、曰牛步。其在祥符里者下泡埭，今二十八、九都與三十都也，皆南紀云。

邑之山川，昔爲堪輿家所取。如五代間據土者三：王潮也、留從效也、陳洪進也。留、陳葬其父母於此，潮自葬焉。下有寂光寺，從效建以奉之。潮有功于閩，宜載祀典，郡祀于崇陽門樓，余爲置守塚，取其寺故地之租爲清明祭。有晉江紫微呂舍人⑬者葬于此，郡鄉賢祠祀之，其人文雅足稱焉。邑志以在白巖山，郡志以在十二都，考之未知其處。嗟夫！趙文子雍門之徒，所以感嘆悲哀也歟。

典祀⑭，城隍廟，宋天聖中令李畋爲祠，洪武己酉改爲廟，宣德辛亥令高顯重建，正統丙寅令閔禎重修。余毀其像，萬曆元年修之。

社稷、山川、厲壇，郡志：俱洪武初令羅泰建，蓋癸丑歲也。邑志以山川壇建于令高顯。顯宣德間任，壇豈至此而置耶？社稷、山川二壇，其廚庫、齋房俱正統丙寅僉事陳祚命令閔禎修之。邇圮，山川移于南關，稍完；社稷、厲廚庫、齋房俱圮，乃次第修之。又遵洪武禮制，各都并建鄉社、鄉厲之壇。

林知縣祠，改之，文見附錄。

叢祠,邑有五百一十所,余皆毀之,文見附錄。時固引蒼梧吳公爲順德令,壞淫祠爲書院,使者計竹木斤兩罪之,至下獄。果有謗余者,言余利像有金喉。余嘆曰:"狄公當時毀祠,不知得金幾何也?"幸上官明,不行其謗,而余免吳公之辱。嗟夫!俗之信鬼也如是。夫青山神張梱(悃),以閩時嘗營青山下禦海寇,郡志以没葬螺山之陽,宋太平興國間即其地置縣,乃改葬于青山立廟,有司歲致一祭,有其舉而莫之廢也,余循故事祭之。有殺人山上者,兩閱月不能得,余以文牒之,三日而獄成,豈尚靈歟?然昔人祀之爲禦寇也。王節度⑮之功大于梱(悃),祀于郡邑,乃并其塚而不之修,何耶?

公宇,邑志:縣署有遺讖,言不利改作,自宋來皆簡陋。至成化壬寅,令張桓重新,以太僕丞召去。余修前後堂及廂廊,建君子堂,有記。《記》曰:"令有君國子民之道,然孔子君子宓子必本於魯。惠安君子之區也,又當輿馬之轄,至於斯者皆得見之,於是作君子堂。"堂在儀門之東,作於隆慶五年三月,踰月告成,肅客而入,受教而退,而今而後鳴琴而治矣。作旌善申明亭,又各都皆建亭。

郡志:鳴皋堂在縣治之左。宋知縣李侯,惟一鶴自隨,常與士友于堂商論古今,鶴立其旁,時鶴一鳴,聲徹雲表。余遐追其人,或李畋也。蓋張詠授以文學來任,建學宮以教子弟,政尚簡静,與民休息,有傳。通志謂龍溪李侯名絳,見漳州《良吏傳》。

郡志:有漏室,邑人謝起宗記曰:"惠安爲邑,已百七十有六年。所更邑長,亦六十有四政。類不暇恤挈壺氏之事,民間生子[者]之諏時於野巫,夜半行人或致疑於四鼓,夙興之勤無所於稽,授時之道有慚他邑。紹興二十四年三月,福清林仲俞始尹邑事,未浹辰間,百廢具舉。惟是午夜鼓人失節,一日語同寮曰:'今早晚衙率謹時而官無其拘,縱得之晝,復失之夜,不可謂政。'會建安日者張仁能其事,遂使營之,陶土爲壺、揭木爲籌三十有八,以驗晦朔弦望,遲速出没,無毫釐差。創於蕤賓之吉,成於夷則之望,闢廳事東廂以置之。同寮相與觀焉,僉曰:'天地相去凡八萬一千三百九十四里,周天凡五十一萬三千六百八十七里,日月循環,冥寞難測,皆不逃於兹漏之涓滴。嗚呼,休哉!'乃屬菱溪謝起宗書于石。起宗幷請銘曰：'陶土揭木，注水其中。水之增減，天地攸同。誰不知時，伊廳事東。六十四政，因循俟公。昔諏且疑，今焉雍容。吁千百年，自我折衷。'"

按察司，即宋皇華驛基。洪武乙卯，令安景賢建，爲按察分司。壬戌設安溪、惠安行僉事一員蒞之。甲子省罷。辛未改爲漳泉道，丙子改爲分巡福寧道。正統丙寅，令閔禎建後堂。嘉靖甲申，徙鎮于泉，己未改興泉道，專駐焉。布政司，即稅契局基。郡志：正統辛酉，令閔禎建。成化壬寅，令張桓修。邑志：弘治中建。非也。

驛，郡志：舊在縣東郭內，名曰皇華。元元貞間移建今所，名龍山。國朝洪武初，更今名。西有遞運所，驛兼領之。邑志：宋有皇華驛，與縣俱設。考郡志古蹟，宋時泉州自西北取劍州路，出城西義成門至南安汰口驛、永春桃源驛、德化龍潯驛、上壅驛抵尤溪縣，迤邐經西芹至延平、建寧，爲避福州大義江之險。自本縣行者，不知何年。今六都有古縣，十六都有古驛，此皆不可考，但謂此與縣俱設，然耶？否耶？

際留倉，即宋常平倉。郡志：在縣令衙東。邑志：在簿廳前，正德己卯令陳逅改建縣衙西北。郡志：預備倉四所，一在縣內西偏，即此也；一在七都香林保；一在三十四都輞川保；一在十八都嶼頭保。在縣者余修之，積穀焉。在鄉者廢。輞川者，邑志亡之。余初問于父老，多言兵燹來，各鄉有倉是齎盜糧耳，故未之復。若輞川有堡，安可廢哉？崇武倉，洪武庚午建也，永樂甲申增之。

鹽場，詳于邑志。其云轄鹽倉八，郡志亦然。《運司志》不紀其倉，而紀其團。考之閩鹽用曬，故有灘團。《運司志》之五團：西湖、前坂一也，庭邊、喬埔、下洋東二也，下洋西、柯櫳、林內三也，上倉、坂西四也，下倉、下坂五也。

郡志以倉埕稱凡八，有廣運，其埕邊、喬埔、下洋東西、柯櫳不具。考之圖，庭邊者埕邊，即廣運也。其下洋地（埭）有村在，喬埔或西埔也。近以竈不辦鹽，各倉俱廢，下洋東西、西埔、前坂皆爲埭。故老之所具者團五，曰埕邊，其於喬埔、下洋東西兼之矣。它同司志，有柯櫳焉，凡九倉也。郡志脫其一，而誤其二:前坂在二十四都,以爲在二十三;上倉在二十六都,以爲在二十五。余正之于圖。

學校,邑志詳之。舊鄉賢、名宦祠在啓聖祠之兩翼,湫隘,余于明倫堂後建高深堂,二祠列于左右。修啓聖祠并訓導廨舍,置學租。見附錄。

小學,景泰初立。成化中,令張桓嘗考選教讀分遣各社學。嘉靖初,令莫尚簡重建厚俗社學。邑志又列之者八,皆以某氏主之。通志以坊名者一,鄉名者三。余至,立之二百一十二所。又於各都立大館,延諸生學行者爲師,具書束帛,躬請于家,著《社學篇》,使按而行。刻《朱氏小學》,以頒子弟,循行阡陌,入而誘勸之焉。

鋪舍,邑志當南北馳道有七:白水、塗嶺、驛坂、居仁、縣前、盤龍、上田,規制同。郡志:在城爲惠安鋪,洪武四年知縣時汝楫建,在布政分司北。近爲豪張一復所奪,余上狀復之。走崇武有四:前埔、黃田、青山、崇武。前埔在二十一都,青山在二十六都(郡志)。

義塚,在邑厲壇北,幾圮矣。余表之。

射圃,在朝天門外,嘉靖庚寅乃改建此,廢已久,余始築焉。

【校記】

① "傲":底本及一九八七年版本均作"放"。

② "臧否":一九八七年版本作"藏否"。

③ "禪":一九八七年版本作"禪"。

④ "蠡山":"蠡"古與"螺"通,"蠡山"即"螺山"。

⑤ "寧崎":黃崎的另一名稱。

⑥ "倍":一九八七年版本作"佛"。

⑦ "陳嘏":家居報劬山下,今屬惠安縣紫山鎮官溪村。

⑧ "馬康侯":一九八七年版本作"馬康候"。

⑨ 一九八七年版本在"龍出之狀"之下多"蘇坑有之"四字。

⑩ "留公":留雄,永春縣人,係五代南唐晉江王留從效之父。

⑪ "盧琦"：一九八七年版本作"盧崎"。

⑫ 一九八七年版本在"蔡埭"之下多"崇福埭"三字。

⑬ "吕舍人"：北宋兵部員外郎、知制誥吕夏卿。

⑭ "祀"：一九八七年版本作"祠"。

⑮ "王節度"：唐威武軍節度使王潮。

惠安政書三

版　籍　考

　　夫土、田①財用，而人司之。余之爲表者，由户口而田地賦税焉，經也。佐以屯及漁、鹽，新增、浮糧皆國用所需以出。自祖宗之法稍變，宜出于丁者而以米佐之，宜出于米者而以丁當之，丁米錯出則不可謂經矣。且公上之派靡定，而私賦之復無常，難以爲表。若料、若徭、若綱、若驛、若兵、若餉之屬各論之，而數别具，以萬曆之元爲則，庶後日者之盈縮焉。兹皆版籍出也。

　　夫户以籍爲定，律令昭昭也。邑志當嘉靖初户目凡七：曰民、曰軍、曰鹽、曰匠、曰弓兵、曰鋪兵、曰醫。至于壬戌以兵燹奏得减除，其實里胥爲政，版籍之弊極矣。毋論民户，其目孔多，即軍户、鹽户各有定籍者，乃以軍鹽爲稱，郡、邑舊志無此也。新志泉户多矣，創爲雜役人户，内鹽户若干，蓋不特惠安爲然。嗟夫！如令甲何？第軍户清之、勾之不得分，丁米鱗崒，其徭實重，故不得已，而且避之鹽耳。余爲之牧，寧能免於姑息？且有舊貫亦難猝革焉。若它詭户，則盡併之。夫志稱宋役輒破産，至父子、兄弟自立户，或嫁遣孤孀求單丁以避重役，版籍欺隱，不足憑信，故其户之多視口上下。今役視宋殊，惟有力者善避之，是以貧户其役愈重。要之，民户安可輒分？分之或自景泰始。志謂洪武册式，民得開析自爲户，則異乎余所聞，寧願有司之慎之也。

　　洪武詔天下户置帖，書其鄉貫、丁口、名歲，編給于民，其籍藏部，故册式以丁數多寡爲次，人弗敢欺，法至重也。嗣而遞減，將去其半，蓋户帖少存，法網疏矣。邑考之志：嘉靖元載，户四千五百四十九，口三萬八千八百二十一；至壬戌，户五千五百五十，口二萬二千二百一十五。時兵荒口耗，帝憫元元損之，貧口未減，富户多析，而其害益滋，矧册與志又異，故余請藩司所藏較之。曩日，科料不成丁者無與，鹽糧亦惟男之成、女之大者。比料以不成半折之，鹽糧則全派，豈丁之不足而故取盈之耶？夫男丁算賦，幼待十年而登；女大小口，蓋爲給鹽。自鹽弗口給，而鈔納如故，謠且叢集，視宋之身丁錢不減矣。故余所修版籍，户減舊而丁稍加，庶乎料與謠稍輕，然尚不及嘉靖之元以萬云。

今之土田從人，而《魚鱗簿》久廢，里胥爲奸，蓋益易矣。余於邑者表之，有兩端：以地從人者曰在册，仍具所本在者曰實地焉。蓋兩端總之而同，則無隱漏、飛洒，而收割兩有所據，一也。既有實土，淩陷可稽，墾增有準，駕迷失包荒者無所遁其情，二也。在册者少，則其土之人詘；在册者多，則其土之人饒，因以定户之上中下，三也。其在坊者，實土爲城廓市廛，田僅數畝，附于一二都之册。若其它，如版籍第實土之出者三：曰租、曰稅、曰糧，故黃册之例田地、山塘而已。夫地與山塘，視田當殊科。聞它郡分爲三則，泉與田概科，故下户之地多者，流移不可勝數，邑志陳其弊悉矣。若海業非實土，宜屬河泊所課之。旁考晉江，雖不屬於所，而蕩以畝科，受米有則。邑惟概以所稱之，官者一石，民者二斗，而不計其畝，與滬箔皆入黃册，不知始于何年，從輕以避重，而又不知其畝數，則兼併者無制，勢必漁奪網罟矣。邑志云：法久弊生，莫不援引版賦以爲左驗。自非精密小心，傍推遠考，未有不爲所眩者，況以簿書應接之間乎？故盡信書不如[2]無，豈不信哉！豈不信哉！余猶恐以志爲左驗者，將廢國法而不知也。

夫米別官民，鈔分租稅，蓋民田之則惟一，官田有三：有七斗者，有三斗上下者。宣德己酉，以其重減之。正德己卯，御史沈公奏官米俱折銀而解，每石三斗以下則三錢六分，三斗以上則三錢三分，七斗則二錢五分，耗半於民，且無它謠，是由重而輕也。民米折色者，石銀五錢。驛傳、機兵均謠在邑，概有六錢，況本色之米又難以五錢爲則矣，是若輕而重也。故買者強欲以民爲官，賣者急而從之；亦有户本重，則急作輕，則鬻之。收籍之日，豪強取其輕，故租田增至頃餘，而重者懸户。其非官田者，以新墾收户，而彼實米莫之推，賠販之苦蓋由於此。若民田之弊，余黃册條約詳之矣。秋租稅出於地，田惟官租有之，蓋昔以軍餉不足以鈔折米帶秋糧徵之。其夏稅鈔，官民田地皆有之，昔與料同科而計丁米以出之。農桑絹亦爲夏稅，邑方百里，志僅一疋餘九尺九寸二分，爲銀三兩二錢，非有業戶主名可以徵納，附之稅與料，故表不列之。

邑之屯兵七所：福州衛四、泉州衛一、永寧衛二。田地見于表，邑志所載未及其半也，余請督屯監司方得其全數。表雖據都而分，乃惟其田地之數。考其軍制四千三百四十四名，富者一戶占田三百畝，次者半之，貧者或一或半，則多轉貸，名[3]多虛。泉州、永寧衛所其糧自徵，而徵于縣者唯福州二衛。司屯移文亦虛實不一，弊莫甚于屯甲，余申而釐之矣。其所徵之數別具，它者在其衛所。

鹽引之當通也，戶之當徭也，余詳于附錄。自折徵行，則盤當毀；不毀如故，法亦難行耳。余奉部檄覈其盤，而又議行引者，蓋覈盤非通法，而行引乃裨國計，又利于民者不少，第久廢，難猝興耳。故紀倉盤者，所以爲通引之地也，具數于表，文在附錄。若夫課盡折銀，閩之七場始于惠安，引銀七分，歲有定課，弘治丁亥，巡按御史陶公之奏也。志之所紀及諸沿革之制多舛。食鹽之鈔，自嘉靖之元于丁料內徵，爲銀之數如志所載，行之三十二年，後乃別徵。今戶口既減，故歲額亦減十分之二矣。

閩漁產，自五代時課之矣。邑者，宋雖除之，然有採捕之稅及僧童口食，以補浮鹽錢是也。國朝置所專権之，志亦詳矣。蓋魚課網罟與海㕓等地本不相侵，制具存也。爲㕓者曰所，其米重；爲蕩者曰畝，其米次之。他爲罟網諸業，同安志取之於潮。既泛，其得之有數，利必薄，故米尤輕是也。今之㕓蕩，在課册者少，而多入于黄册，豈制哉？非有力不能蓄。小民安知制之不相侵，既課於所而又納其地租，故民償私而負公，至煩縣而徵之，加以澳甲，又餉于兵船，不勝其苦，余故鳴而蠲之矣。且國初之稅，其目概如志之所具。自嘉靖來，加以三十餘目，繁瑣矣！余乃考洪武、永樂舊籍而酌之，再造爲萬曆元年課，而列其新舊于表，米皆歸之于縣徵焉。

高皇帝令：稅糧如有增續，一體徵科，荒田除豁。其後有司率以造黄册爲度，十年之內未科者，得私其利。而未豁者，害已弗堪，乃屢造未必科而豁也。

未科者益幸,而未豁者益苦,且有冒爲陷而墾輒淆者,稍稍失覈,其弊曷已?余觀嘉靖初年閩藩司議,未嘗不嘆其鑿鑿可行。而以浮糧、新墾俱載于青册,俟再造黄册覈之,可謂詳審矣。志不之載者,其亦以非貢賦也夫!今新增、浮糧别有籍,余重覈之。

米于倉也,有本,有折,惟儒學全派之,其實皆折之矣。際留、永寧、金門昔有本、折,永寧邇者除之,金門余請而折之矣。折者五錢,凡本而折之以七錢。惟崇武近則本、折兼焉,蓋其中官吏、軍户鼠食飽蠹久矣。余初至,革其弊,於是輸輓不絶於道,積于庭者,窮日夜不能入。倉官無賄,時見輒泣。今繼至,安之。余署其考曰:"心安于革弊之餘,腹枵於法嚴之日。"嗟夫!誠去其太甚,民何苦運而樂折哉?又預備倉初發糶時,歲適不稔,而穀騰踊,公有定價,難以請益,抑民而從公,非賑備元元之意也,故價積于庫。逾年大稔,乃價减而倉盈矣。但昔之守倉者不歲覈積,而久耗當覈,則并其舊者罪之。余令歲覈耗,即取價足其數以交于嗣守者,庶責不得辭而不株連于昔矣。

諸課,漁、鹽已别論之,鐵故所產也。郡志:上坑、黄崎、礁頭、許埭、港尾、沙溜、盧頭、峰前、牛埭皆有鐵砂置冶,而今不產矣。課,邑志頗詳,閏月當載所加,此本課。洪武乙亥罷官冶,令民得採煉,每分輸課,三十八取二,今附于料。商税各有程,郡新志詳之,如酒、醋、窰、冶等謂之正辦,敷于里甲,宜于料内具之。其商税窰、冶等謂之帶辦,出于徭役,編之巡欄是也。邑志謂額派于料,非矣。若農、桑、絹雖附于料而徵,不宜列之于課,故郡新志附之田税焉。

貢,今謂之料者,蓋具其物料云。有額辦,原有定額,又有謂之歲辦。其雜辦歲無常數,藩司承部不時之派也。名色孔多,各志不同,郡新志似詳之矣。初本里甲所辦,後出之于丁,舊謂之八分丁料。自嘉靖末年米雖仍舊,而丁口隱耗,今省至七分矣。但舊派成丁,邑之不成亦派,非也。内若夏税農、桑、絹、鐵課咸在本税課而謂之料者,料多而并徵之耳。初極繁瑣,志詳之矣。今民安之,喜其目之簡而不計其出入。其上京者,外有雜費,藩司司其盈縮,邑惟承檄而辦之存留。若歷之料及夏税備司所用,不特貢于上也。第計偕諸費在内,取士亦謂之貢矣。初者各有所派，其目最多，邇則通融之，雖夏稅農、桑、絹亦派之它郡，故不具其目，惟於糧附見之。

夫昔之歲費若繁，乃立綱之名，猶網之有綱，一舉而盡也。始于正德末年，御史沈公云其時分正辦、各祭、鄉飲是也，餘者謂之雜辦。其後名存實亡，承者匪人，因緣爲奸。余家食時，見里甲用十餘兩具數二三文者應役，多類赭衣之徒焉。閩自隆慶之元變爲十段，以丁四糧六總徵在官，役者無可他費。甲首絕迹于縣庭，但令禮吏司之，而不稽其出入，覈之則以未徵爲解。余來，舉吏之侵者罪之，乃同各糧稅徵于庫，按次而給，循環登簿，覈于上官，餘者貯之。今元年，都御史殷公斟酌減四之一，豈不良美！奉而行之，則在人耳。瑣瑣者勿論，未行綱法之前，有宜三年並用，當未期而留，乃年未至而銀先徵，侵匿者由茲啓矣。余凡三年並用者皆貯之，至期而取。其年所當用，務必取往者充之，雖甚不足，多方撙節，不敢預徵，方得畫一。邑志云：著在令式，則有常數，惟官府冗費，不敢登載簿書會計者，里甲支應無藝極。令陳迓痛節浮費，直日辦錢十文，官掌出入。若日費有餘，積備它日，盡所積乃再科，至有累日不科一錢者。余三年不用里甲一文，蓋綱銀之式行也。固嘆陳公心獨苦矣，乃列近日所損益，庶乎後人準之。

徭役，志各不同，郡新志詳矣。舊志：大約出力不過二十日，出銀不過八錢，茲嘉靖初也。續志：每丁石銀三兩以上，官價又有隸兵等三四倍，庫子等不啻四五。其言濫免、詭寄、那移、花分、賄買諸弊悉矣。自隆慶元年"十段法"行，年編其一，丁米平矣。初力差皆爲銀差，不便，仍分爲二至三年，每丁石尚編二兩六錢八分二釐。今元年減至二兩四錢，比永春等縣猶加一倍，豈非人力詘而差額贏，雖加節省亦無如之何哉？始編鹽户三之一，亦寬民力於萬一。蓋閩中徭之最重者無過于邑，當平其政，安可以偏重也？其力差當細較之，以重者僉富室，輕者付之下户。親自配之，閉絕吏胥銀差序條，以便追給支用可也。今舉萬曆之元爲則，其弓兵前充餉者二百五十九名，爲銀一千八百六十四兩，往年復舊各應役。它沿革之小者不叙。

驛傳,各志詳之。續志:隆慶四年,已稱近簡。時符節嚴于上,故其流稍清也。自余來初年革廩頭,置雜物,平夫馬價及它,省銀不啻三之一。但民間徵納不齊,而各年支費難期,約而申減,除丁免派,以復舊制,每米一石,派銀二錢,所省不啻三之一。舊額解府,余請給自縣尤便,未嘗不足,蓋其實尚有餘。法變至此,亦可謂善矣!邑志云:不嚴冒濫之禁,去多索之奸,使役夫疲往來之跡,館人勤止宿之饋,是猶不絕其薪,而欲湯之無沸也。信然哉!信然哉!

民兵者何?弓兵也,機兵也。弓兵,祖制以譏察,若戰禦非其所專任。機兵,因衛所之弊,而縣各為守者也。邇之所養非所用,故至于募兵紛紛矣。取弓兵之食以募,而其昔之所逋者追之。機兵舊二百五十,每名加其餉三兩六錢。給募土兵又增五十,其食如機兵,乃昔鄉兵三百六十名,而遞革者追其所革者逋食。余為請免一千四百兩,又請免弓兵之逋餉,其後食還如舊,得以畫一應役,若不加訓練,竟為民蠹也。惟機兵半徵于兵備道,別募而練之,半隸于縣練之,其內以十名更番守宿于府焉。又機兵之所加募凡九百兩,與增兵之三百六十兩,皆不優免,安得而畫一之乎?

自嘉靖乙丑以前軍餉費煩,倍追機兵之食,加派均徭之銀。後軍門請如浙,將丁米派而抵之,丁以四錢,米石倍之,議于三年之外,地方寧日罷之。至隆慶之元當罷,五年減半,六年始罷。時海上寇起,今又以丁二米四徵之。其出于租者有寺田八處,廢者五,田盡入官,存者三,本以十分之四給僧,今僧僅一人者各量一頃而已,惟承天尚以四給之。法石之田,官初履畝,以三等徵之:上三錢六分,中二錢四分,下者二錢。佃戶告乞如全閩例,為白于上官,今徵以二錢如諸寺。

糧料萬曆元年徵糧案驗,尚照舊冊丁糧。今以新冊丁糧準元年案驗開派,為二年後準則。詳附錄。

本縣官民秋糧等米一萬五千七百六十一石七斗二升六合六勺,內除查實浮糧一百三十石九斗四升七合三勺不派,實徵官民米一萬五千六百三十石七斗七升九合三勺。

官米三千五百四十四石九斗六升一合四勺,該銀一千二百二十七兩二分七釐三毫四絲二忽。

三斗以下，則米二千九百六石九合六勺，每石派銀三錢六分，該銀一千四十六兩一錢六分三釐四毫五絲六忽。

三斗以上，則米二百六十四石七升四合二勺，每石派銀三錢三分，該銀八十七兩一錢四分四釐四毫八絲六忽。

七斗，則米三百七十四石八斗七升七合六勺，每石派銀二錢五分，該銀九十三兩七錢一分九釐四毫。

民五升，則并秋租鈔折米一萬二千二百一十六石七斗六升五合二勺，內除查實浮糧米一百三十石九斗四升七合三勺不派。又海淳米二百九石三升五合二勺全派，折價該徵本折米一萬一千八百七十六石七斗八升二合七勺。

半納本色米五千九百三十八石三斗九升一合三勺五杪④。

半納折價并加海淳共米六千一百四十七石四斗二升六合五勺五杪，每石派銀五錢，該銀三千七十三兩七錢一分三釐二毫七絲五忽。

新增起科民米一百五十石一斗六升八合二勺，每石派銀二錢五分，共銀三十七兩五錢四分二釐五絲。

以上官民米折價銀四千三百三十八兩二錢八分二釐六毫六絲七忽。內湊補倉糧民米五千八百七十五石八斗六升七合三勺一杪六撮，每石撥銀五錢，共銀二千九百三十七兩九錢三分三釐六毫五絲八忽，解各倉俱無耗撒。數見下：

起解折色官米三千六百四十石五斗八升，每石撥正價銀二錢五分，槓索銀五釐，共該銀九百二十八兩三錢四分七釐九毫。

起解折料官米二百三十七石四斗五升五合八勺，每石撥正價銀二錢七分四釐五毫九絲三忽，該銀六十五兩二錢三釐三毫。每兩水脚銀四錢，該銀二十六兩八分一釐三毫二絲，共銀九十一兩二錢八分四釐六毫二絲。內水脚一半銀一十三兩四分六毫六絲解司充餉，其餘俱解京庫。以上起解二項官米，多原額三百三十三石七升四合四勺者，蓋以銀之多寡乘米，非以米之多寡乘銀，其三等派銀則例未嘗改也。

解司備用銀三百八十兩七錢一分六釐四毫八絲九忽，比案驗多銀一兩一錢九分六釐九毫二絲，內官折餘銀二百七兩三錢九分四釐八毫二絲二忽，民折餘銀一百七十三兩三錢二分一釐六毫六絲七忽。

派撥倉分：

遠儒學倉

本色米三百五十八石八斗。

近本縣際留倉

本色米二十三石四升一合四勺八杪四撮。今查本縣本色米尚溢二十石五斗九升九合八勺六杪六撮。各倉已足，本倉歲支不敷，應撥入支給官吏俸糧。

折價米五百七十石八斗一升七合三勺一杪六撮，該銀二百八十五兩四錢八釐六毫五絲八忽。

遠崇武倉

本色米二千七百七十七石九斗五升，又永寧倉撥補米五百九十五石七斗，共米四千三百七十三石六斗五升。

折價米三千六百一十六石五升，又永寧倉撥補米一千六十石，共四千六百七十六石五升，該銀二千三百三十八兩二分五釐。

遠金門倉

本色米六百六十八石，又永寧倉撥補米四百九十四石三斗，共米一千一百六十二石三斗。

折價米六百二十九石，該銀三百一十四兩五錢。

魚課週歲米九百二十八石九升，今重編加米十石五斗六升。每石派銀三錢五分，該銀三百二十八兩五錢二分七釐五毫。

料鈔，男成八千五百五十四丁，除優免共丁五百八十九丁，實差丁七千九百六十五丁。民米并秋租鈔折米共一萬三千二百一十六石七斗六升五合二勺，內除浮糧海滃米三百三十九石九斗八升二合五勺，實徵米一萬一千⑤八百七十六石七斗八升二合七勺。每丁石派銀七分，該銀一千三百八十八兩九錢二分四釐七毫八絲九忽，尚少案驗銀六十二兩二錢七分九釐，零丁加七釐八毫一絲九忽乃足。每年歲辦、雜辦不同，且與通省丁糧融派數難預定。

鹽糧，男子成丁八千五百五十四丁，婦女大一萬五百三十三口，共一萬九千八十七口。照案驗額銀三百四十八兩六分五釐零，而以一分五釐四毫八絲六忽一微派之，尚少銀五十二兩四錢八分二釐零，每丁口加二釐七毫四絲九忽七微乃足，當與通省丁口融派，數難預定。

徭

隆慶元年行"十段法"，丁米除優免、海澨等，實差人五千六百六十九丁半，米一萬二千六十四石七斗三升一合五勺，分爲十段。萬曆元年編至七段，當十段畢，乃照新冊編差。然遞年丁米時有增減，隆慶四年每丁石尚編銀二兩六錢八分二釐。萬曆元年人差六百三十五丁，米差九百八十三石二斗六升九合七勺，每丁石派銀二兩三錢九分九釐四毫，差額則照軍門所定，每年編銀三千八百八十三兩二錢六分九釐六毫，閏月加銀六十四兩九錢三分八毫，節度、守塚予所增也。

銀　差

布政司護表夫三名，每名銀五兩，共銀一十五兩。中解戶一名，銀三十兩。清軍道書手二名，每名銀八兩，共銀一十六兩。按察司加編借撥皂隸一名，銀七兩二錢，閏月加銀六錢。駐扎興泉道門子一名，銀七兩二錢，閏月加銀六錢。皂隸一名，銀七兩二錢，閏月加銀六錢。

本府祗候一十名，每名銀一十二兩，共銀一百二十兩，閏月每名加銀一兩。馬夫一十名，每名銀四兩，共銀四十兩。隸兵六名，每名銀七兩二錢，共銀四十三兩二錢，閏月每名加銀六錢。本府儒學齋夫二名，每名銀一十二兩，共銀二十四兩，閏月每名加銀一兩。膳夫一名，銀二十兩。

本縣祗候九名，每名銀一十二兩，共銀一百八兩，閏月每名加銀一兩。馬夫四十名，每名銀四兩，共銀一百六十兩。門子二名，每名銀五兩四錢，共銀一十兩八錢，閏月每名加銀四錢五分。隸兵三十名，每名銀六兩，共銀一百八十兩，閏月每名加銀五錢。庫子六名，每名銀二十八兩，共銀一百六十八兩，閏月加銀一十四兩。本縣儒學齋夫六名，每名銀一十二兩，共銀七十二兩，閏月每名加銀一兩。膳夫二名，每名銀二十兩，共銀四十兩。門子二名，每名銀七兩二錢，共銀一十四兩四錢，閏月每名加銀六錢。庫子二名，每名銀七兩二錢，共銀一十四兩四錢。斗級三名，每名銀七兩二錢，共銀二十一兩六錢。殿夫一名，銀四兩。

峯尾、黃崎、小岞、獺窟四巡司弓兵各一百名，除借編德化縣三十名、永春縣六名、安溪縣二十五名外，本縣實編三百三十九名，每名銀七兩二錢，共二千四百四十兩八錢。錦田驛館夫二名，每名銀二十兩，共銀四十兩。商稅課鈔銀一十七兩一錢六分九釐六毫，閏月加銀一兩四錢三分八毫。朱文公祠門子一名，銀八錢。林知縣祠門子一名，銀八錢。山川、社稷、邑厲三壇共壇夫一名，銀一兩二錢。

力　差

本府司獄司獄卒二名，每名銀七兩二錢，共銀一十四兩四錢。廣平倉斗級二名，每名銀四兩，共銀八兩。本縣禁子六名，每名銀三兩六錢，共銀二十一兩六錢。預備倉斗級四名，每名銀六兩，共銀二十四兩。崇武倉斗級二名，每名銀四兩，共銀八兩。際留倉斗級一名，銀三兩。布、按二分司門子各一名，每名銀一兩五錢，共銀三兩。上下水關夫二名，每名銀四兩，共銀八兩。洛陽橋橋夫半名，銀一兩五錢。鋪司兵，縣前鋪六名，白水、塗嶺、驛坂、盤龍、上田、居仁六鋪各五名，每名銀四兩；前埔、黃田、青山、崇武四鋪各二名，每名銀三兩，通共銀一百六十八兩。王節度守塚一名，銀八錢。

綱

隆慶元年行"十段法"，實差人六千七百一十三丁，民米一萬五百一十九石三斗二升四合五勺五杪。融爲十段，每段該丁六百七十一丁三分，米一千五十一石九斗三升一合⑥四勺五杪五撮。年用一段，以丁四、米六，派銀一千四百三十四兩一錢六分八毫七絲。自未役七甲起，盡六甲而更，萬曆元年用至三甲，軍門議減綱額，每丁派銀四錢五分四釐，米每石派銀六錢八分一釐，共銀一千六十六兩五分七釐三毫二絲，減銀三百六十八兩一錢三釐五毫五絲。

正　綱

一、本府進元旦、聖壽等各表箋⑦，派縣每年四兩九錢七分七釐四毫，減舊三兩九錢八分七釐。

一、習儀拜賀救護香燭、庭燎、茶果五次，年徵銀六錢。

一、祭祀：啟聖公祠二祭八兩，文廟二祭五十兩，社稷壇二祭一十五兩，山川壇二祭二十一兩，鄉賢、名宦二祭各七兩，朱文公祠二祭七兩，張公祠、林公祠二祭各三兩五錢，邑屬壇三祭二十二兩五錢，青山祠一祭一兩八錢五分，霜降祭祀銀四兩五錢，共一百十兩八錢五分，減舊一十七兩五錢。

一、本縣儒學朔望行香紙燭并講書紙筆每次五分，年徵一兩二錢，減舊四兩八錢。

一、鄉飲二次銀二十兩，減舊五兩。

一、縣官陞遷、應朝、祭江并回任祭門，祭品年預徵三錢四分，減舊銀一錢。

一、鞭春用三兩，減舊三兩九錢五分。

一、桃符、門神、花燈用銀二兩九錢五分，減舊二兩二錢八分。

一、考試：

生儒進學每次約五十五名，每名花紅彩旗銀一錢七分。五年二次，共銀十八兩七錢，每年該銀三兩七錢四分，減舊一兩七錢六分。

季考生員約三百七十八名，每名試卷供賞銀一錢五分，年該銀五十六兩七錢。

察院按臨考校生員每次約三百七十八名，每名試卷供賞約銀四分。三年二次，共銀三十兩二錢四分，年徵銀一十兩八分。

提學道歲考生員約三百七十八名，試卷供賞等用年該銀五十二兩一錢，減舊二十兩八錢一分。

一、歲貢生員兩年一次往京路費銀六十兩，兩院各助銀三兩、旗區五錢。陪貢二名，每名盤纏二兩。共七十兩五錢，每年徵三十五兩二錢五分，減舊八兩五錢。

一、科舉三年一次：

應試生儒六十一名，每名盤纏銀二兩，共一百二十二兩，年該四十兩六錢六分六釐七毫。謄錄生一十名，每名盤纏銀一兩四錢，共一十四兩，每年該四兩六錢六分六釐七毫。

新舉人約以四名爲率，每名旗區、賀禮等項銀八兩，共三十二兩，每年一十兩六錢六分六釐七毫。

舊科舉人約以二十名爲率，每名盤纏銀三十兩，酒席五錢，共六百一十兩，年徵二百三兩三錢三分四釐。

新進士約二員，賀禮、牌區等項銀八兩，共一十六兩，每年該徵五兩三錢三分三釐四毫。

武舉人約以三名爲率，每名盤纏銀一十五兩，共四十五兩，每年該徵銀一十五兩。

一、解供應各衙門：

軍門家火二兩五錢。

總兵油燭、柴炭九錢三分三釐五毫，又勻加閏月銀三分一釐一毫二絲。

監軍道吏、書、門、皂等役米菜二兩三錢八分九釐一毫。

興泉道心紅紙劄等項二十一兩，致送過往鄉官、使客下程一十兩五錢，解晉江縣貯庫候支。

布、按二司修理家火、幃褥等九兩三錢三分一釐三毫，減舊五兩八分二釐一毫五絲。

一、供應上司巡歷及往來經過，司道合用：

心紅紙劄約二十副，每副銀二兩二錢八分五釐，共四十五兩七錢。

下程約二十副，每副一兩共二十兩。

內班門厨、皂隸飲食、蔬菜等項約二十分，每分九錢三分八釐，共一十八兩七錢六分。

一、恤刑衙門五年一差，合用一應家火供應等費銀五兩三錢，解府候用。以總算之，各年皆派。

一、新官到任祭[8]：

知縣銀一兩，縣丞、主簿、典史各銀三錢四分，共用銀二兩二分。三年派，每年銀六錢七分三釐三毫，減舊四兩四錢八分。

一、修理衙門，大約三年一次，照舊詳奪存銷：

察院、布、按二司、府館等衙門，或五年大修，一年小修，及什物、幃褥等項，大約每年徵銀四十兩，用銀一十兩以上。具申察院動支修葺，如不及者聽，其處修若有剩餘，存庫作正支銷。本府推官衙合用銀一十二兩，年徵銀四兩，解府支用。

知縣衙用銀十二兩，年徵銀四兩。

縣丞、主簿衙共銀一十六兩，年徵銀五兩三錢三分三釐。

典史衙用銀五兩，年徵銀一兩六錢六分六釐。縣學教官三員，共銀一十二兩，年徵銀四兩以上。用雖不及十兩，仍詳守巡道查覈，方許動支。若果估計十五兩以上者，申請無礙官銀修葺。若無新官，存庫作正支銷。

一、各衙門置辦一應家火，三年一次：

推官定銀十兩，知縣定銀九兩四錢八分，縣丞、主簿各銀五兩五錢五分，典史銀四兩三錢五分，教官三員各銀六兩，共五十二兩九錢三分。以三年派，每年徵銀一十七兩六錢四分三釐四毫，減舊銀一十四兩七分。

一、公座幃褥：

堂上公座，知縣新任合用紗絹案衣等件，用銀一兩四錢五分五釐。以總數算，每年皆派。其縣丞、主簿、典史裁革，共減舊一十三兩一錢四分五釐。

一、存恤孤老夏冬衣布，年徵銀三十兩。

公　買

一、查盤官合用心紅紙劄、下程等用一兩五錢四分，照送一次，以後二次，每次只辦柴炭、燭銀二錢九分，及門厨、皂隸柴米銀五錢二分五釐，共用三兩一錢七分，減舊七兩六分九釐。

一、雇募聽撥門皂、答應兩院守巡各道及總兵都司使客約用工食，年徵銀一百二十兩。

一、新官到任公宴：

知縣中上席五錢，縣丞、主簿各中席三錢，又各三次陪席共六桌，每桌銀二錢，共二兩三錢。三年派徵，每年銀七錢六分六釐七毫，減舊二兩一錢。

一、三年一次攢造朝覲須知等各冊紙劄、綾袱、冊廂等件，又每年造憲綱吏農等各冊書手工食，量派綱銀一十九兩，餘贜罰支用不足，申請動支綱銀湊用，減舊二十六兩三錢三分四釐。

一、合用使客、士夫下程三十五兩四錢五分，并炭、油、燭二十一兩，共用銀五十六兩四錢五分，減舊一百三十三兩四錢五分。

全　　減

祈晴禱雨四兩，遇用剩綱支。本府推官、知縣、縣丞、主簿、典史年例執事，共一十六兩四錢。興泉道閱操一十六兩。兩院守巡各道巡歷、經過官吏迎送等銀七兩。上司各衙門取用卷箱鎖鑰等三兩。提學教條并司道本縣榜文、告示紙張工料四兩。本府佐二查盤紙劄、工食分派銀七兩。本府首領心紅等分派銀八兩一錢。本縣縣丞、主簿各心紅紙劄、油燭銀一十二兩，典史八兩四錢。本縣差人投遞須知等册，盤纏一十一兩。本府首領脚力派銀二兩。

驛

原實差丁五千六百二十丁，米九千六十八石三斗四升四合二勺。每丁派銀一錢二分三釐八毫五絲，每石派銀一錢八分五釐七毫七絲五忽，共銀二千三百七十九兩九錢三分七釐六毫六絲。今丁免派米一石，派銀二錢，共銀一千八百一十三兩六錢六分八釐八毫六絲。元年止，用銀一千五百八十兩四錢一分六釐。丁係舊册。

每月驛丞供給銀三兩六錢,帶管官減半。吏六錢。紙劄銀三錢,茶果三錢,書手工食銀六錢。跟官二名各六錢,夫馬甲三名各七錢五分,館夫四名各六錢,共加買辦銀九錢。馬夫二名并馬料各九錢,馬首六名各六錢,看監防夫一名銀六錢。以上皆有定數。

夫一名至楓亭銀七分,至晉安銀六分。馬一匹至楓亭銀七分,至晉安銀六分。廩給清字銀三錢,廉字二錢四分,介字一錢二分;口糧三分,宿食二分。鄉官小夫每名日二分五釐。以上有定例無定數。

鋪陳,上二副各二十事,中四副各八事,下五副各六事。以上如壞於本驛徒價并用剩站銀,申覈再造,答應不敷,即徭編館夫銀租賃。

兵

機,原二百五十,每名年編銀七兩二錢,共銀一千八百兩,除優免外,每丁派銀九分二釐七毫,每石派銀一錢三分九釐五絲。又增鄉兵五十名,該銀三百六十兩,無優免每丁派銀五分三毫二絲,每石派銀七分五釐四毫八絲。共三百名,半赴團練,半存縣操守。今團練盡革,徵銀別募。

弓,原四司各一百名,近減至十二名,又增至二十名。元年復一百名,二年又減二十名。

餉

丁米,人八千八百八十七丁,米一萬一千八百四十四石四斗八升二合八勺,每丁派銀二分,每石四分,共銀六百五十一兩五錢一分九釐三毫一絲四忽七微二纖。丁因舊冊兼不成折半故絕。在內增減,沿革見前。

糧剩,備用三百七十九兩五錢一分九釐五毫六絲九忽。見糧料內。係舊冊派。

倉折,際留折價內扣二十八兩七錢二分九釐四毫。

魚課,三百二十四兩八錢三分一釐五毫,閏月有加。見糧料內。係舊冊派。

機兵,原二百五十名,除工食外每名加編募土兵銀三兩六錢,共銀九百兩。

弓兵,四司共四百名,萬曆元年。每司除薪水二名全給工食,餘各扣銀一兩八錢。該充餉銀七百零五兩六錢,工食銀二千一百七十四兩四錢。本縣編三百三十九名,共銀二千四百四十兩八錢。申請上司,除給兵外尚充餉銀二百六十六兩四錢。其德化借編銀二百一十六兩,永春借編銀四十三兩二錢,安溪借編銀一百八十兩,盡行充餉。二年,各兵全給工食,共減八十名充餉,該銀五百七十六兩。其工食銀二千三百四兩。本縣除給兵外充餉銀一百三十六兩八錢,餘三縣銀盡行充餉。

折料水脚一十三兩四分六毫六絲,見糧料內。際留斗級原編三兩,每兩加追三兩,共一十二兩,見徭內。

寺租,隆慶元年充餉。僧存者,四分給僧,六分入官;僧亡者,盡數沒之。田每畝徵銀二錢,官充餉五分,糧差一錢五分;民充餉一錢二分,糧差八分。地無論官民,徵銀一錢,充餉銀七分,糧差三分。山蕩徵銀五分,充餉四分,糧差一分。法石分為三則:上則田徵銀三錢六分,中則及地皆徵銀二錢四分,下則田徵銀二錢,皆八分糧差,餘俱充餉。二年乃照各寺每畝勻徵二錢八分,糧差一錢二分充餉。

見存三處:

承天莊,田地山二十三頃二十三畝三分三釐,除四分給僧外,該餉一十三頃九十四畝。內官田一十三畝四分四釐,民田一十二頃八十九畝,又地八十七畝九分,山三畝六分六釐,年該租銀二百六十九兩四錢六分一釐,充餉銀一百六十一兩六錢五分一釐四毫,糧差銀一百七兩八錢九釐六毫。

華林寺,田地山一十頃二十二畝,據案驗稱[僧]止一人,量給一頃,該充餉九頃二十二畝。今册仍四分給僧,充餉止六頃一十三畝二分。內民田三頃七十三畝三分七釐四毫,地二頃三十九畝八分二釐六毫,年該租銀九十八兩六錢五分七釐四毫,充餉銀六十一兩五錢九分二釐七毫,糧差銀三十七兩六分四釐七毫。

曾爐寺,田地山一十一頃四十三畝六分,海蕩一所。據案驗稱僧止一人,量给一顷,该饷一十顷四十三畝六分。今册仍四分给僧,充饷止六顷八十六畝一分六釐。内官田三畝二分,官地一十六畝二分,民田四顷四十一畝二分四釐四毫,地二顷二十五畝五分一釐九毫六丝,年该租银一百一十三两六分四丝,充饷银七十两二分九釐二毫二丝,粮差银四十三两三分八毫二丝。

已废五处:

金相院,民田地一顷六十六畝六分,内田五十四畝四分,地一十二畝二分,年该租银二十二两一钱,充饷银一十四两三钱八分二釐,粮差银七两七钱一分八釐。

普空寺,民地四十畝九分,年该租银四两九分,充饷银二两八钱六分三釐,粮差银一两二钱二分七釐。案验称,租银六两五钱四分四釐。

法石寺,除找买并充学租外,入官田地一十九顷九十九畝九分五釐一毫。内除看守斗门⑨中、下则田各十畝,官田九畝五分免饷外,内上则田三顷七十一畝二分四釐六毫,中则田并地三畝共九顷四十二畝九分一釐四毫,下则田六顷五十六畝二分九釐一毫,年共银九百九十四两七钱六釐一毫二丝。二年乃照各寺每畝匀徵二钱,共租银三百九十七两一钱五分五釐九毫二丝一忽,充饷银二百三十六两四钱九分四釐八毫四丝一忽,粮差银一百六十两六钱六分一釐八丝。

离相院,民田地九十三畝六分九釐二毫,内田七十一畝九分七釐三毫,地二十一畝七分一釐九毫,年该租银一十六两五钱六分六釐五毫,充饷银一十两一钱五分七釐九丝,粮差银六两四钱九釐四毫一丝。今册止开租银一十五两九钱七分九釐,充饷银九两八钱六分三釐三毫四丝,粮差银六两一钱一分五釐六毫六丝。

舍利寺,民田地山二顷二畝八分六釐,内田一顷三十四畝二分七釐,地六十畝八分九釐,山七畝七分,年该租银三十三两三钱二分八釐一毫,充饷银二十两六钱八分二釐七毫,粮差银一十二两六钱四分五釐四毫。

以上共租银九百五十四两四钱一分八釐九毫六丝一忽,充饷银五百七十七两八钱五分一釐九毫五丝一忽,粮差银三百七十六两五钱六分六釐一丝。

匠

一百六十一名,内春季二十六名,夏季七十五名,秋季二十七名,冬季三十一名,分爲四班,一年一班,周而復始。每季納工銀一兩八錢,閏月加六錢。除逃絕九名,存留本府應工二名,餘皆逐名解府納價。今徵類解頗便,解京盤費見附錄。黄册作一百五十七名,絕十一名。

一班六十七名,寅午戌年納價。内逃二名,絕二名。

一班一十名,亥卯未年納價。

一班三十四名,申子辰年納價。内存留應工二名,絕五名。

一班五十名,己酉丑年納價。

帶徵屯糧

舊額,每石徵正價銀三錢五分,腳鞘銀二釐三毫三絲三忽三微三纖,柴薪銀四釐五毫,馬丁銀五釐,耗銀一分二釐五毫,公用銀八釐八毫三絲三忽三微,共銀二錢八分三釐一毫六絲六忽六微三纖。

新增,每石徵正價銀二錢五分,腳鞘銀二釐三毫三絲三忽三微三纖,公用銀三釐一毫六絲六忽六微,共銀二錢五分五釐四毫九絲九忽九微三纖。

福州右衛,共銀四百四十九兩二錢六釐四毫五絲。

前所

舊額,糧四百三十八石,銀一百二十四兩二分八釐五毫。新增,糧二十八石,銀七兩一錢五分四釐。

後所

舊額,糧七百一十四石,銀二百二兩一錢八分三釐三毫。新增,糧七十五石,銀一十九兩一錢六分二釐五毫。

中左所

舊額,糧三百二十四石,銀九十一兩七錢四分七釐。新增,糧一十九石三斗,銀四兩九錢三分一釐一毫五絲。

福州中衛,共銀一百三十六兩二錢六分一釐二毫。

左　　　所

舊額,糧三百六十三石,銀一百二兩七錢九分七毫。

新增,糧一百三十一石,銀三十三兩四錢七分五釐。

【校記】

① "田":一九八七年版本作"出"。

② "不如":一九八七年版本作"不知"。

③ 一九八七年版本在"名"字之上多一"其"字。

④ "杪":一九八七年版本作"抄"。

⑤ "一萬一千":一九八七年版本校注作"一萬二千"。

⑥ "一合":一九八七年版本校注作"二合"。

⑦ "本府進元旦、聖壽等各表箋":一九八七年版本作"本府進各次表箋"。

⑧ 一九八七年版本"祭"字之下多一"品"字。

⑨ "斗門":一九八七年版本無"門"字。

惠安政書四

惠　安　縣

　　縣距郡五十里，蓋其北鄙左支也。自仙游及晉江至於吴洋，又至於盧田，乃兹保界山川錯焉。盧田北折林坪，東下菱溪，溪左之岡負海回薄夾於峯崎，是謂左紀，其都有十，自五之十四。盧田而分鷄籠，抵洛陽江，沙溪沿之，出於谷口，逆以江潮，是謂右紀，其都僅二：十五、十六。鷄籠而東，菱溪之陰，沙溪之陽，大帽爲宫，盤龍西馳，瞰於洛陽，城山南轉，抱於峯崎，江海如帶，是謂中紀，凡二十有二都。

　　邑部署於土中焉，北踰日曝，南渡獺窟，衺六十五里；東窮黄崎，西阻虎窟，廣八十里。四隅如其廣，幅員二百八十里。制都首於郭右，左旋於前，右繞於後，復左爲尾，邑人狀之如蠹之盤，圖而按之若繆篆蟲書也。所包衆紀附以海塢，都有併者，圖存其舊。中於坊鄉之屬，更表其大者。户口、田賦爲之表，有上下則㫀分之，斷於萬曆之元。

　　自余更定版籍爲始，屯雖别爲版籍，産在於兹者附之。鹽之有户也，漁之有賦也，各有專官課之，爲其官守詳焉附之。徭以時盈縮，輸之難畫一不列。糧有新者、浮者，雖亦盈縮以時，惟田賦攸關，列之以俟君子財擇焉。列者亦既有條，圖二十有八，總之一表如之。

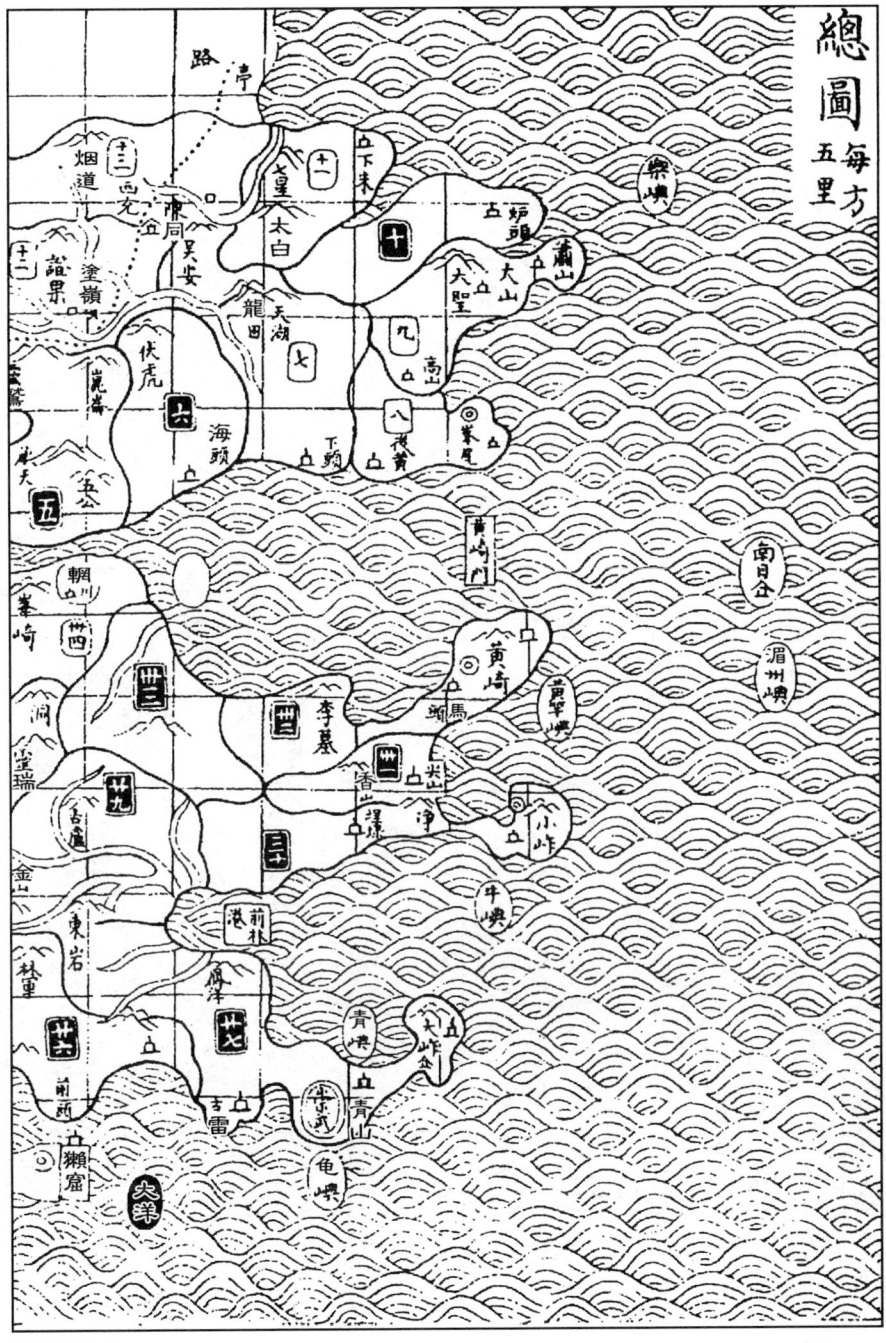

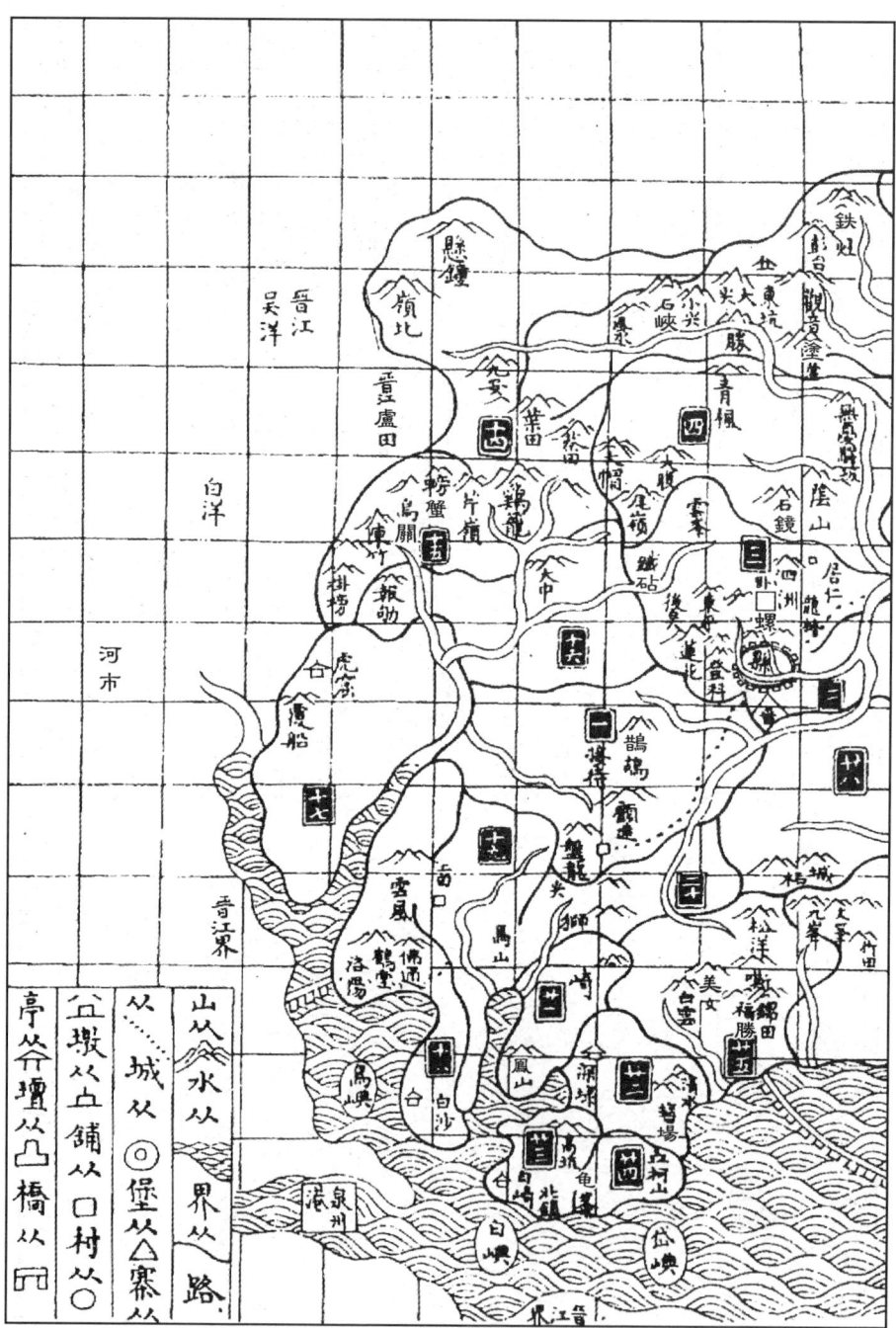

表

坊舊三圖,今三圖併	鄉四	里十八	都三十四						
		平康	一二						
	文質	崇德	五						
		祥符	二十八 二十九						
		延壽	三十 三十一						
		温陵	三十二						
		安仁	三十三 三十四分二圖						
	行滿	安民	十九併二十為一圖						
		長安	二十 二十一						
		太康	二十三 二十三 二十四						

（續表一）

坊舊三圖，今三圖併										
	守節	忠恕	德音	光德	待賢	民蘇	歸化	尊賢	同信	禮興
	二十五 二十六 二十七		六 七 八	九 十	十一併十二,十三為一	十二併 十三併	三併四為一 四併	十四併十五,十六, 十七為一 十五併	十六併 十七併	十八

| 信義 | | | | | | | | | | |

（續表二）

	戶	民	軍	匠	軍鹽	鹽	弓兵	鋪兵	醫
總	四千一百九十五	二千四百三十二	一千一百八十九	一百五十七	三百六十三	三百二十三	二十四	八	一
里長	三百	一百零八	一百一十一	二十四	四十三	一十四			
正管	三千	一千九百七十	六百二十八	一百一十三	一百六十	九十六	二十二	八	一
帶管	三百四十六	三百二十三	一百零三	七	八	五	一		
絕	五百四十九	一百二十三	三百四十七	十一	五十一	七	一		

	口	男	成	不	女	大	小	絕
總	二萬八千七百六十八	一萬四千三百七十一	八千五百四十	五千七百十七	一萬三千八百六十五	一萬四百六十	三千三百九十	五百九十二
民	一萬二千四百八十八	六千三百六十八	三千七百十五	二千三百十三	六千六十六	四千六百六十四	一千四百七十九	成一不二十七大三十四小二十七
軍	九千一百六十四	四千一百二十三	二千五百九十五	一千六百十八	四千四百六十	三千二百八十六	一千八十	成一百廿八大三十四小二十七
匠	一千九百五十四	九百五十一	五百九十一	三百六十	九百七十二	七百三十七	二百三十五	成一百四十四大三小三

（續表三）

	口	男	成	丁	婦女	大	小	絕
軍鹽	四千二百二十四	二千一百七十四	一千二百十三	八百九十一	一千八百二十一	一千三百五十三	四百四十八	成一丁一大一小一
鹽	九百六十六	五百一十六	二百九十九	二百一十八	四百四十二	三百零九	一百三十三	成一丁一大一小二
弓兵	一百二十六	六十一	三十五	二十六	六十四	四十八	一十六	小一
鋪兵	六十一	二十七	一十七	一十	三十四	二十六	八	
醫	五	三	一	一	三	三		

	田	地	山	林	池塘	總	蕩	埕	渡	地	滬	水門
官民	一千六百十六頃六十五畝三釐二毫	八百三十八頃二十一畝九分	二十三頃五十畝九分五釐	一十八畝九分	四頃六十四畝八分	二千四百七十二頃二十九畝三分釐七毫	九十九所六分七毫	一十九所	五所半	一十三所	四十九所	三百二十三間
官	一百七十六頃三十畝七釐七毫	四十三頃二十一畝八分	六頃五十畝五釐	六畝一分		二百三十一頃七十八畝九分七釐七毫	一十九所半	五所半	三所		一所	六十間

（續表四）

	田	地	山	林	池塘	總	蕩	埕	渡	地	滬	水門
官租	七十二頃三十畝四分八釐	三十三頃三十八畝九分九釐	四頃八十九畝九分五釐				六所	三所	三所		一所	
膴	五頃一十七畝四分三釐一毫											
學	三頃五十畝七分三釐											
塍寺	一十一頃六十畝五分二釐	一頃八十八畝七釐	四畝九分				六所					
原设	七頃二十八畝九分三釐						一所					二間
今设	七十七頃三十一畝四分七釐六毫	二十三頃六十畝四分四釐	一頃二十畝二分	六畝一分			五所半	一所半	三所		一所	五十八間

惠安政書

（續表五）

	田	地	山	林	池塘	總	蕩	埕	渡	地	滬	水門
民	一千四百三十頃三十六畝五分	七百八十頃三十八畝四分	一十六頃五十二畝九分	一十二畝八分	四頃六十四畝八分	二千二百四十頃五十畝四分	八十所一分六釐六毫	一十二所半	二所半	一十三所	四十八所	二百六十二間
屯	一百三十八頃二十一畝五分五釐	五十九頃三十八畝七分				一百九十七頃五十二畝二釐						
福中衛左所	一十七頃三十畝五分二釐	一十六頃二十九畝四分八釐				三十三頃六十畝						
福右衛前所	一十七頃九十二畝五分	四頃九十七畝五分一釐				二十二頃八十三畝五分						
福右衛後所	二十六頃四十九畝九分五釐	二十六頃一十八畝九分				五十二頃六十八畝八分五釐						

（續表六）

	田	地	山	林	池塘	總	蕩	埕	渡	地	滬	門水
福右衛中左所	一十五頃三十四畝六分	二十六畝四分				一十五頃六十一畝						
泉左所	二十一頃七十六畝九分	六畝				二十一頃八十二畝九分						
崇武	二十八頃四十九畝二分九釐	一十頃三十畝一分一釐				三十八頃八十二畝四分						
福全	一十頃八十畝七分	一頃四十一畝一分				一十二頃二十一畝八分						
鹽	八千五百九十八盤											

以上實地田、土，除屯、鹽在册同

（續表七）

	正耗米	正 米	耗 米	夏稅鈔	秋租鈔
官民	一萬五千六百二十石三斗六升二合一勺	一萬四千六百九石七斗七合九勺	九百九十石七升七合九勺	一百九十錠三貫四百文	七十二錠八百五十一文
官	三千五百四十四石九斗六升一合四勺	三千四百二十四石六斗九升八合五勺	一百一十九石九斗八升六合一勺	二十一錠一貫五百八十文	二十五錠一貫八百五十一文
官租	六百二十八石四斗八升一合五勺	六百七石一斗三升一合	二十一石三斗四升九合六勺	四錠三貫五百八十八文	一十二錠一貫二十七文
曠	三百七十石六斗七升一合六勺	三百六十二石三斗	一十二石六斗七升一合六勺	一貫五百五十二文	
學	五十五石七斗七合二勺	五十三石四斗七升七合二勺	一石八斗九升二合三勺	一貫六百九十一文	七錠二貫五百五文
廢寺	三百一十四石六斗八升三合三勺	三百四石四升七合一勺	一十石六斗四升一合九勺	三貫八百六十七文	一錠一貫三百二十四文
原沒	二百六十四石七升四合二勺	二百五十五石四斗一升四合四勺	八石九斗三升一勺	二貫一百八十七文	

(續表八)

	正耗米	正米	耗米	夏稅鈔	秋租鈔	
今没	一千九百七石一斗六升七合八勺	一千八百四十二石六斗七升九合	六十四石四斗九升三合六勺	四錠三貫一百七十二文	四錠二貫	
民	一萬二千七十二石四斗二升四合八勺	一萬一千二百八十九石六斗二升四升	七百八十九石七斗八升四合八勺	二百七十九錠一貫九百四十六文	四十六錠四貫	
浮糧	一百三十五石三斗八升一合九勺					
新增	一百五十七石一斗六升八合二勺					
漁						
洪武	二百七十九斗	各都撒數少二十二石二斗，蓋舊冊之缺誤也				
永樂	九百二十七石	撒數竹編艁舩課七石二斗，不知何都除此少總六石一斗二升并此加總一石八升，蓋缺誤也				
嘉靖	九百二十八石九升					
萬曆	九百三十八石六斗五升					

葉封人曰：余爲圖表，蓋井井矣。但風土所漸，化條有概，及本業苦樂，大較豈甚相遠哉？問之縉紳先生及士明當世之務，若張仲矩、陳鍔、江贄卿輩，有當余心，亦使綴而不忘焉。

夫西北膏壤行田寬，隨流可堰以灌，耕逸而收倍，兼以林澤之利，宜日富庶甲諸都也。然版籍之耗，三合之四，十二合之十三，十四、五、六皆合之十七，蓋昔然矣。由於兵革，死徙者衆，絕户之業置屯九十餘頃，衛卒當三百餘户，屬之編列者幾何？瀕北山多瘴，溪隧崎嶇，間數里有區，亦罕十家之聚，且半爲屯卒及流庸者，是以户口之耗，累世不能復焉。

東北勢衍沃，數百十家而聚，在海堘内地，風濤無甚畏，而有蠃蛤之饒，故爲樂土。七都、八都、十都原有上下籍，今合之爲一，雖十一且合十二、三，則戎伍等籍，它日之弊滋矣。如以兵故，海隅皆然，況既休息，不復其舊乎。五、六、七都當溪之委，灌溉自贍，人雜而頑，原防偃瀦不一，彊①潦淳鹵以殊。崇福埭之最敝，已配其田，分水注之，它埋塞亦通，庶其有瘳矣。自八都迤北而十一，其流弗羨，其俗則勤，力本擅幹，交貲而其殖在海者多矣。

南方諸都無瘴，風氣宜人，尚有先朝故家。帶郭之前、之左右，一、二都與三十四都也，亦有川流，不及西北。輞川地嗇，盤龍人稀，惟瓊田負郭便利，而其行田則儉也。凡濱海溪流不達者，鑿井取汲，至以死爭涓滴，鬥訟無已時。易月不雨告災，即有秋不及西北之半。地力然也，難乎其爲農矣。第半業海及善畜牧，歲暮販他郡以佐田事，非山居呰窳無積聚者比。十八、九都，二十五、八、九都，三十三都田差勝，二十一、二、三、四、六都地差勝，亢爽產菽麥，瀉鹵產鹽鹽，且女紅善織作。丁多者户百十爲常，其男、婦歲出，不顓待田而贍，鹽籍諸徭不及，田賦尤易供，邇乃編之，僅三之一。二十七及三十一、二都，風土與旁都類，地獨浮於田，一户之賦，地居十七。颶風時作，潮没、沙壓者數里，彌望皆受產之地，雖岡罟、樵蘇、傭作仡仡，不足於箕斂。都之悤隸有數户焉。今欲均之通邑，勢難獨蘗肥瘠，而田與地別，正賦如故，徭則減之，浮多者倍減之。縱不盡蠲，甚者一二蘇矣。

如海上稱兵，有八澳爲寇區。守禦有崇武所，巡檢有峯尾、黃崎、小岞、獺窟司，埕寨、烟墩有二十三，志稱五澳，重城守也。崇武、小岞各爲區，峯尾則沙格附之，黃崎則輞川附之。白沙合洛陽而附於獺窟。峯尾在北，黃崎在東，步行五六十里，船行頃刻左右至。倘抵竿嶼，舍而夜襲，不十里至縣，無兵攝其後，危矣。但當地形盡處，山伏風㷊，船不利，又南匿水軍扼其前，賊入必經黃崎，崎門逼介椒號鐵户，絕其歸路，殱之必矣；若深入輞川，勢尤多磧，故閩寇非賂水軍不入。邇年倭人纔一登此，尋轉峯尾而去，習水勢者駭之，則地形限之也。第申飭水軍，澳內無事矣。所慮倭人陸至，非水軍能制，則此數澳膏腴，爲所必據之區，民跋涉難②而鹵掠慘。比年城輞川，可爲北方輻輳，復有峯尾新城，與黃崎鼎立，合八、九都而聚峯尾，合五、六、七都而聚輞川，水道通其糇糧，賊何敢以久屯？白沙、洛陽同爲內江，比年萬安橋中亭甃以重關，晉之石湖、祥芝重抱（扼）之於外，外有岱墜爲泉門户之島，當如舊制，與莆郡會師於此，東西五澳不足慮也。惟獺窟孤城，潮漲與內地絕，小岞以外，遙與島夷對壘。崇武之險，既有重屯，不能自守，亦可寒心。夫獺窟而下，永寧有衛；小岞而上，南日有寨，烽火相通，軍民互援，制也。今司兵已復，崇武後患宜悉。警在小岞，崇武當其南，北則南匿擣之；警在獺窟，崇武遏其北，南則永寧截之；崇武有警，獺窟、小岞急援，茲三澳者亦可無虞。第五澳中區，實維小岞，南有牛嶼，賊自湄州所必經，或旬月不去而襲我湄州，水軍踐更不一，必自募戈船於牛嶼備之，上而巡於峯尾，下而巡於獺窟，使南北風彼皆不得泊，而我列岸且多築土堡。峯尾、黃崎既有輞川中鎮之，三澳之間，若張坑、前林、青山諸處有堡。鹽場，如輞川爲東南兩巨鎮③，各與五城鼎立，但謹斥堠安枕矣。西北之寨，元末寇起莆中，始築白水、東坑、塗嶺轄其中，巡檢雷燦死之。虎窟外爲晉地，正統以遏沙、漳餘孽。邇者加以陳竹，亦爲禦山寇設，乃今倭人出没其衝矣。惟三、四都亦爲山海介區，平可以突，聚可以屯，高瞭烽火，邇同（伺）縣鎮，且柯溪要其道，可出晉江諸縣。內非地著者多，安知無奸盜所伏乎？毋惟海外之憂，而不爲此過計也。

在　　坊

　　縣之縱橫，不能百里。四方維均，謡俗亦簡。自閩都達泉、漳，爲之孔道而設置郵，斯亦稱繁焉。平居頗通山海之利，若有揭竿之盗，島夷爲梗，未嘗不受其患害。

　　自宋創邑來六百餘歲，嘉靖癸丑始城之，周三里，後屢寇弗克，乃知作者之功而閭闍樓櫓稍備矣。第西北山逼而瞰之，雖鑿濠爲帶，洞而反壤可隃④，宜移登高之巔以分其險要。鑿渠通潮，而繞⑤東南濠，或以青龍本微，白虎不宜内距，既背高陵，雖左龍湫，右龍津，潮逆之弗便。信斯言也，設險守國之謂何？潮不可通，以二渠穿城而出，其勢直，其節短也。因環都之溪承巨濟橋達於北關，承延壽橋達於東關，不可便舟楫興民利乎？猶恐北關地卬而工難集，東雖稍平，堤防亘阻，年煩修築就，或易塞，民就（孰）可與慮始？令姑惟日孳孳焉爾！

　　居郭曰坊，密邇治所，丁多繁籍，昔三圖，今惟二，亦兵燹之故也。圖雖附郭，户散於鄉，徵輸疏捕難以猝應，故寬而與之休息焉。邇避寇，入居者雖衆，率貴姓素封，編民之地無幾也。稍更事者多避徭入官，它則分區遣之，輒有不均之嘆。故嚴覈冒濫，壹切厮役糜費報罷不得已者計丁遞更之，庶乎乘城之日稱平而畫一也。

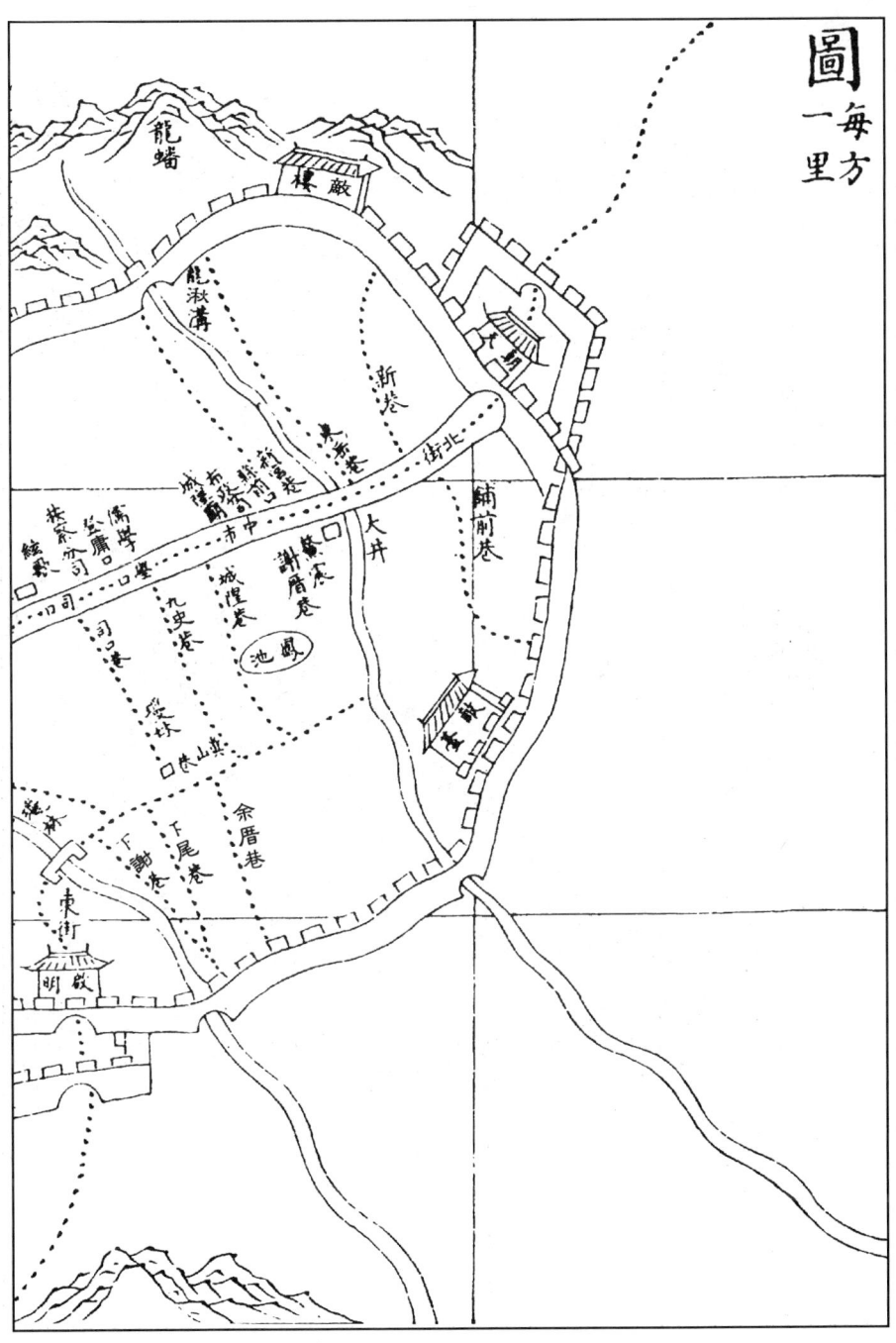

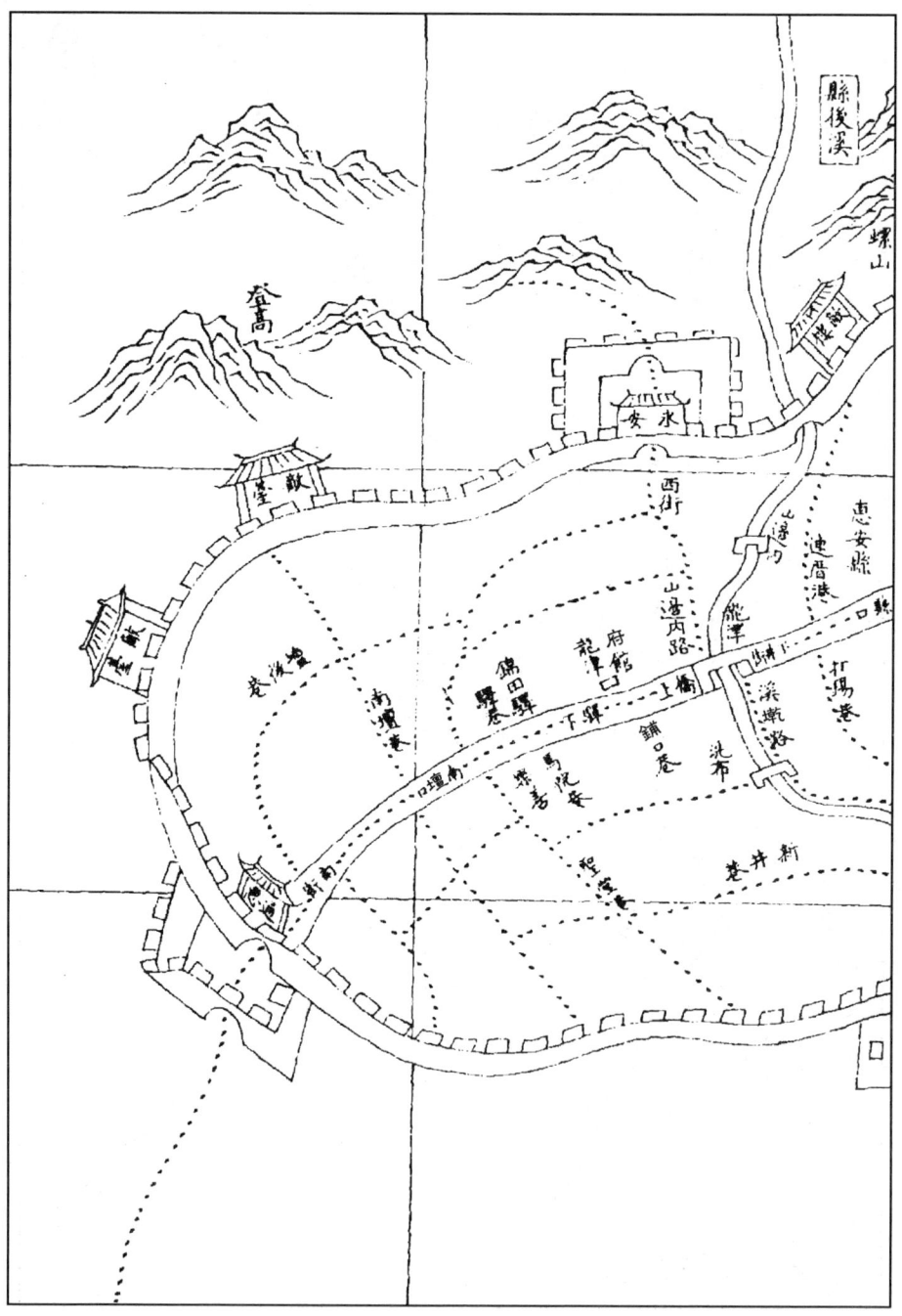

惠安政書四　在坊

表

		街巷三十七	亭二	學三社學也，各都不復書									
布政分司	鋪七												
	鰲震	中市											
		北街											
		鋪前巷											
		新巷											
		東岳巷											
		新宮巷											
		城隍巷											
		謝厝巷											
儒學	登庸	學口巷											
		九史巷											
按察分司		司口巷											
		糞山巷											
		余厝巷											
縣署	絃歌	縣口	申明										
		司口	旌善										
		下井街											
	瓊林	連厝巷											
		打錫巷											
		下尾巷											

69

（續表一）

鋪		街巷三十七	亭二	學三社學也，各都不復書
府鋪	鋪七	下謝巷		
		溪墘		
		東街		
		橋上	龍津	
錦田驛	龍津	驛下		
		山邊內		
		西街		
		鋪口巷		
	樂善	聖堂巷		聖功
		馬院巷		
		驛巷		
		南壇口		
		南壇巷		
		壇後巷		
	慶泉	新井巷		
		白泉巷		
		大井巷		
		南街		南關

（續表二）

在坊一二圖

	戶	民	軍	匠	口	男	成	婦女	大	小	絕
總	一百三十九	一百零六	二十八	五	九百一十六	四百八十五	三百一十四	四百一十五	三百一十三	一百零一	十六
里長	十	八	二								
正管	一百	八十八	九	三	七百五十一	四百零四	二百六十四	三百四十五	二百六十	八十一	大一小一
帶管	十四	六	六	二	一百三十七	六十九	四十二	五十四	四十一	十三	不六小八
絕	十五	四	十一		二十八	十三	八	十六	十三	四	

	田	山	林	池塘	總	蕩	塗	水門
官民	五十四頃五十六畝三分五釐六毫	八十六畝六分五釐	一畝九分	四畝八分	七十四頃四十畝二分六毫	一所	半所	一間
官	五頃五十九畝五釐六毫	六畝五釐			六頃五十三畝九分六毫			

（續表三）

	田	地	山	林	池塘	總	蕩	埕	水門
官租	二頃八十七畝三釐	五十五畝二分七釐	三畝一分二釐						
曠	一十五畝一分四釐六毫								
學	二十一畝三分五釐								
廢寺	四十畝六分一釐	六畝四分六釐							
原沒	二十九畝六分	二十畝七釐							
今沒	一頃七十五畝三分四釐	二畝九分三釐							
民	四十八頃九十畝三分	一十八頃一十畝九分	八十畝四分	一畝九分	四畝八分	六十七頃八十六畝三分	一所	半所	一間

以上在冊田，土

	正耗米	正米	耗米	夏稅鈔	秋租鈔
官民	四百六十石六斗五升八合四勺	四百三十三石合三合二勺	二十七石六斗五升五合二勺	五錠三貫八百三十三文	三貫三百五十七文
官	九十六石八斗四升四合九勺	九十三石九斗五升三合二勺	三石八斗五升一合七勺	一貫六百八十五文	一百七十文

（續表四）

	正耗米	正米	耗米	夏稅鈔	秋租鈔
官租	二十石六升六合六勺	一十八石八斗一升一合三勺	一石二斗五合三勺	九百七十四文	六十三文
職	一十石九斗七升三合三勺	一十石五斗九升八合	三斗七升五合二勺	四十六文	
學	二石一斗二升二合一勺	二石五升五合三勺	七升八勺	三十四文	
廢寺	一十石九斗二升八合七勺	一十石五斗八升七勺	三斗七升	一百三十五文	四十四文
原沒	一十石七斗二升一合五勺	一十石三斗六升	三斗六升一合五勺	八十八文	
今沒	四十一石六斗九升八合八勺	四十石五斗六升八合九勺	一石四斗一升八合九勺	四百八文	
民	三百六十三石八斗五升二合五勺	三百四十石五升	二十三石八斗三合五勺	五錠二貫一百四十八文	二貫二百五十文
浮糧	三石七斗				
新增	六石八斗四升六合五勺				
漁					
洪武					
永樂	三石六斗				
嘉靖	三石六斗				
萬曆	五石一斗				

（續表五）

在坊三圖

	戶	民	軍
總	一百二十	一百一十六	四
里長	十	十	
正管	一百	九十七	三
帶管	九	八	一
絕	一	一	

	口	男	婦女	大	小	絕
總	六百八十九	三百八十三	三百零五	二百三十九	六十六	一
民	六百八十	三百七十八	三百零一	二百三十五	六十六	小一
軍	九	五	四	四		

	田	地	山	林	池塘	蕩
官民	八十一頃五十畝五分九釐	二十三頃三十七畝六分	七十一畝	一畝三分	總 二十畝五分 / 一百五頃八畝十六畝五釐	半所
官	四頃二十四畝四分九釐	七十三畝六釐	一十畝		五頃六畝五分五釐	半所

惠安政書四　在坊

（續表六）

	田	地	山	林	池塘	總	蕩
官租	一頃七十四畝四分七釐	四十二畝九分三釐	七畝				半所
職	九畝三分九釐						
學	四畝六分						
膳寺	一十五畝一分七釐	五畝二分五釐					
原沒	二十二畝九分八釐						
今沒	一頃九十六畝三分六釐	二十三畝八分六釐	三畝				
民	七十七頃三十一畝	二十三頃六十五畝七分	六十一畝	一畝三分	二十畝五分	一百頃七十九畝五分	

以上在坊田土

	正米	耗米	夏稅鈔	秋租鈔
官民	六百一十九石八升三升一合六勺	五百八十一石七升九合二勺	三十七石九斗五升七合四勺	八錠一貫五百二十文	三貫五百八十文
官	七十九石五斗六升九合七勺	七十六石九斗四合二勺	二石六斗六升五合五勺	一貫二百二十文	三貫五百八十文

(續表七)

	正耗米	正米	耗米	夏稅鈔	秋租鈔
官租	一十二石八斗二升四合二勺	一十二石三斗九升	四斗三升四合七勺	六百二十文	四十五文
職	六石八斗三合	六石五斗七升三合	二斗五升	二十八文	
學	一石三斗八升一合一勺	一石三斗三升四合四勺	四升六合七勺	一十三文	
廢寺	四石八升七合二勺	三石九斗四升九合六勺	一斗三升八合二勺	五十五文	二貫五百文
原沒	八石六斗八升六合九勺	八石六斗九升三合	二斗九升三合二勺	四十三文	
今沒	四十五石七斗八升六合四勺	四十四石二斗六升三合二勺	一石五斗二升三合二勺	四百四十四文	三十五文
民	五百三十九石四斗四升一合九勺	五百四石一斗七升	三十五石二斗九升一合九勺	八錠三百一十八文	
浮糧	二石一斗				
新增	五石四升九勺				
漁					
洪武					
永樂					
嘉靖					
萬曆	二石六斗				

一　都

　　縣之都首兹,何其磅礴也！自東平、蓮華、馬壠⑥,轉而青林,至於盤龍,則東南之區皆宗之,鬱然爲都之望。其水西入於沙溪者二,前郭爲大;源於都北者二,入爲南坑溪。都南之源,遠自松洋,而入寂光,注之爲洋坑溪,至盧邨與南坑合而東。其間山麓東西錯出,民居散處,原隰漫衍,土力磽确,故志陂塘頗多,今之存焉者寡。曠土雖多,而近郊坰,若定墾之,亦不難爾。

　　盤龍之東有封,余則表之爲置守塚,王節度⑦之烈也。其西纍然者,非驃騎之封乎⑧？陳節度表其世,乃毋得而稱焉。惟山川不改,昔人物色之者衆矣！

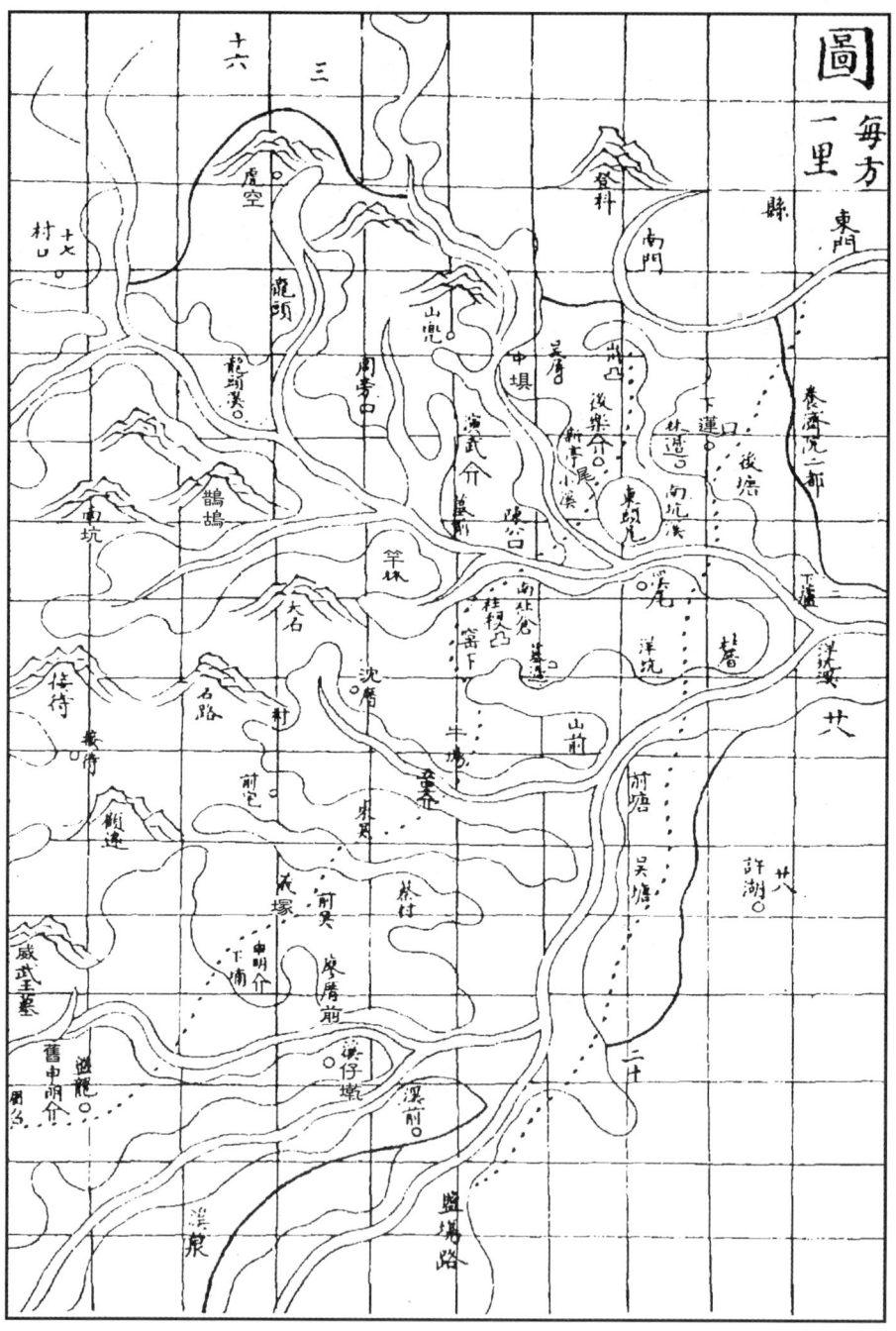

惠安政書四 一都

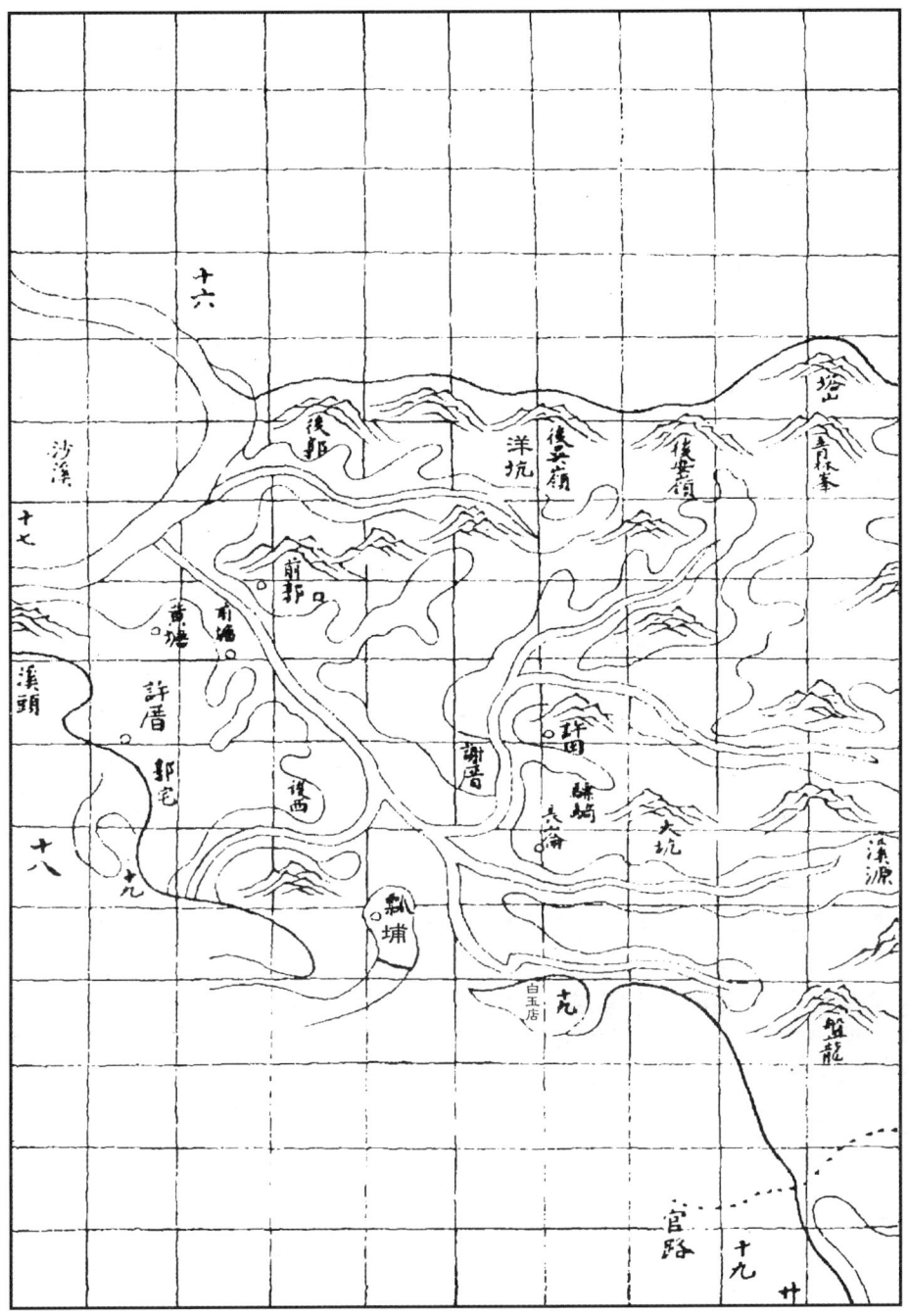

鋪三	村四十九	壇三若縣則加邑字	亭三	學四
下蓮	下蓮			
	新亭尾	山川		
	吳厝			
	中埧			
	山兜			
	塋前		演武	
	虎空	社稷		
	龍頭			竿林
	竿林			
	崟下			
	沈厝			
	上村			
	墓邊			
	洋坑			
	杜厝			
	溪宅			

（續表一）

鋪三	村四十九	壇三若係則加邑字	亭三	學四
	林邊			
	後塘			
	東蓮			
	東井			
	東頭尾			
盤龍急遞	盤龍			
	東夬	厲	舊申明	
	前宅			
	溪東			
	溪仔晚			
	廖厝前			
	下埔		申明	
吳塘井	溪前			溪前
	吳塘			
	前塘			
	蔡村			

（續表二）

鋪三	村四十九	壇三各縣則加邑字	亭三	學四
前郭	前吳			山前
	山前			
	黃塘			
	南坑			
	接待			
	許田			
	洋坑			
	前郭			
	後郭			
	溪頭			
	許厝			
	後西			後西
	郭宅			
	謝厝			
	長畲			
	瓢埔			
	大坑			

（續表三）

	戶	民	軍	匠		絕
總	一百三十三	一百零四	二十	九		
里長	十	七		一		
正管	一百	八十三	二十一	七		不一小一
帶管	一十八	一十三	一十一	一		大一小一
絕	五	三	二	一		四

	口	男	成	不	婦女	大	小	絕
總	八百二十一	四百二十一	二百六十六	一百五十八	三百九十三	二百九十八	九十五	四
民	六百四十九	三百三十五	二百一十八	一百一十三	三百一十二	二百三十六	七十六	
軍	一百零七	五十五	三十五	二十	五十	三十七	一十三	
匠	六十五	三十四	一十九	一十五	三十一	二十五	六	

	田	地	山	池塘	總	滬
官民	六十一頃七十四畝六分四釐	一十七頃四十畝三釐	一頃二十七畝八分	二十四畝三分	八十一頃六畝七分七釐	
官	六頃一畝二分四釐	六十九畝三釐	五分		六頃七十畝七分七釐	

（續表四）

	田	地	山	池塘	總	滷
官租	二頃一畝四分	五十三畝五分五釐	五分			
職	一十八畝一分					
學	一十五畝七分					
廢寺	二十三畝七分	四畝五分				
原没	七十二畝九分七釐					
今没	二頃六十九畝一分五釐	一十畝九分八釐				
民	五十六頃七十三畝四分	二十六頃七十一畝	一頃二十七畝三分	二十四畝三分	七十四頃九十六畝	
屯	八頃八十六畝	三頃一畝八分			十頃八十七畝八分	
福右衛前所	四頃九十八畝四分	一頃三十一畝六分			六頃三十畝	
泉左所	一頃二十八畝三分	三畝二分			一頃三十一畝五分	

（續表五）

	田	地	山	池塘	總	滬
崇武	二頃四十一畝	五十九畝			三頃	
福全	一十八畝三分	八畝			二十六畝五分	
以上實地田土						
官民	四十七頃一十五畝八分七釐	一十九頃九十九畝三分六釐	一頃一十九畝九分四釐	一十五畝九分	六十八頃五十畝三分七釐	一所
官	六頃二十七畝三分七釐	一頃五十二畝九分六釐	一十五畝四釐		七頃九十畝三分七釐	
官租	一頃八十七畝四分七釐	九十六畝二分七釐	四畝			
職	二十一畝○分七釐					
學	八畝三分四釐					
廢寺	二十一畝九分六釐	七畝九分五釐				
原沒	四十五畝一分九釐					

（續表六）

	田	地	山	池塘	總	湮
今沒	三頃四十二畝四分七釐	四十八畝七分四釐	一十一畝四釐			
民	四十頃八十七畝八分	一十八頃四十六畝四分	一頃畝九分	一十五畝九分	六十頃五十五畝	一所

以上在册田、土

	正耗米	正米	耗米	夏稅鈔	秋租鈔
官民	四百六十一石三斗七升三合六勺	四百三十五石五斗四升三合六勺	二十五石八斗四升六合四勺	五錠一貫九十七文	一貫六百四十文
官	一百三十七石二斗三升一勺	一百三十二石五斗八升三合三勺	四石六斗四升三合九勺	一貫八百七十五文	一百四十文
官租	一十六石八斗八升三合	一十五石六斗六合	一斗四升三合三勺	七百六十三文	八十六文
職	一十五石八斗八升三合三勺	一十五石三斗三升一合	五斗四升七合三勺	六十六文	
學	一石五斗四升六勺	一石四斗一升二合八勺	五升二合九勺	二十五文	

(續表七)

	正耗米	正米	耗米	夏稅鈔	秋租鈔
廢寺	五石九斗九合七勺	五石七斗一升二勺	一斗九升九合五勺	八十二文	五十四文
原設	一十六石三斗七升六合一勺	一十五石八斗一升六合五勺	五斗五升三合六勺	一百三十五文	
今設	八十一石三斗二升三合三勺	七十八石五斗七升三合二勺	二石七斗五升一勺	八百四文	
民	三百二十四石一斗五升六合五勺	三百二石九斗五升	二十一石二斗六合五勺	四錠四貫二百二十二文	一貫五百文
浮糧	一石三斗八升				
新增	一十石五斗二升七合二勺				
漁					
洪武					
永樂					
嘉靖					
萬曆	一十一石四斗五升				

二　都

　　附郭東南隅，疆界約束，生齒最煩，皆縣壤之餘也。故支麓培塿，截以留山，乃葳蕤畛隰間。東北郊支壠，與鄰都共之。其旁龍湫之左，止於王孫村爲埭。龍津右循，迤於璃田。西南數里之水，悉過延壽橋，與龍湫、龍津會於埭繞之。其間民物殷茂，有褎然衣冠之風。餘者末作耕鋤，賴埭爲多。其頗負沃壤之名，以近郭而地利便耳。

　　自洋宅溪塗墊而陂，陳芹橋沙遏而堤，稍旱則泉壅於上而淫潦，隆冬則洩之。茲者既無優渥之利，尤不免於漂溺。改歲不得暴其土膏，以爲發春之助；終歲胥病，乃攘奪而囂訟矣。日者與西南都約，涸月以三日爲率，奎閼而承之，末流不足者，藉金釵圳之餘潤可也。

　　或言留山本自蓮華，其支蜿蜒其陽，綿絡數里而舒，且土深水厚，可以建邑居民。旁因長溪疏注城塹，引潮達之，不惟便舟楫興民利，且險阻遠，風氣獨聚，奈何昔人不爲，今也則難。

　　惟溪潮之疏，實萬世利。自水道不通，歲一不登，穀價諸貨莫不翔貴，以轉運艱而積聚少耳。異時盜陷莆中，環邑民而聚之城，斗米百錢，鄉間數十倍於此，而無三日糧者半。時皆取給海道，自春抵夏，輞川登岸，計七萬餘石，日散五百。擔簦囊槖，登高阜而望遠海者，不知幾數百人，邑蓋岌岌矣。使扼輞川，其何以待之！茲而通其咽喉，雖西北之陳陳，皆可以給東南，一潮而省百夫之運，濱海不憂食之不足，況邑之鱗崪乎！或恐王孫埭鞠爲瀉鹵，而堤岸十數里，歲有修築之煩，此特一埭之害，視一邑之利何如也？若載溪流於高地，分渠釃之，永無潦患。且糞而穫之，利於舟楫不小，何妨於稼？倘以修堤爲辭，不觀捍海之爲埭者乎？矧茲近郊，責在有司，慮始之難，它何患焉？

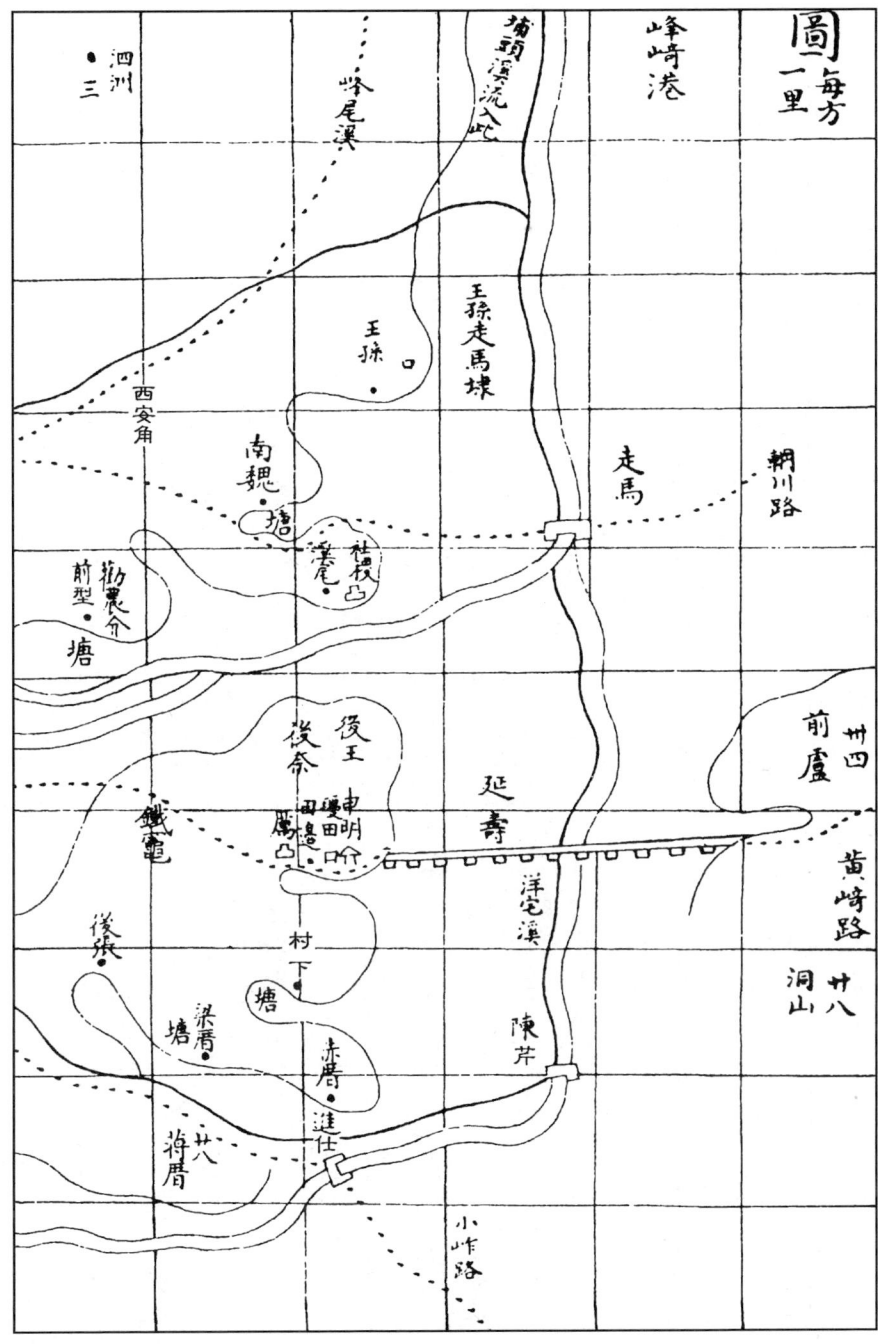

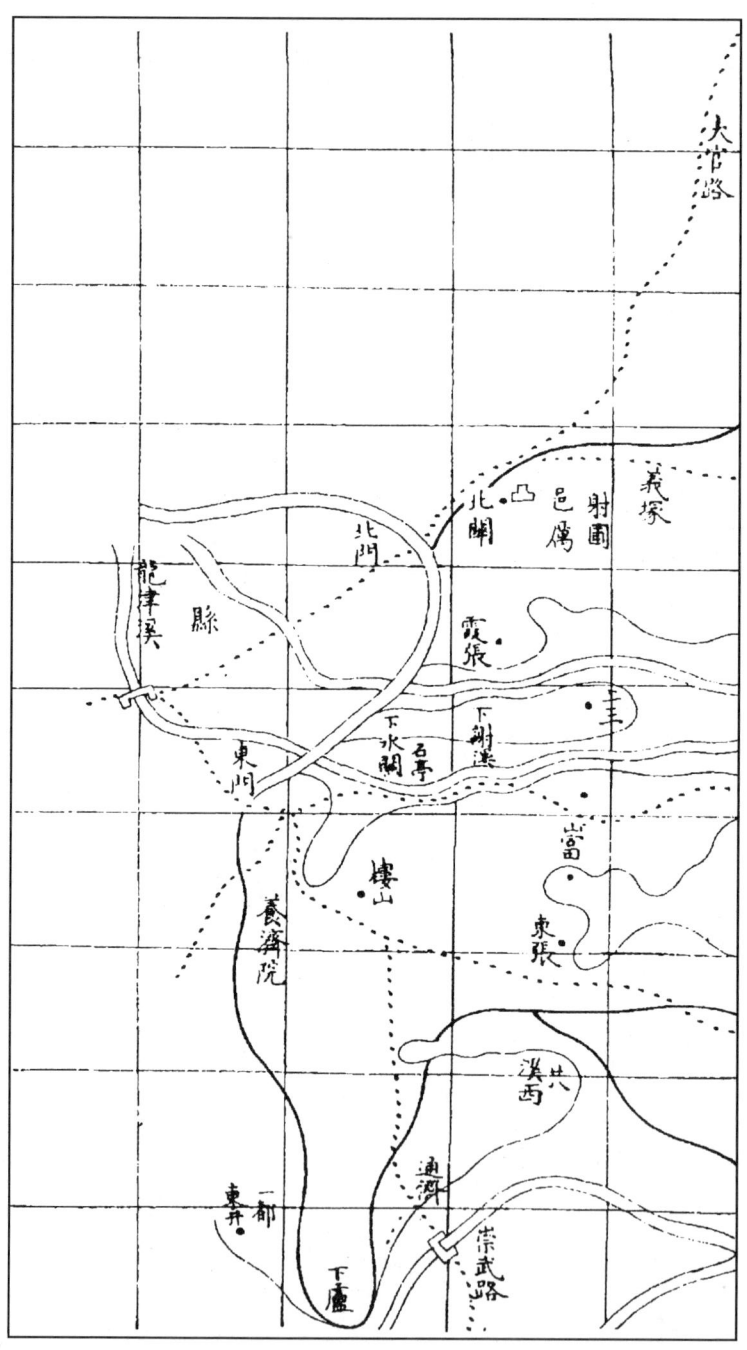

惠安政書四 二都

表

鋪一	村十九	壇二	亭一	學五								
瓊田	田邊	厝	申明	瓊田								
	村下			良工								
	梁厝											
	赤厝											
	下盧											
	後張											
	霞張											
	上王			永安								
	下王											
	鐵竈											
	東張											
	山富											
王孫	樓山			王孫								
	前型											
	北闕	邑厲										

91

（續表一）

	戶	鋪一	村九（西安角／溪尾／南魏）	壇二（社稷／溪尾）	亭一	學五（溪尾）	醫
總	一百二十五	八十一	三十三	一十	一	一	一
里長	十	六	三	一			
正管	一百	七十	二十一	八		一	八
帶管	七	三	四				
絕	八	二	五	一			一

	口	男	婦女	成	不成	大	小	絕
總	九百零二	四百六十四	四百三十	二百九十六	一百六十八	三百零七	一百二十三	九
民	五百二十七	二百七十四	二百五十一	一百七十五	九十九	一百七十七	七十二	不一小一
軍	二百八十五	一百四十三	一百三十六	九十四	五十	九十七	三十九	不一大一小三
匠	八十六	四十三	四十二	二十六	一十七	二十九	一十三	
醫	五	二	三		一	三		成一

（續表二）

	田	地	山	林	池塘	總
官民	四十四頃二十四畝五分四釐	三十六頃四十畝六分六釐	一十二畝八分		一十四畝六分	八十頃九十二畝六分
官	七頃五十五畝一分四釐	二頃八十一畝六釐	三畝三分			一十一頃三十九畝五分
官租	三頃二十八畝二分三釐	三頃三十畝三分五釐	三畝三分			
職	一十一畝三分四釐					
學	一十四畝四分					
廢寺	六分八釐	三分				
原沒	一十八畝三分七釐					
今沒	二頃八十三畝一分二釐	五十畝四分四釐				
民	三十六頃六十九畝四分	三十二頃五十九畝六分	九畝五分		一十四畝六分	六十九頃五十三畝一分
屯	九十一畝五分	八十六畝八分			一頃七十八畝三分	

（續表三）

	田	地	山	林	池　塘	總
福右衛後所	六十五畝二分	八十六畝八分			一頃五十二畝	
泉左所	二十六畝三分					
以上實地田、土						
官民	四十八頃三十畝八分六釐	二十二頃八十六畝九分六釐	四十四畝二分	五分		七十一頃六十七畝七分二釐
官	六頃六十二畝四分六釐	三頃十畝八分六釐	一十七畝七分		五畝二分	八頃九十九畝二釐
官租	三頃六畝二分六釐	一頃九十二畝一分一釐	一十六畝六分			
職	一十二畝七分四釐					
學	六畝九分					
廢寺	一十畝八分八釐					
原沒	一十四畝四分四釐					

（續表四）

	田	地	山	林	池塘	總
今没	三頃一十畝二分四釐	二十七畝七分四釐五	一畝一分			
民	四十一頃六十九畝四分	二十一頃六十九畝一分	二十六畝五分⑨	五分⑩	五畝二分⑪	六十二頃六十八畝七分

以上在册田，土

	正耗米	正米	耗米	夏税鈔	秋租鈔	
官民	四百五十二石五斗八升六合二勺	四百二十六石六斗七升九合五勺	二十五石九斗六合七勺	五錠二貫一百五文	一百四十七文	
官	一百一十七石一斗三升五勺	一百一十三石九斗六升九合五勺	三石九斗六升一合	三貫二百三十文	一百四十七文	
官租	三十八石四斗六合九勺	二十七石四斗八升四合九勺	九斗六升二合	一貫三百一十九文	一百四十七文	
職	九石二斗三升一勺	八石一斗一升八合	三斗一升二合一勺	三十八文		
學	一石二斗九升五合四勺	一石二斗五升一合六勺	四升三合八勺	二十一文		

（續表五）

	正耗米	正米	耗米	夏稅鈔	秋租鈔
廢寺	二石九斗二升九合	二石八斗二升九合九勺	九升九合一勺	三十二文	
原設	五石二斗二升九勺⑫	五石四升四合九勺	一斗七升六合九勺	四十二文	
今設	六十九石九斗九升八合二勺	六十七石六斗六升一合一勺	二石三斗三升六合七勺	六百七十八文	
民	三百三十五石四斗五升五合七勺	三百一十三石五斗一升	二十一石九斗四升五合七勺	五錠七十五文	
浮糧	二石五斗五升四合一勺				
新增					
漁					
洪武	一十八石				
永樂	一十八石				
嘉靖					
萬曆	一石一斗五升				

三　　都

　　山自大帽，頓爲雲峰，踰於後吳，緣東平、卧龍至於蠡山，左而龍蹯，右而龍角，縣治庡之。水自蠡山左出曰龍湫，自卧龍右出曰龍津，會於留山之陽，與龍角南繞者抵峯崎入海。

　　自雲峰西馳之溪入洛陽江，東馳爲泗洲。山出巨濟橋，其龍蟠之支，龜山夾之；雲峰之後，抵於魚山。李林溪沿其左，荧布溪旋其右，與泗州溪會，亦滙於峰崎，而荧布爲大。其間山川鬱盤，有國故陳氏[13]居焉，今裔孫鍔，能以文學世其家。

四　　都

　　惟兹大帽，邑山之宗，北有青楓嶺，左隅觀音之支峙之。菱溪出其間，其源甚遠，與都之虎廚村者會而抵永濟橋，水石幽勝，先賢盧琦游而記之矣。其下爲驛坂溪，出於大帽之陰，又下李林溪注之。環溪而居者，上爲孔道，有虎岫、石鏡諸山；麓如縣指，穿道東向其落最□。而溪資其田最博，疏築以時，永無旱憂。

　　惟負岡磽薄，且豺[14]篁不殖，柞械莇蕘，民資以蘇。近者漳之逋户烈澤而藝，作炭而售，山且童矣。嶽岡畬獵之利亦多它方有之，而山租、水課與三都不下二百石，若弛其禁，歲輸日詘矣。

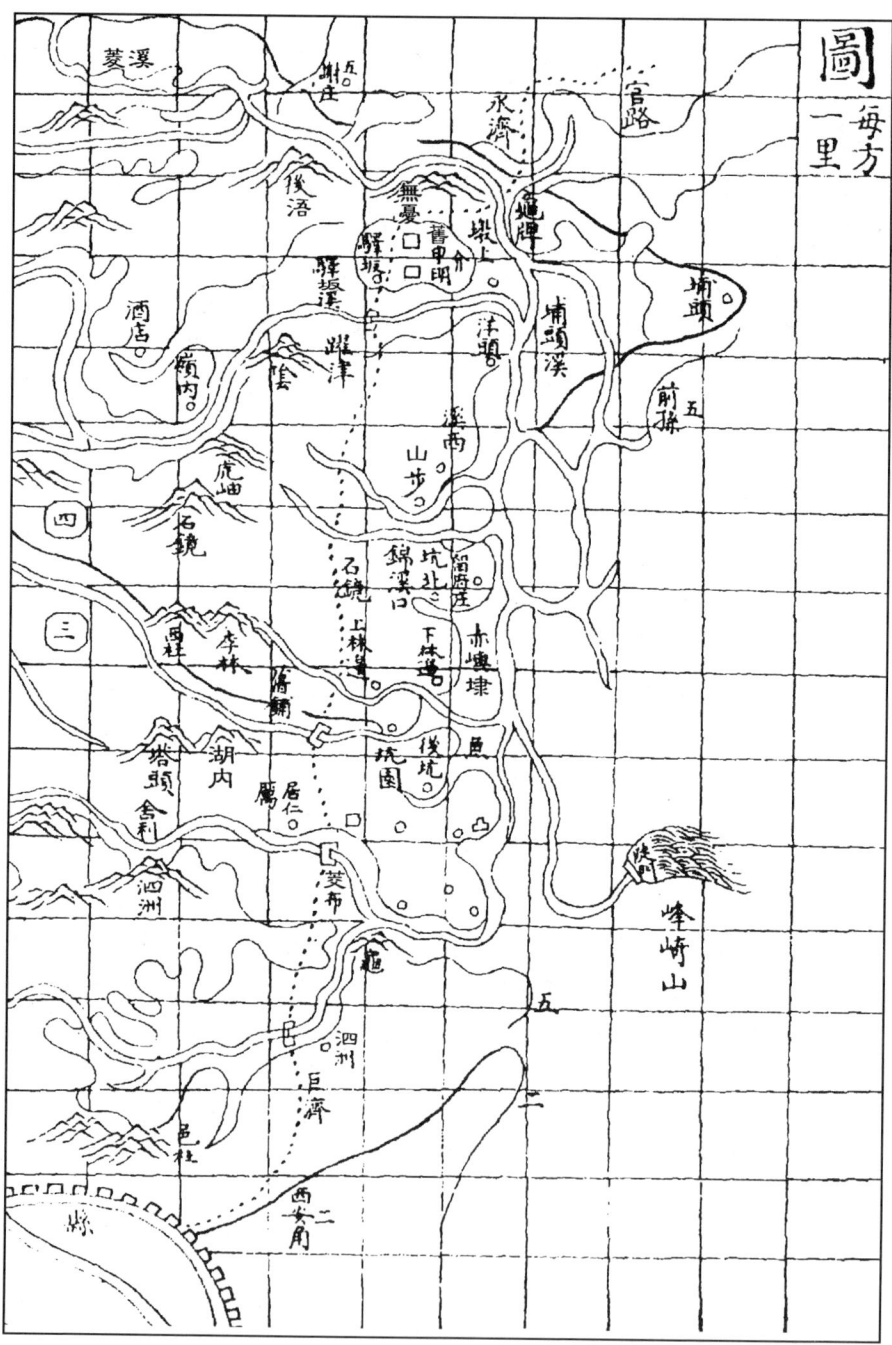

惠安政書四　三都　四都

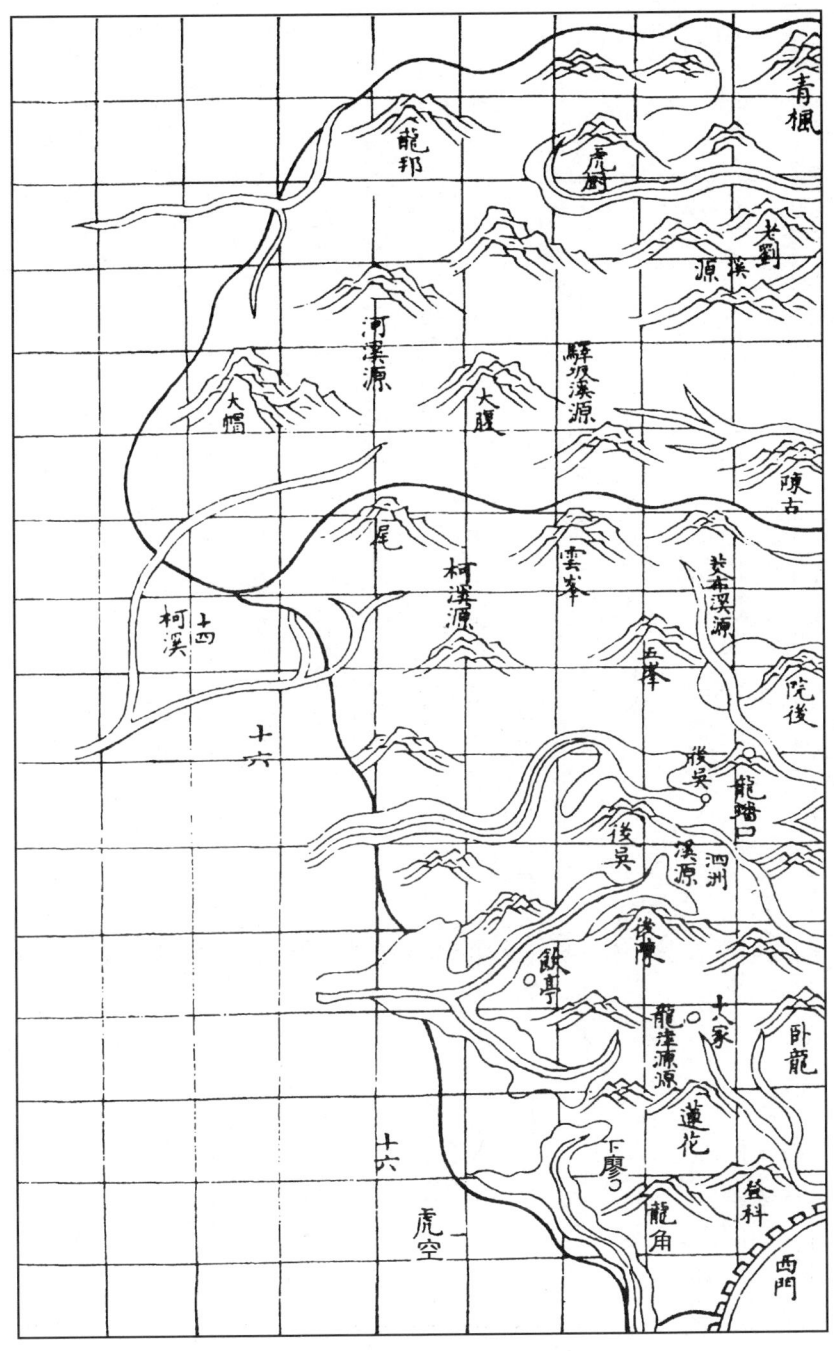

表

铺五	村三十一	坛三	亭二	学一
龙螺				龙螺
	后吴			
	十八家			
	饮亭			
	下廖			
	后坂	邑社稷		
	泗洲			
	前湾			
	下浯			
	居仁	厉	申明	
	舍利			
	上斗门	社稷		
	下斗门			
	后坑			
	坑园			
	溪上			
	下林边			
居仁急递				

(續表一)

鋪五	村三十一	壇三	亭二	學一
	上林邊			
錦溪	留府莊			
	坑北			
	石鏡			
	沙步			
	溪西			
	嶺內			
	洋頭			
	墩上			
	龜牌			
埔頭併	埔頭			
驛坂	驛坂		明申舊	
驛坂急遞	酒店			
	後浯			
	菱溪			

（續表二）

	戶	民	軍	匠
總	一百三十七	九十九	二十八	十
里長	十	八	一	一
正管	一百	八十四	十	六
帶管	一十三	七	四	二
絕	一十四		一十三	一

	口	男	成	不	婦女	大	小	絕
總	七百零二	三百三十九	二百零八	一百三十一	三百四十七	二百七十	七十七	十六
民	五百二十	二百五十三	一百五十九	九十九	二百六十三	二百一十七	五十六	
軍	一百零一	四十三	二十六	十七	四十	三十九	九	
匠	八十一	三十八	二十三	一十五	四十	二十九	一十二	不一

	田	地	山	林	池塘	蕩	水門
官民	一百二十七頃四十畝二分六釐	二十七頃七十八畝三分二釐	三頃二十畝六分八釐	五畝五分六釐	三畝七分		五間
官	八頃二十七畝一分六釐	一頃四十三畝二分二釐	六十三畝七分八釐	五畝五分六釐		一所	
總	一百三十三頃四十八畝四分二釐						
	一十頃三十九畝七分二釐⑤						

(續表三)

	田	地	山	林	池塘	總	蕩	水門
官租	一頃七十九畝七分九釐	五十四畝五分四釐	一十九畝五分九釐⑮					
職	二十七畝九分							
學	一十二畝五分一釐							
廢寺	三十七畝五分	一十畝八分四釐						
原沒	五畝二分							
今沒	五頃六十四畝二分一釐	七十七畝八分四釐	四十四畝一分九釐	五畝五分六釐				
民	九十四頃一十三畝一分	二十六頃三十五畝	三頃五十六畝九分		三畝七分	一百二十三頃八畝七分	一所	五間
屯	一十四頃八十一畝八分	三頃五十八畝				一十八頃三十九畝八分		
福右衛後所	六頃三十一畝三畝一分	一頃八十一畝五分				八頃一十一畝五分		
泉左所	三頃九十一畝七分	二畝八分				三頃九十四畝五分		

（續表四）

	田	地	山	林	池塘	總	瀝	蕩	水門
崇武	一頃三十七畝七分	七十二畝三分				二頃一十畝			
福全	三頃二十一畝四分	一頃二畝四分				四頃二十三畝八分			
以上實地田土									
官民	六十六頃一十二畝一分一釐	二十一頃四十二畝六分四釐	二頃三畝二分四釐	一畝二分五釐	三畝四分				
官	八頃八十五畝二分二釐	一頃五十畝六分五釐	五十三畝八分四釐	一畝二分五釐		八十九頃六十畝六分四釐 三所			
官租	二頃五十二畝二分八釐	九十九畝五分	一十九畝一七釐			一十頃九十二畝九分四釐			
職	二十七畝六分								
學	二十一畝八分二釐	一畝八分							
廢寺	四十三畝七分二釐	一十四畝五分三釐							
原沒	三十一畝五分八釐								

（續表五）

	田	地	山	林	池塘	總	蕩	瀘	水門
今没	五頃八畝二分一釐	二十八畝六分六釐	三十四畝六分七釐	一畝二分五釐					
民	五十七頃二十六畝九分	一十九頃八十九畝	一頃四十九畝四分		三畝四分	七十八頃六十八畝七分			三所
以上在册田、土									
官民	正耗米 六百四石二斗六合	正米 五百七十石四斗四升八合六勺	耗米 三十三石七斗五升七合四勺	夏稅鈔 六錠四貫二文	秋租鈔 四貫六百七十文				
官	一百八十二石五斗八升八合五勺	一百七十六石四斗一升三合六勺	六石一斗七升四合九勺	二貫五百二十三文	一百七十六文				
官租	二十石七斗九合六勺	二十石九合二勺	七斗四勺	九百七十二文	七十文				
職	二十石三合六勺	一十九石三斗二升七合	六斗七升六合六勺	八十二文	八十二文				
學	四石九升九勺	三石九斗五升二合六勺	一斗三升八合三勺	六十四文	六十四文				

(續表六)

	正耗米	正　米	耗　米	夏稅鈔	秋租鈔
廢寺	一十一石七斗四升九合四勺⑰	一十一石三斗五升二合一勺	三斗九升七合三勺	一百五十一文	九十九文
原沒	一十一石四斗三升九合五勺	一十一石五斗四升二合一勺⑱	三斗八升六合八勺	九十三文	
今沒	一百一十四石九斗五合五勺	一百一十石七斗二升	三石八斗七合五勺	一貫一百六十文	
民	四百二十一石六斗一升七合五勺	三百九十四石三升五合	二十七石五斗八升二合五勺	六錠一貫四百八十一文	四貫五百文
浮糧	八石五斗七合八勺				
新增	三石五斗四升五合九勺				
漁					
洪武					
永樂	五十石四斗				
嘉靖	四十九石六斗九升				
萬曆	四石七斗				

【校記】

① "彊"：一九八七年版本作"疆"。

② "難"：一九八七年版本作"艱"。

③ 據文意，所説鹽場應是兩處，不知何故，却漏掉一處。

④ "反壤可喻"：一九八七年版本作"歹壤可喻"。

⑤ "繞"：一九八七年版本作"遞"。

⑥ "壠"：一九八七年版本作"瓏"。

⑦ "王節度"：唐威武軍節度使王潮。

⑧ 宋驃騎將軍陳孺，係清源軍節度使陳洪進之父。洪進葬父於此，墓早廢。

⑨ "二十六畝五分"：底本原作"五分"，據一九八七年版本改。

⑩ "五分"：底本原作"五畝二分"，據一九八七年版本改。

⑪ "五畝二分"：底本原作"六十二頃六十八畝七分"，據一九八七年版本改。

⑫ "五石二斗二升九勺"：底本原作"六十九石九斗九升九勺"，據一九八七年版本改。

⑬ "陳氏"：陳睿，明成化進士，累官至貴州參政。

⑭ "郯"：一九八七年版本作"郊"。

⑮ "一十頃三十九畝七分二釐"：底本原將此數字放在"池塘"欄内，據一九八七年版本改。

⑯ "一十九畝五分九釐"：底本原作"一十九畝五釐"，據一九八七年版本改。

⑰ "一十一石七斗四升九合四勺"：底本原作"一十一石七斗四升九合"，據一九八七年版本改。

⑱ 此數字有誤。

惠安政書五

五　都

　　山自觀音折靈鷲，馳五公，爲都之鎮，障以崑崙，而輞川之峰當其陽。水受菱溪之委，入隱居洋，亭塘陂、金釵圳其交如縠①，至下江接香芹、大林、小山之流，縈帶二十餘里。中爲埭者，承天、法石最廣，且東灌曾爐，南漑王孫諸埭，滙以輞川，其所及者遠矣。然下江爲上游所壅，江澄上狀，四載而弗決。且諸堰啓閉不時，如官埭、新埭爲輞川所需，屺亦有年矣。余停車決之，而築其堰。

　　法石本僧田也，間者屬民，贍軍旅。它縣壹切獻程，獨茲履畝取盈，是租挈重矣。余始上狀，校其常而從輕。

　　竊聞宋初捍海田與僧[田]不賦，故其無妻孥不顧私，合力於溝洫，爲内地禦潮患，際海皆其所築云。今予之民，而公賦之，有力者不漑種，輓犁者不暇給，各從其私，堤防疏矣。故田壤者半，而什一不輸，況責其租？如耕者之所穫，將不胥爲棄地，而茭牧其中哉！

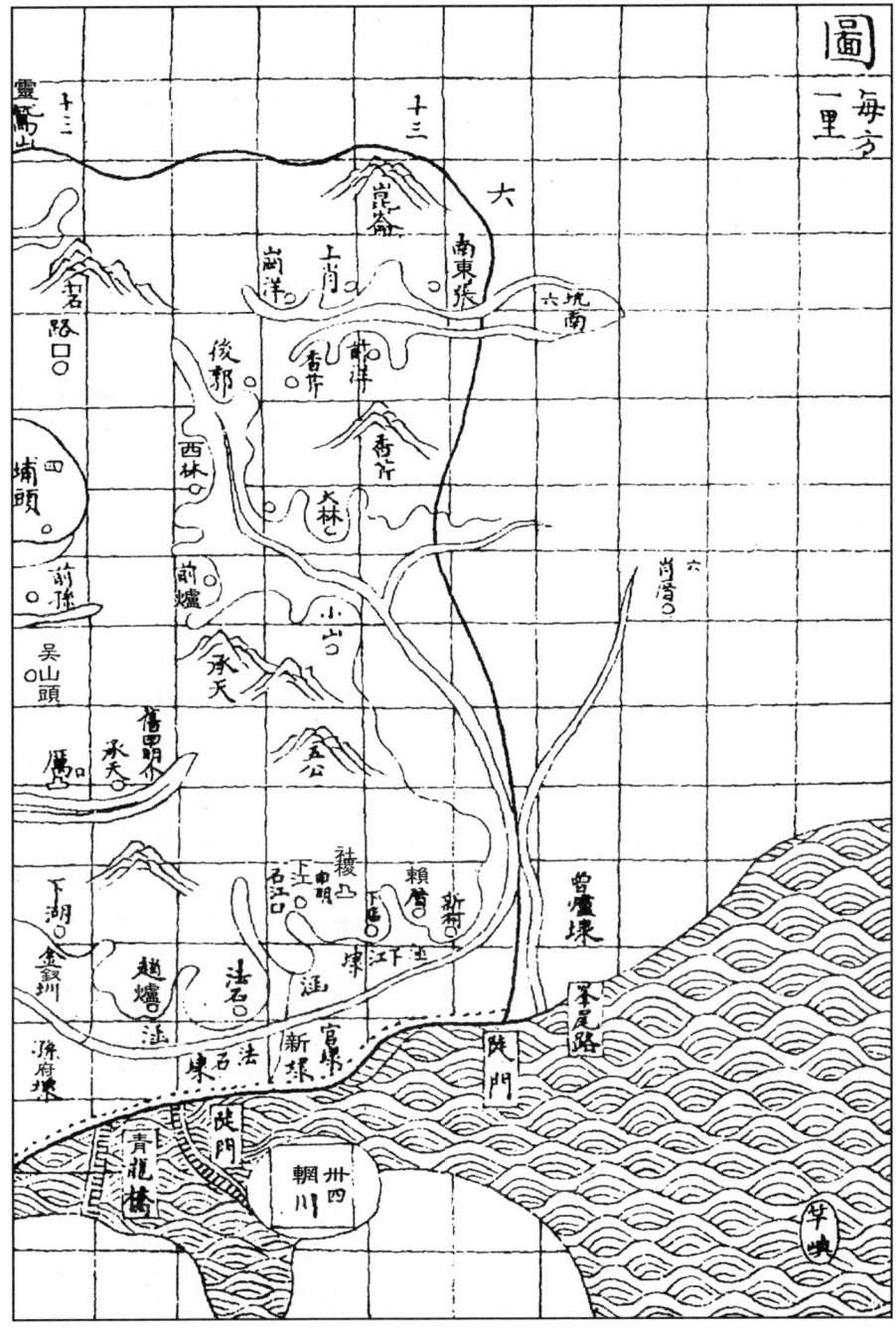

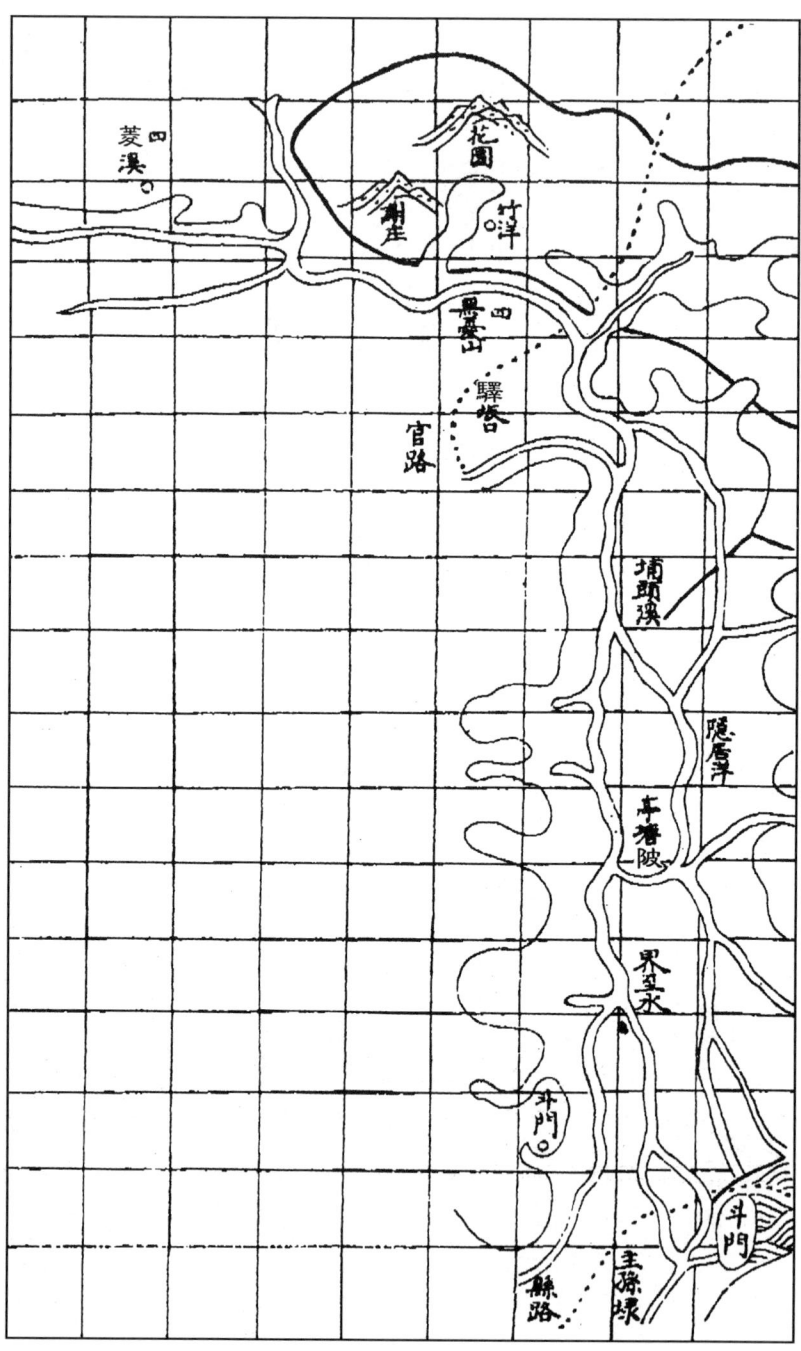

鋪二	村二十三	壇二	宇二	學二
承天	承天	厲	舊申明	鳳山
	竹洋			
	路口			
	崙洋			
	南東張			
	上肖			
	前洋			
	香芹			
	後郭			
	許厝斗			
	西林			
	前爐			
	前孫			
石江	吳山頭	社稷	申明	五峯
	下江			興文
	趙爐			
	法石			
	下店			

表

（續表一）

	鋪二	村二十三	壇二	亭二	學二
		下湖	一十八		
		賴厝	一十五		
		小山			
		新村			
		大林			

戶		民	軍	匠
總	一百二十五	一百零五	一十八	一
里長	十	九	一十五	
正管	一百	八十五		
帶管	一十	一十	三	
絕	五	一		

口	成	不	婦女	大	小	絕
總	六百六十一	三百三十四	一百三十六	三百二十二	二百六十八	五十四	五
民	五百一十九	二百七十一	一百一十五	二百四十七	二百零六	四十一	大一
軍	一百二十五	五十五	一十八	六十七	五十	一十	不一大一
匠	一十七	八	三	八	五	三	大一

112

（續表二）

惠安政書五　五都

	田	地	山	池塘	總	蕩	滬	水門
官民	一百一頃三十三畝四分七毫	二十四頃六十畝二釐	九十七畝一分	四畝四分	一百二十七頃三十四畝九分二釐七毫			
官	二十八頃三十三畝八分七釐	三頃二十六畝六分二釐	三十二畝八分		三十一頃九十三畝二分九釐七毫			
官租	八頃五十一畝六分	二頃六十一畝五分四釐	一十五畝九分六釐					
職	二十三畝六分二釐八毫							
學	五畝二分六釐②							
廢寺	六十一畝一分五釐							
今設	八頃九十二畝一分六釐九毫	六十五畝八分三畝四分	一十六畝八分四釐					
民	八十三頃二十九畝六分	二十一頃三十三畝四分	六十四畝三分	四畝四分	一百五十頃三十一畝七分			
屯	一頃六十九畝五分	三十一畝五分			二頃一畝			

（續表三）

	田	地	山	池塘	總	蕩	滬	水門
福右衛後所	五十四畝三分	七畝八分			六十二畝一分			
泉左所	五十二畝六分							
崇武	三十六畝三分	二十三畝七分			六十畝			
福全	二十畝三分							

以上實地田、土

	田	地	山	池塘	總	蕩	滬	水門
官民	九十九頃四十八畝六分六釐二毫	二十六頃六十一畝六釐	一頃四十一畝五分	三畝九分	一百二十七頃五十五畝一分二釐二毫			
官	九頃六十二畝七分六釐二毫	三頃九十四畝五分六釐	五十六畝		一十四頃一十三畝三分二釐二毫			
官租	四頃一十三畝三分八釐	三十三畝七分五釐	四十八畝九分七釐			一所六分半	一所半	三間半
職	一十五畝一分九釐三毫							
學	五畝五分七釐							

（續表四）

	田	地	山	池塘	總	蕩	滬	水門
廢寺	二十九畝一分二釐	一畝一分						
原沒	六分九釐							
今沒	四頃九十畝八分九釐	五十九畝七分一釐	七畝三釐					
民	八十九頃八十五畝九分	二十二頃六十六畝五分	八十五畝五分	三畝九分	一百一十三頃四十一畝八分	一所六分半	一所半	三間半

以上在冊田、土

	正耗米	正米	耗米	夏稅鈔	秋租鈔
官民	七百八十六石七斗五升二合五勺	七百四十石九斗三升六合四勺	四十五石八斗一升六合一勺	九錠三貫六百一十八文	一錠三文
官	一百七十八石八斗九升六合二勺	一百七十二石八斗四升四合六勺	六石四升九合八勺	三貫二百四十三文	二百七十八文
官租	四十二石九斗二升五合	四十一石四斗七升三合四勺	一石四斗五升一合六勺	一貫九百五十七文	二百七十文
職	二十一石七合三勺	二十石六斗三升五合三勺	三斗七升一合二勺	四十六文	

（續表五）

	正耗米	正米	耗米	夏稅鈔	秋租鈔
學	一石四升五合七勺	一石一升三勺	三升五合四勺	一十七文	
廢寺	七石八斗三升六合五勺	七石五斗七升一合五勺	二斗六升五合	八十九文	八文
原没	二斗四升九合九勺	二斗四升一合四勺	八合五勺	二文	
今没	一百十五石八斗三升一合五勺	一百一十一石九斗一升四合八勺	三石七合	一貫一百三十一文	
民	六百七石八斗五升六合三勺	五百六十八石九升	三十九[石]六升	九錠三百七十六文	四貫七百二十五文
浮糧	一石一斗三升六合七勺				
新增	一石二斗九升六合八勺				
漁					
洪武					
永樂	三十六石				
嘉靖	三十六石				
萬曆	十石一斗五升				

六　　都

按,志：古縣在此。其遷置前不可考,尚有遺址,此何以稱也？

由靈鷲而崑崙,北歷伏虎岩至於稽山之陽。水自岩麓過之,前有鸛林、前黃之陂,稠居包絡,亦足觀矣。外之群岡③,抵崇福、曾爐二埭,皆靈鷲之支,率海而止。然曾爐分五都之末流,崇福所需者,盧溪之波及也,而七都壅之矣。

承其賦者,嗷嗷待斃,余排而注焉。民因以"鳲鳩"名其渠,言鳩之在榛、在梅,而子之飼者均也。且浚下江之流,而曾爐益浚利。嗚呼！水無有不下也,豈余所能爲哉？

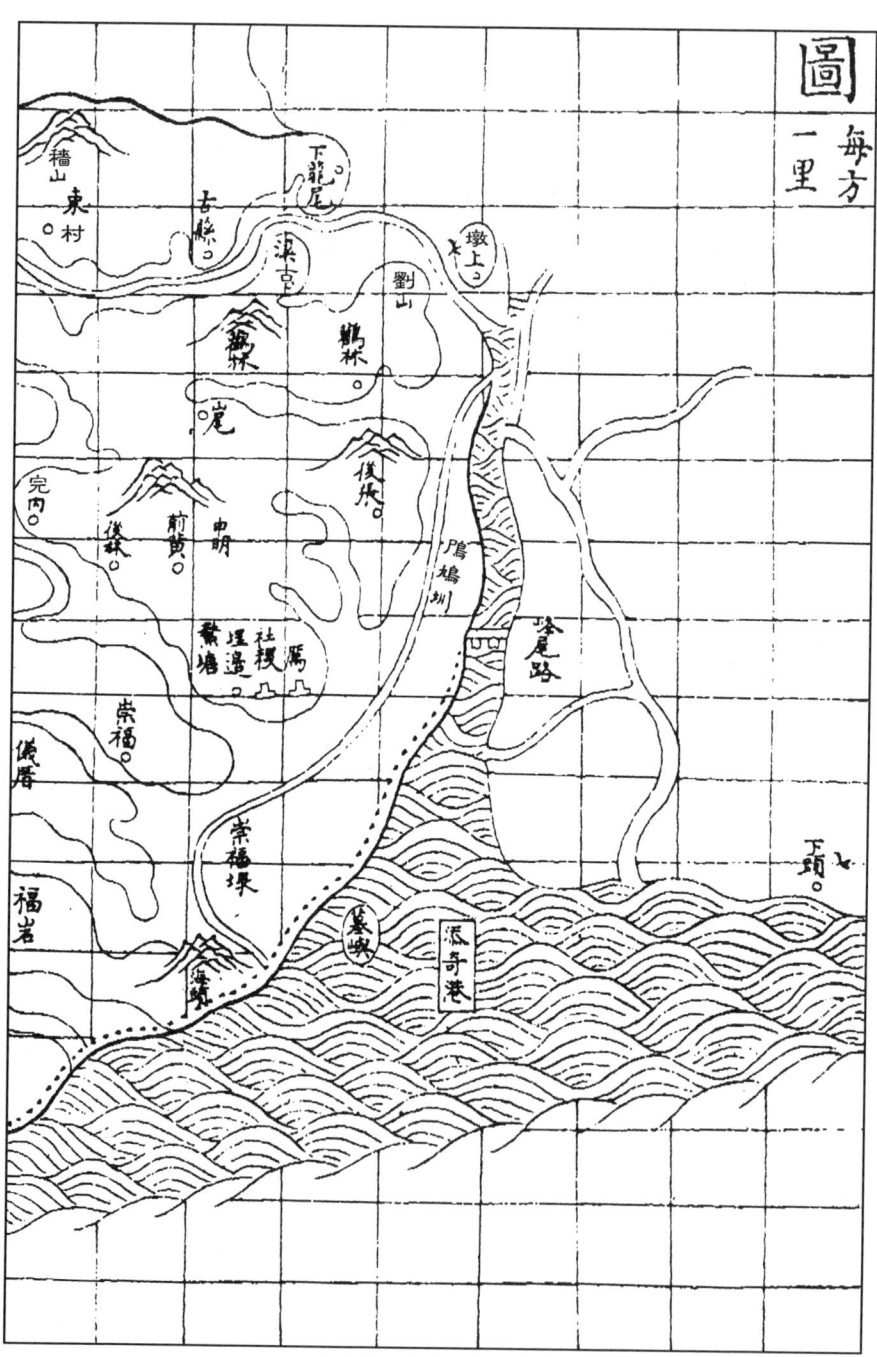

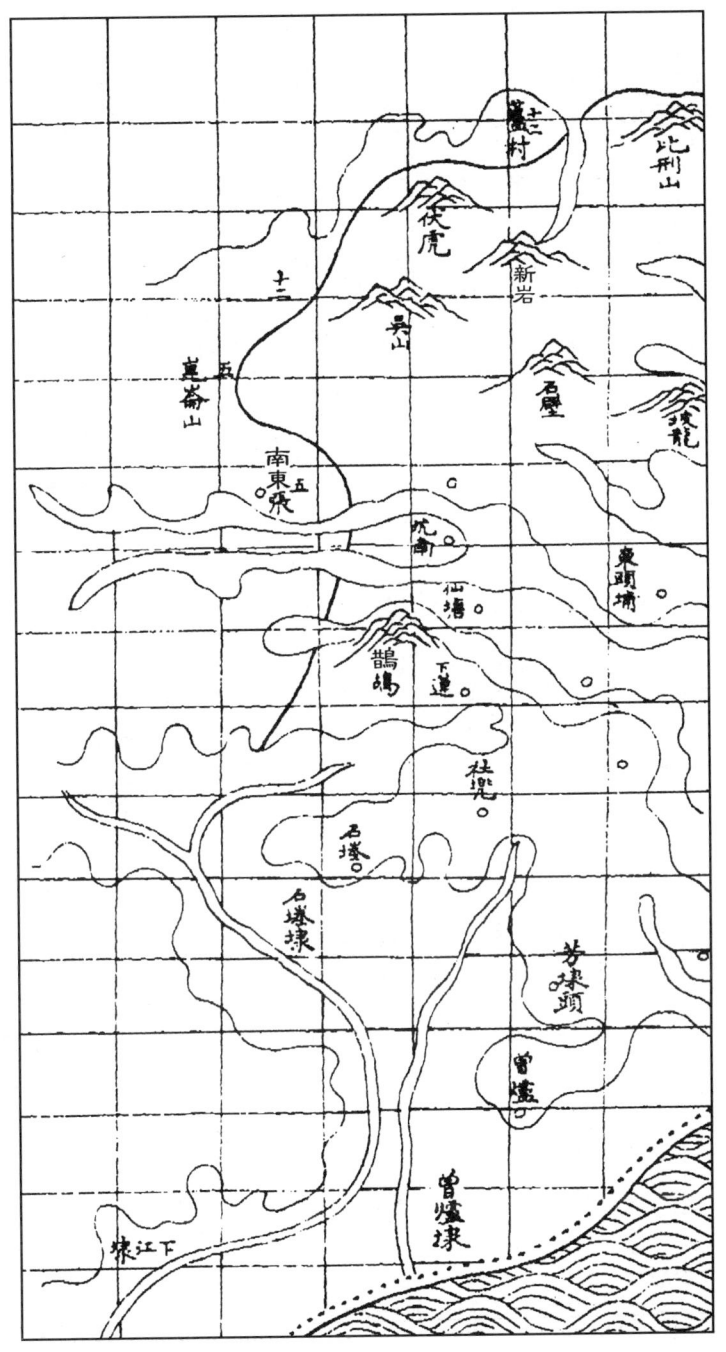

表

鋪二	村二十七	壇二	亭一	學六	墩一
福山	海頭				海頭
	曾爐				
	芳埭頭				
	石堡			傅方	
	社兜				
	新倉				
	下蓮				
	普安				
	仙塘				
	儀厝				
	崇福	社稷 厲		崇正	
鼇塘	埕邊				
	坑南				
	芹坑			芹水	
	東頭埔				
	宪内				

（續表一）

鋪三	村二十七	壇二	亭一	學六	墩一
	前黃		申明	文峯	
	後林				
	後張			後彰	
	山尾				
	鶴林				
	劉山				
	溪古				
	下龍尾				
	古縣			師古	
	東村				
	虎岩				

	戶	民	軍	匠
總	一百三十三	九十一	三十五	七
里長	十	三	六	一
正管	一百	七十八	一十六	六
帶管	十三	一十	三	
絕	十		十	

（續表二）

	口	男	成	不	婦女	大	小	絕
總	六百四十七	三百三十八	二百二十	一百二十八	二百九十八	二百四十	五十七	十一
民	三百四十八	一百八十八	一百二十一	七十七	一百六十	一百三十二	二十八	
軍	二百三十	一百一十三	七十三	四十	一百零六	八十三	二十三	不三小八
匠	六十八	三十七	二十六	十一	三十二	二十六	六	

	田	地	山	林	池塘	蕩	埕	地	滬	水門
官民	八十三頃二十畝八釐一毫	二十九頃二十六畝一分三釐	一頃五十二畝八分三釐		三畝一分	一所半			一所半	一間
官	一十頃二十三畝五分二毫	六頃三十七畝三分	七十三畝三釐	一百一十四頃七十一畝一分一毫						
官租	四頃三十九畝六分一釐	五頃五十畝七分三釐	六十五畝九分四釐	一十七頃十三畝五釐一毫						
職	二十畝八分六釐									
學	六十三畝六分一釐	六十三畝三分一釐								

（續表三）

	田	地	山	林	池塘	總	蕩	埕	地	滬	水門
廢寺	八十四畝四分二釐	二十五畝七分二釐	四畝九分								
今沒	四頃三畝二釐一毫	五十五畝八分五釐	二畝一分九釐								
民	七十二頃九十七畝五分六釐	二十三頃五十八畝八分	七十九畝八分		二畝一分	九十七頃三十八畝六釐	一所半		一所		一間半
屯	一頃三十一畝一分	四十六畝八分				一頃七十七畝九分					
福右衛後所	八畝三分	二十一畝七分				三十畝					
泉左所	二十六畝三分										
崇武	三十四畝九分										
福全	六十一畝六分	二十五畝一分				六十畝					

以上實地田，土

惠安政書

（續表四）

	田	地	山	林	池塘	總	蕩	埕	地	滬	水門
官民	七十三頃七十九畝九分四毫	二十九頃九十九畝三分七釐一毫	一頃五十三畝九分	三畝五分	三畝一分	一百五頃三十九畝七分七釐五毫	四所一分半	一所半	二所半	一所半	一十間
官	一十頃五十九畝三分五釐四毫	四頃四十七畝五分七釐一毫	七十四畝四分			一十五頃三十一畝三分二釐五毫	一所				二間
官租	三頃五十六畝五釐	三頃九十三畝二分二釐一毫	六十九畝								
瞵	二十六畝五分七釐										
學	六十一畝三分五釐										
廢寺	一頃四十六畝五分二釐二毫	一十五畝九分七釐	二畝一分五釐				一所				二間
原沒	八畝三釐										
今沒	四頃六十畝八分三釐二毫	三十八畝三分八釐	三畝二分五釐④								

124

（續表五）

	田	地	山	林	池塘	總	蕩	埕	地	滬	水	門
民	六十三頃二十畝五分五釐	二十五頃五十畝八分	七十九畝五分	三畝五分	三畝一分	八十九頃十八畝四分五釐	三所七分半	一所半	二所半	一所		八間

以上在冊田土

	正耗米	正米	耗米	夏稅鈔	秋租鈔
官民	七百三石二斗三合二勺	六百六十四石五斗五升三合	三十九石四升八合九勺	八錠四百四十三文	三錠三貫五百三十三文
官	二百二十石六斗二升八合九勺	二百一十三石四斗六升八合	七石四斗六升九勺	四貫五百八十五文	一錠四百七十三文
官租	四十三石四斗八合四勺	四十一石五斗九升二合六勺	一石四斗五升八合五勺	一貫九百一十五文	二百八十四文
職	一十一石四斗一升二合九勺	一十石四斗九升四合	六斗五升九勺	七十九文	
學	一十一石七合九勺	一十石三斗八升九合	三斗八升九合五勺	一貫八十四文	
廢寺	四十石四斗六升合二勺	三十九石六升八合七勺	一石三斗六合四勺	四百八十三文	一錠一百二十三文

（續表六）

	正耗米	正米	耗米	夏稅鈔	秋租鈔
原沒	二石九斗八合九勺	二石八斗一升五勺	九升八合四勺	二十三文	
今沒	一百三石四斗三升七合六勺	九十九石九斗三升九合七勺	三石四斗九升七合九勺	一貫一文	
民	四百八十二石六斗七升四合三勺	四百五十一石八升七合	三十一石五斗八升七合三勺	七錠八百五十七文	二錠三貫一百二十五文
浮糧	七石九斗二升八合六勺				
新增	二石三斗九升一合五勺				
漁					
洪武					
永樂	二十五石二斗				
嘉靖	二十五石二斗				
萬曆	六石三斗				

七　都

　　都面海背山，山自十都如綴旒然。虎石之左，其水東馳，右而三五其縿。水自社塘而西，有香林壩。虎石、社塘間，下而西折者壩頭諸山。又下爲塔山，又下南之海。左旁八都荻林諸埭，無沛澤而苦燥。右爲前蔡埭，外而西洋六都矣。

　　盧溪之源五六十里，近而叢箪三十六門，兩崖相距甚仄。舊有龍陂，深數十丈，亭居之，今爲沙壅不厮，則上游溢溢矣。埭居下善洩，不苦潦，旱罔病，且未賦，而私饒溢，丘侯之陂，東洋之利也。余隱崇福諸埭之蕪，不能蠲其賦，倘爲取諸此，亦絜矩之政也。乃因餘流而導之，不亦惠而不費乎？矧此得節宣之宜，未嘗不利焉。

　　史起初引漳灌鄴，其論西門豹曰："水在旁不知用，是不知也；知而不興，是不仁也。知而壅之，不仁其鄰以而自敝，可謂知乎？"志曰："水自西而東南流者，則入蔡埭、崇福埭。"自古記之矣，余安敢爲史公？

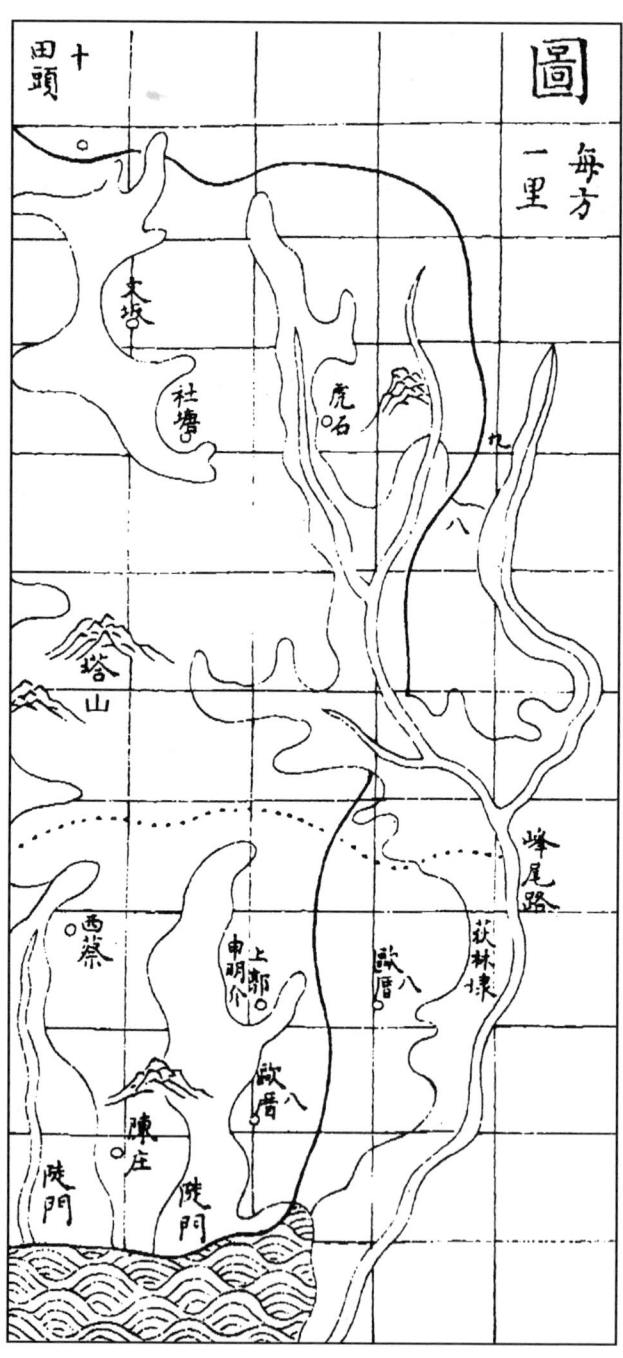

惠安政書五 七都

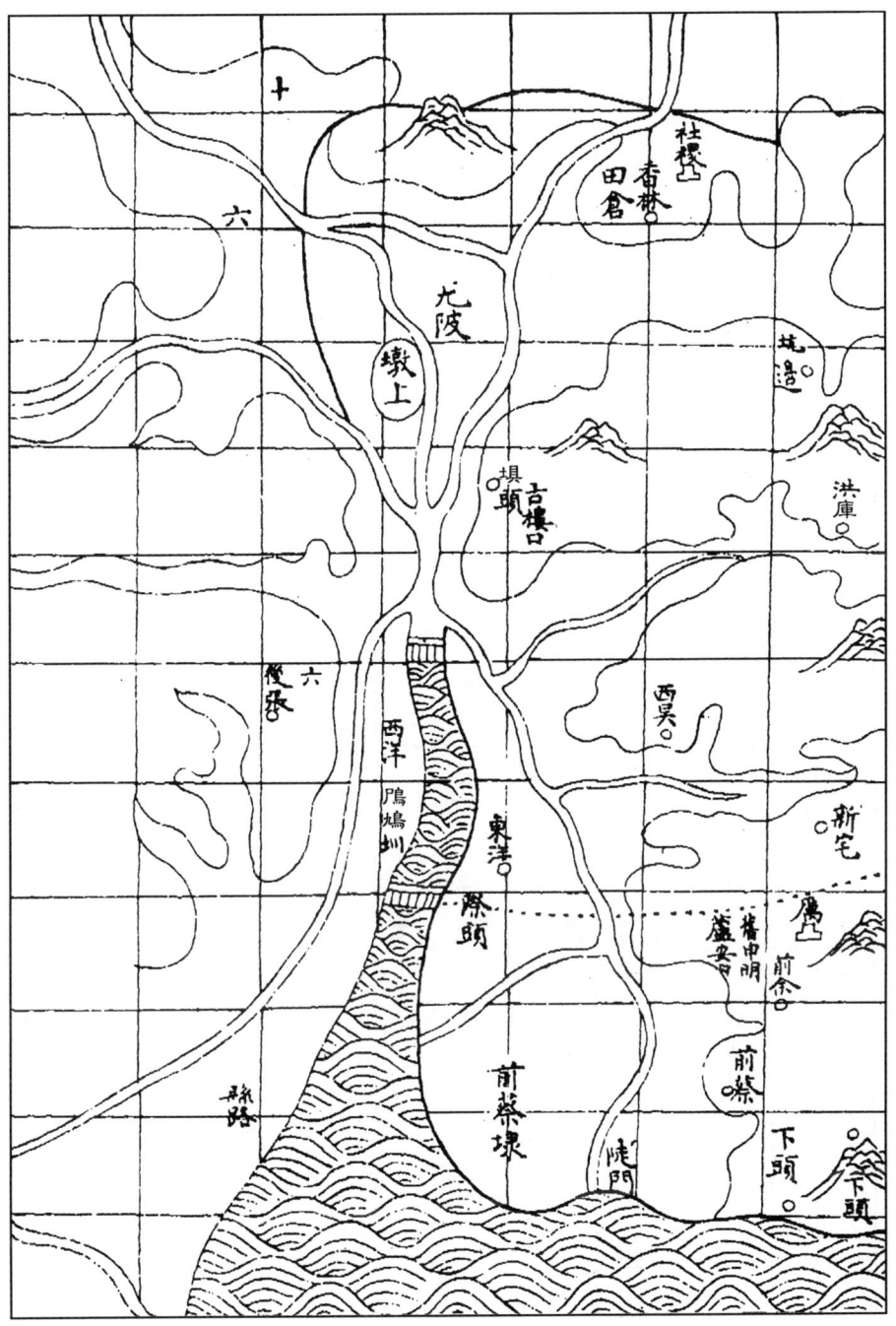

表	鋪三	村十九	壇三	亭二	學六	墩一
	古樓	蠘頭		鳳阿		
		香林	社稷			
		文坂				
		虎石				
		社塘				
		坑邊				
	廬安	前塗	厲	舊申明	塔峯	
		西蔡				
		新宅				
		西吳				
		蔡頭				
		洪庫				
		墩上				
	前埕	前埕			龍岩	
		下頭			敦風	下頭
		陳莊			陳莊	
		東邊				
		上郭		申明	上郭	
		前蔡				

（續表一）

	户	民	軍	匠
總	二百一十	一百四十六	五十八	六
里長	十	七	二	一
正管	一百	八十三	一十四	三
帶管	十一	八	三	
絕	八十九	四十八	三十九	二

	口	男	女	大	小	絕
總	六百九十六	二百九十三	三百零三	二百二十三	八十	一百
民	四百三十八	一百九十四	一百九十一	一百四十三	四十八	不七大六小三十
軍	二百二十三	八十四	九十四	六十八	二十六	成三不五大三小三十四
匠	三十五	一十五	十八	一十三	六	小三

	田	地	山	塘	池	蕩	埕	水門
官民	八十四頃二十五畝八分三釐一毫	三十三頃三十二畝六分九釐	一頃二十畝八分四釐	二畝二分		一所半	一所半	十三所半

合計 總 一百一十八頃七十一畝五分六毫

（續表二）

		田	地	山	池塘	總	蕩	埕	滬	水門
官	官租	二十五頃七十二畝六分三釐一毫	五頃八十一畝一分三釐	三十一畝九分四釐		三十一頃八十五畝七分六釐一毫	半所	半所	半所	
	職	九頃二十二畝八分九釐	三頃七十二畝七分五釐	二十六畝八分三釐			一所半			
	學	二十一畝二分五釐	四十七畝四分六釐							
	癈蕪	一頃四十五畝五分三釐								
	原沒	一畝三分								
	今沒	二十四頃三十一畝八分六釐	一頃九十五畝七分三釐	五畝一分一釐			半所	半所	一所	
民		五十八頃五十三畝二分	二十七頃五十一畝三分五釐	七十八畝九分	三畝二分	八十六頃八十五畝八分	一所	一所	十二所半	
屯		八十一畝七分	六十七畝三分			一頃四十九畝				

（續表三）

	田	地	山	池塘	總	蕩	埕	滬	水門
福左衛後所	八十一畝七分	六十七畝三分			一頃四十九畝				
官民	四十九頃七十三畝五分五釐	一十九頃七十五畝四分八釐	八十五畝五分四釐	七分	六十九頃七十五畝二分七釐	二所二分半	一所	七所	一十八間
官	一十五頃二十畝九分五釐	三頃二十一畝七分八釐	二十一畝九分四釐		一十八頃六十四畝五分七釐	二所	一所	一所	
官租	四頃七十二畝八分	二頃三畝一分一釐	一十九畝九分三釐						
職	一十五畝一分一釐								
學	二十六畝五釐								
廢寺	八十二畝五分六釐	七畝二分一釐	五分						

以上實地田、土

惠安政書

（續表四）

	田	地	山	池塘	總	蕩	埕	滬	水門
原没	六分								
今没	九頃二十三畝八分三釐	一頃一十一畝一分六釐	三畝四分三釐			二所	一所	一所	
民	三十三頃九十三畝六分	一十六頃五十三畝七分	六十三畝七分	七分	五十一頃一十畝七分⑤	一所二分半		六所	十八間

以上在册田土

	正耗米	正米	耗米	夏稅鈔	秋租鈔
官民	五百七十三石四斗九升五合五勺	五百四十五石二斗九升五合三勺	二十八石二斗二合二勺	四錠四貫八百三十九文	五錠一貫一百一十文
官	二百九十四石七斗七升六合五勺	二百八十四石八斗七升六合三勺	九石九斗九升八合二勺	四貫二百四十八文	三錠二百三十六文
官租	四十石八升四合二勺	三十八石七斗二升八合七勺	一石三斗一升五合五勺	一貫八百六十九文	一錠一百八十三文
職	一十石九斗九升四合七勺	一十石五斗七升七勺	三斗六升九合四勺	四十四文	
學	四石八斗九升九勺	四石七斗二升五合五勺	一斗六升五合四勺	七十八文	

（續表五）

	正耗米	正米	耗米	夏稅鈔	秋租鈔					
廢寺	二十二石二斗一升八合五勺	二十一石四斗六升八合一勺	七斗五升一合四勺	二百六十三文	五十三文					
原沒	二斗一升七合	二斗一升	七合四勺	二文						
今沒	二百二十六石四斗一升八合八勺	二百一十九石三斗	七石三斗一升八合八勺	二貫九十文	二錠					
民	二百七十八石七斗一升九合	二百六十石四斗八升五合	一十八石二斗三升四合	四錠四百九十一文	二錠八百七十五文					
浮糧	三十五石二斗二升七合四勺									
新增	五石二斗二升五合四勺									
漁										
洪武										
永樂	二十一石六斗									
嘉靖	二十一石六斗									
萬曆	十四石八斗五升									

八　都

　　自柳山爲宗,東而曼延。水南北分馳入海,圭峰突於海隅,乃穿城而出。有西注荻林埭者,其源雖自它都,不能十數里,故多亢鹵之憂。惟勤本業,佐以舟楫杼柚,故生理頗繁而井竈亦密。

　　舊之巡司,據高乏泉,移於湊集,廣而倍之,斥候相望。黃崎拒其南,沙格遮其北,外而掎以擊蓼,庶可以固守耳。

　　堪輿家云:"峯以圭名,石之秀也。"盧琦家其下,文雅足衕焉。自昔有城而石頹矣,人而興之,封其顛乎？噫嘻！何必然。父老張慶贊余立社學,他都視之孰多,其可以興矣。

惠安政書五　八都

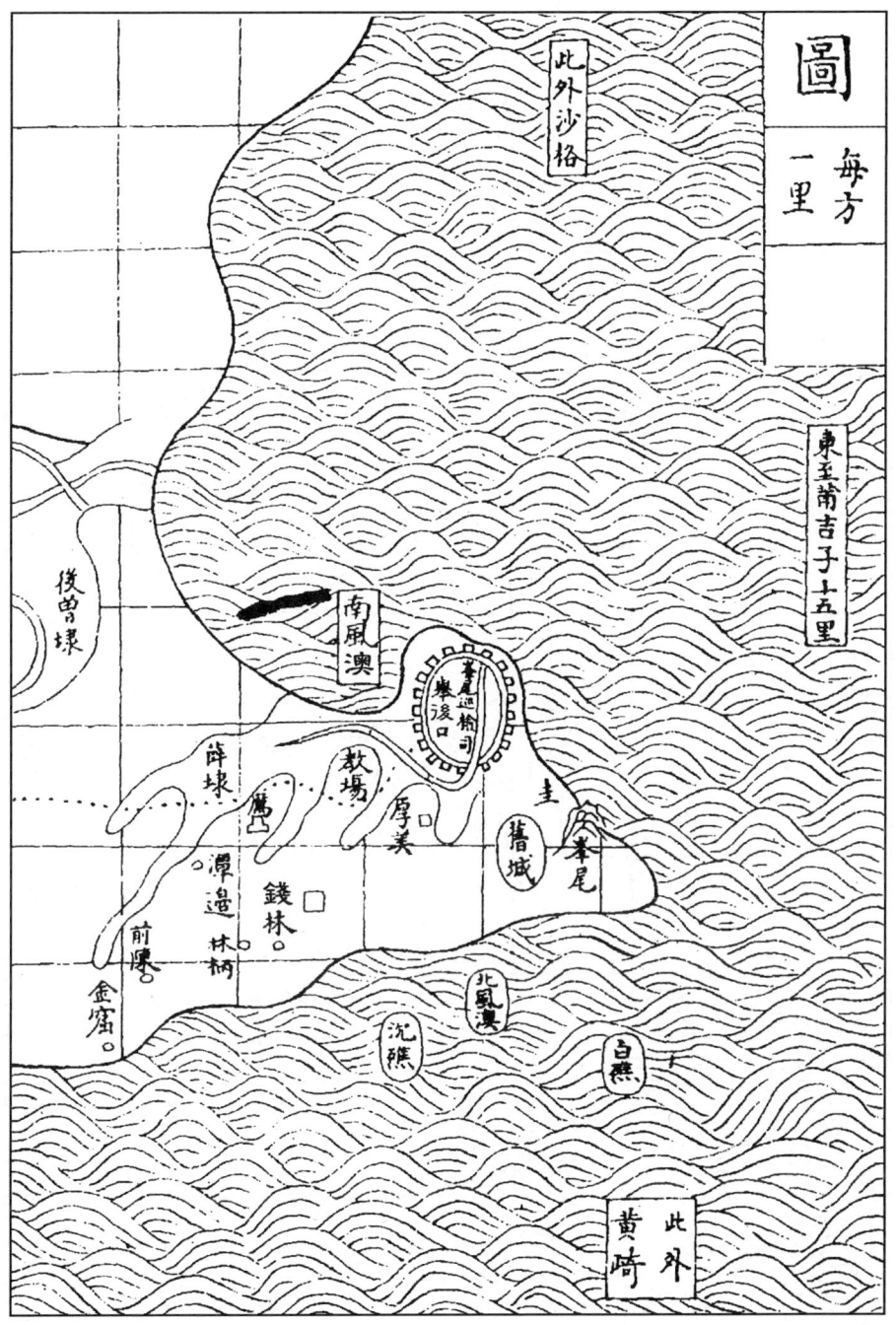

惠安政書

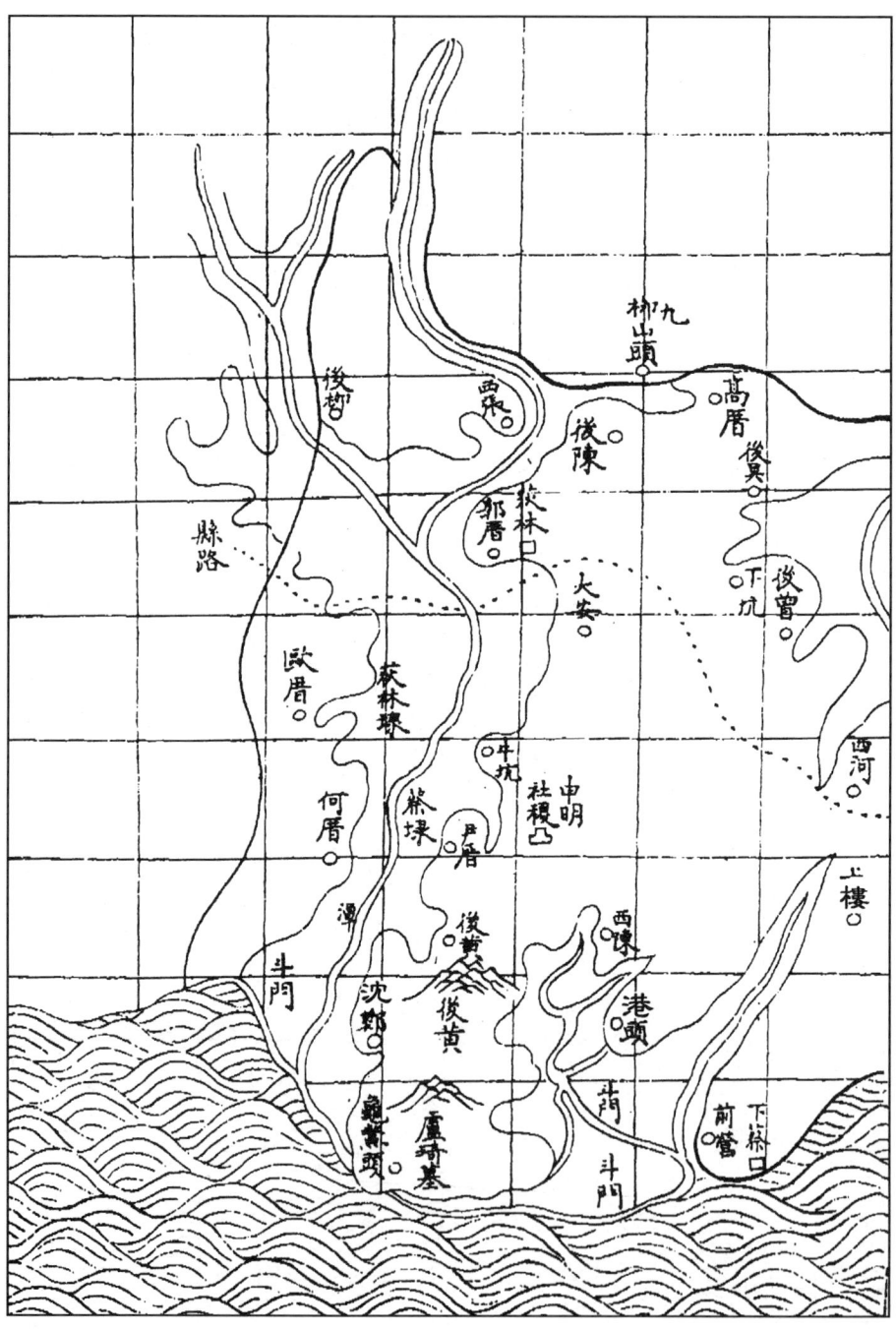

鋪四	村二十八	壇二	亭一	學十六		墩二
扙林	郭厝			安仁		
	何厝			觀每		
	後柳			石冠		
	西張					
	高厝			高山		
	後陳					
	歐厝			觀光		
	後吳					
	下坑					
	大安					
	牛坑					
	尹厝	社稷	申明	祥雲		
	後黃					後黃
	西何					
	後曾					
	沈鄭					
	韜鰲頭			韜山		

惠安政書

（續表一）

巡檢司	鋪四	村二十八	壇三	亭一	學十六	墩二
	下桀	前營			仁榮	
		西陳				
		港頭			拱辰	
		上樓			上流	
		金崙			金崙	
		前陳				
		潭邊	厲		潭濱	
		錢林			高登	
		林柄			文柄	
		舉後		申明	圭峯　永全	
		厚美			厚美	

	户	民	軍	匠
總	一百七十三	六十七	九十七	八
里長	十	三	六	一
正管	一百	四十	五十五	五
帶管	九	四	五	
絕	五十三	二十	三十一	二

（續表二）

	口	男	成	不	婦女	大	小	絕
總	一千零八十八	五百一十六	三百零八	二百零八	五百一十六	四百零一	一百一十五	五十六
民	二百五十	一百二十三	六十六	五十六	一百零八	八十二	二十六	成一不六大六小十
軍	七百一十三	三百三十三	二百零三	一百三十	三百四十六	二百七十二	七十四	成一不四大小二十四
匠	一百二十五	六十三	三十九	二十二	六十二	四十七	一十五	大小一

	田	地	山	池塘	蕩	埕	溝	水門
官民	三十九頃六畝一分二釐	四十六頃八十七畝八分六分二釐	九十六畝六分一釐	二畝	一十三所	二所	六所	九十四間
				總 八十七頃二十四畝六分五釐				
官	五頃九十六畝一分二釐	二頃七十九畝八分二釐	三十一畝二分一釐		一所半	二所		二十三間
				總 九頃七畝一分五釐				
官租	二頃六十七畝七分九釐	一頃七十三畝一分六釐八釐	二十二畝六分八釐					
職	二十五畝一分							
學	一畝四分							

（續表三）

	田	地	山	池塘	總	蕩	埕	地	滬	水門
廢寺	四十二畝四釐									
今沒	二頃五十九畝七分九釐	一頃六畝六分四釐	九畝一分五釐			一所半				二十三間
民	三頃四十一畝八分三分	四十四頃八畝八分	六十五畝四分	二畝	七十八頃十七畝五分	二十一所半	二所	一所半	六所	六十一間
屯	三頃十八畝五分五釐	六頃六十五畝二分五釐			九頃八十三畝八分					
福中衛左所	一頃二畝三分五釐	三頃一十六畝七分五釐			四頃二十畝					
福右衛後所	一頃三畝六分	二頃五十八畝二分			三頃六十一畝二分					
泉左所	五十二畝六分									

惠安政書五　八都

（續表四）

	田	地	山	池塘	總	蕩	埕	地	滬	水門
崇武	五十九畝七分	九十畝三分			一頃五十畝					
官民	三十八頃二十八畝九分一分	四十二頃九分九畝一分六釐	一頃一十七畝一分九釐	二畝	八十三頃三十六畝四分五釐	一十四所一分六釐七毫	半所		五所	一百七間半
官	六頃二十三畝七分五釐⑧	三頃一十五分五釐六釐	四十一畝五分九釐		九頃七十畝九分	二所半				三十一間
官租	二頃七十二畝五分一釐	一頃九十九畝四分六釐	三十二畝一分五釐							
職	一十九畝二分八釐									
學	一畝九分		六分							
廢寺	五十三畝二分七釐									
今沒	三頃六十七畝七分九釐	一頃一十畝六分一分	八畝八分四釐			三所半				三十一間

以上實地田，土

（續表五）

	田	地	山	池塘	總	蕩	埕	地	滬	水門
民	三十二頃四畝三分五釐	三十九頃八畝三分六分	七十五畝六分	二畝	七十二頃六十五畝五分五釐	一十二所一分六釐七毫	半所		五所	七十六間半

以上在冊田、土

	正耗米	正米	耗米	夏稅鈔	秋租鈔
官民	五百五十石四升七合五勺	五百一十八石六斗六升一勺	三十一石四斗七升六合六勺	六錠一貫五百六十七文	五錠一貫五百一十八文
官	一百四十三石六斗三升二合三勺五勺	一百三十八石七斗七升二合三勺	四石八斗六升六合四勺	二貫三百四十二文	一貫四百一十八文
官租	二十七石二斗一升三勺	二十六石二斗九升二勺	九斗二升二勺	一貫二百七十八文	一百六十四文
職	一十三石九斗六升八合四勺四勺	一十三石四斗九升六合	四斗七升二合四勺	五十八文	
學	三斗五升六合七勺	三斗四升一合七勺	一升五合	六文	

（續表六）

	正耗米	正米	耗米	夏稅鈔	秋租鈔
廢寺	一十四石四斗三升六合一勺	一十三石八斗五升一合一勺	四斗八升四合八勺	一百六十一文	四文
今没	八十七石四斗六升一合	八十四石七斗九升三合二勺	二石九斗六升七合八勺	八百三十九文	一貫二百五十文
民	四百六十二石四斗一升五合四勺	三百七十九石八斗三升八合	二十六石五斗八升七合四勺	五錠四貫二百二十五文	五錠五百文
浮糧	四石二斗九升三合四勺				
新增					
漁					
洪武	二十一石五斗				
永樂	三十九石三斗				
嘉靖	五十二石五斗				
萬曆	六十一石七斗五升				

九　都

　　夫草安山之八都也，自西吴至於柳山，轉於蓼澳繄南之漳，而八都宗焉。自大堵林逆折東北金龍爲大聖山，都實宗之。岩壑幽勝，有大象捲湖之勢，際海放於蕭山尚五六里而馳也。其麓保聚頗繁，蓋自爲區，亦壯矣。且烽燧錯置，高山瞰其南，太山據其中，而蕭山又孑然東出，三面控海，險亦足憑焉。

　　第土膏雖腴，而灌溉無外至，僅僅後坑、東山、西吴爾，且達於旁都。

　　都入海之流四，上坑、上林夾崇岡於岩之陽，視金龍之會流稍長，它若盡力溝洫，斯不病於亢鹵矣。

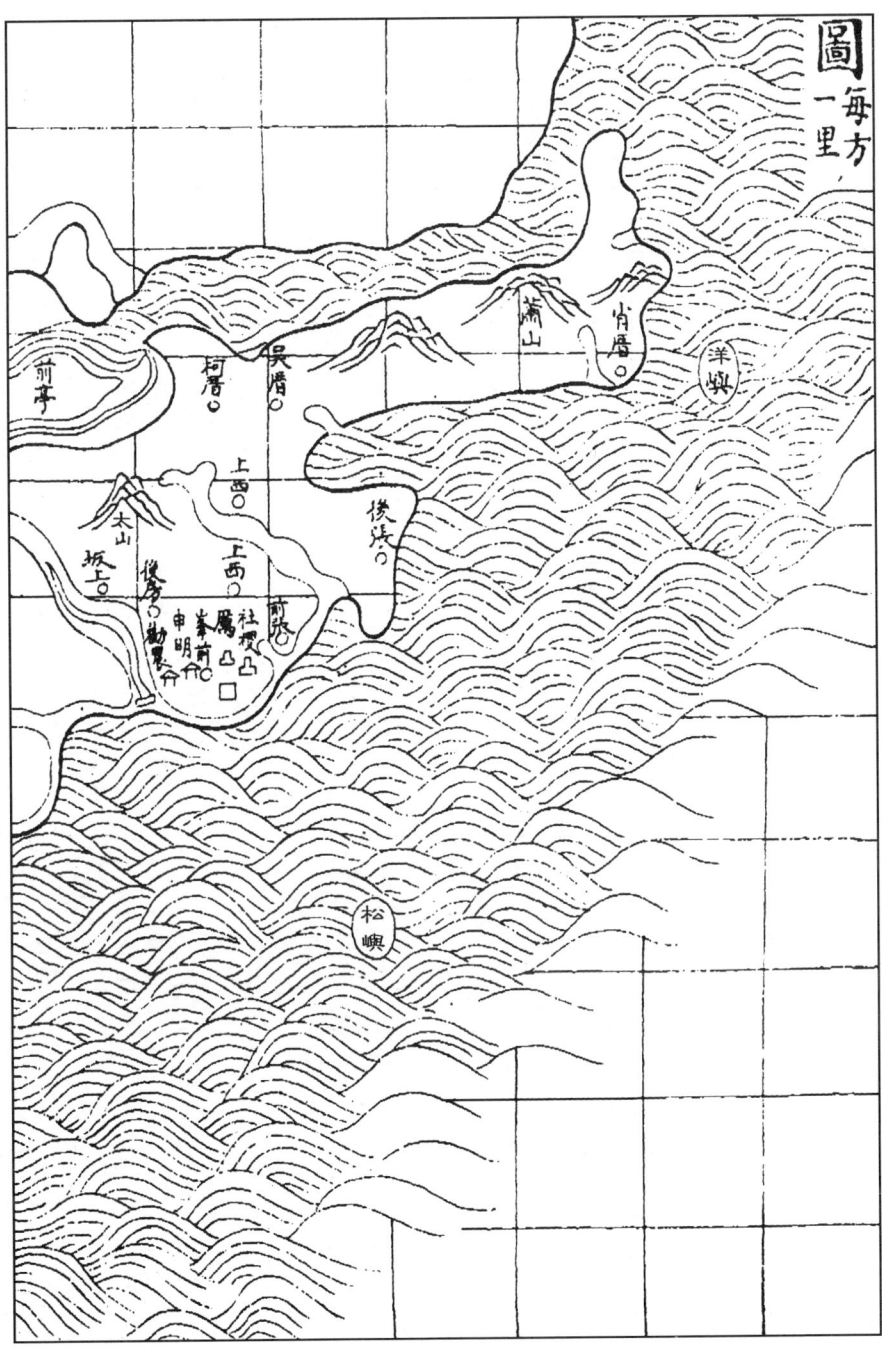

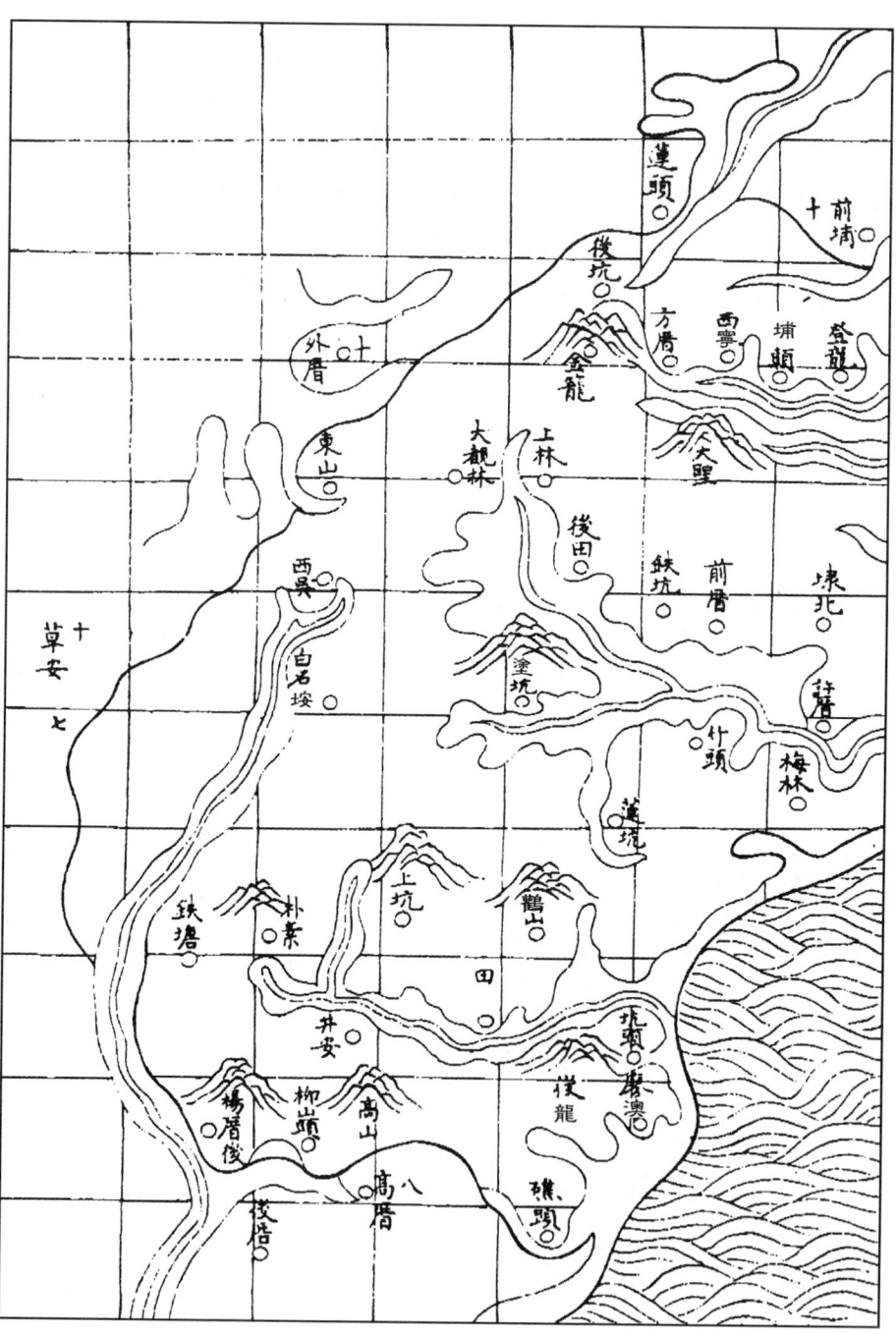

表

鋪一	村四十一	壇二		亭二		學七	墩二
		社稷	厲	申明	勸農		
峯前	峯前						
	肖厝						肖山
	吳厝						
	柯厝						
	前亭					前清	
	登龍						
	西寧						
	方厝						
	上西					上西	
	埔頭						
	後張						
	鄭厝						
	前張						
	後房						太山
	坂上					大垔	
	塽北					塽北	
	許厝						
	前厝						

（續表一）

鋪一	村四十一	壇二	亭二	學七	墩二
梅林併	鐵坑				高山
	梅林			梅林	
	上林				
	後田				
	大觀林				
	竹頭				
	蓮坑				
	鶴山				
	坑頭				
	廖澳				
	後龍				
	礁頭				
	鐵塘				
	柳山頭				
	楊厝後			蘭田	
	井安				
	田裏				
	上坑				

（續表二）

鋪一	村四十一	壇二	草二	學七	墩二
	朴素				
	西吳				
	白石坂				
	東山			白石	
	塗坑				

户	民	軍	匠
總	一百二十四	三十六	五
里長	十	六	二
正管	一百	二十	三
帶管	四		
絕	十	十	

口	男	成	丁	婦女	大	小	絕
總	八百七十九	四百五十八	二百六十九	一百八十九	四百零八	三百零二	一百零六	
民	四百五十六	二百四十五	一百三十九	一百零六	二百二十四	一百六十四	四十七	十三
軍	三百三十七	一百六十九	一百零二	六十七	一百三十九	一百零八	四十七	不五大一小七
匠	八十六	四十四	二十八	十六	四十二	三十	十三	

（續表三）

	田	地	山	林	池塘	總	蕩	渡	塭	水門
官民	二十四頃三十五畝四分三釐	二十六頃五十二畝八分七釐	一頃三十二畝五分			五十二頃二十畝八分			二所	
官	二頃五十二畝五分八釐	一頃二十四畝四分七釐	二十九畝七分			五頃六畝七分五釐				
官租 職	一頃五十七畝八分	一頃三十三畝一分二釐	二十九畝一分							
廢寺	一十四畝九分八釐		六分							
原没	六分六釐	二畝五分								
今设	七分六釐									
	七十三畝二分八釐	八十八畝八分五釐								
民	二十一頃二十畝八分五釐	二十四頃二十八畝四分五釐	一頃一畝八分			四十七頃四十四畝五釐			二所	
屯	六十一畝九分六釐	三頃八十八畝四釐				四頃五十畝				

（續表四）

	田	地	山	林	池塘	總	蕩	渡	溉	水門
福中衛左所	六十一畝九分六釐	三頃八十八畝四釐				四頃五十畝				
以上實地田、土										
官民	五十一頃三十五畝三分八釐	三十三頃三畝五釐	一頃四十二畝六分一釐	一分六釐	八分	八十六頃四十二畝一釐	一所半	一所	一所	二十一間
官	六頃三畝二分八釐	三頃五十畝八分五釐	三十四畝四分二釐	一分六釐		九頃八十八畝七分一釐	一所半	一所		二十一間
官租	三頃九十三畝二分七釐	一頃八十七畝六釐	三十三畝六分二釐							
職	一十五畝八分四釐									
學	六畝一分九釐									
廢寺	五十四畝二分五釐	四畝三分六釐								
原沒	一十六畝二分四釐									

（續表五）

	田	地	山	林	池塘	總	蕩	渡	溝	水門
今没	二頃一十七畝四分九釐	一頃五十八畝四分八釐	八分	一分六釐			一所半	一所		二十一間
民	四十五頃九畝四分	二十九頃十二畝一分	一頃八畝二分		八分	七十六頃五十三畝三分			一所	

以上在冊田、土

	正耗米	正米	耗米	夏税鈔	秋租鈔
官民	五百五十五石一斗七升四合九勺	五百二十三石四斗五升五合九勺	三十一石七斗一升九合	六錠二貫九百九十一文	一錠二貫四百三十六文
官	一百四十五石八斗九合四勺	一百四十石五斗九升九勺	四石九斗一升八合五勺	二貫三百七十六文	一錠九百三十六文
官租	二十一石八合三勺	二十石八升二合四勺	九斗八升九合	一貫二百九十五文	一錠三十七文
職	一石一斗八升八合	一石八升	三斗八升八合一勺	四十七文	
學	一石一斗六升二合一勺	一石八升二合九勺	三升九合三勺	十八文	

(续表六)

	正耗米	正　米	耗　米	夏税钞	秋租钞
废寺	一十四石五斗八升三合四勺	一十四石九升二勺	四斗九升三合二勺	一百七十一文	二十九文
原设	五石八斗八升二合九勺	五石六斗八升四合	一斗九升八合九勺	四十八文	
今设	八十三石三斗九升六合五勺	八十石五斗七升八合四勺	二石八斗一升八合一勺	七百九十七文	七百五十文
民	四百零九石六斗六升五合五勺	三百八十二石八斗六升五合	二十六石八斗五勺	六锭六百一十五文	一贯五百文⑨
浮粮	三石八斗九升				
新增					
渔					
洪武	六石三斗				
永乐	二十九石一斗				
嘉靖	二十四石				
万历	三十三石九斗五升				

155

十　　都

　　兹都横耳⑩,短於南北。自石牛、白井爲天湖岩,高而坳中,其塋清勝,放生池蓋尚存焉。

　　其麓碙礫,界於南埔,上蔡陂環其左,朴素壩繞其右。其浸鄭塘,其埭嘉禾碙礫而東草安,轉於邱山,東林、北輞諸區則邱埭界之。經金籠逾阿山抵沙格澳,編户獨繁,則後蔡埭界之。凡埭之水,東北入海,獨盧溪南下,雖合流過於龍田,然其源自它都而委不在是焉。灌溉之利,止於一隅,柳前宫之壩,余分甲遞繕之,毋專而蠹。豈惟此水宜然？坑瀉埭鹵,稍稍告旱,桔橰之聲達旦,農者苦矣。惟沿海多塢,通漁販之利。詩曰"北流活活,施罟濊濊",言其饒也,而樂嶼爲鉅。

　　沙格舊置巡司,今存斥候,雖爲海濱内地,其能以毋備哉!

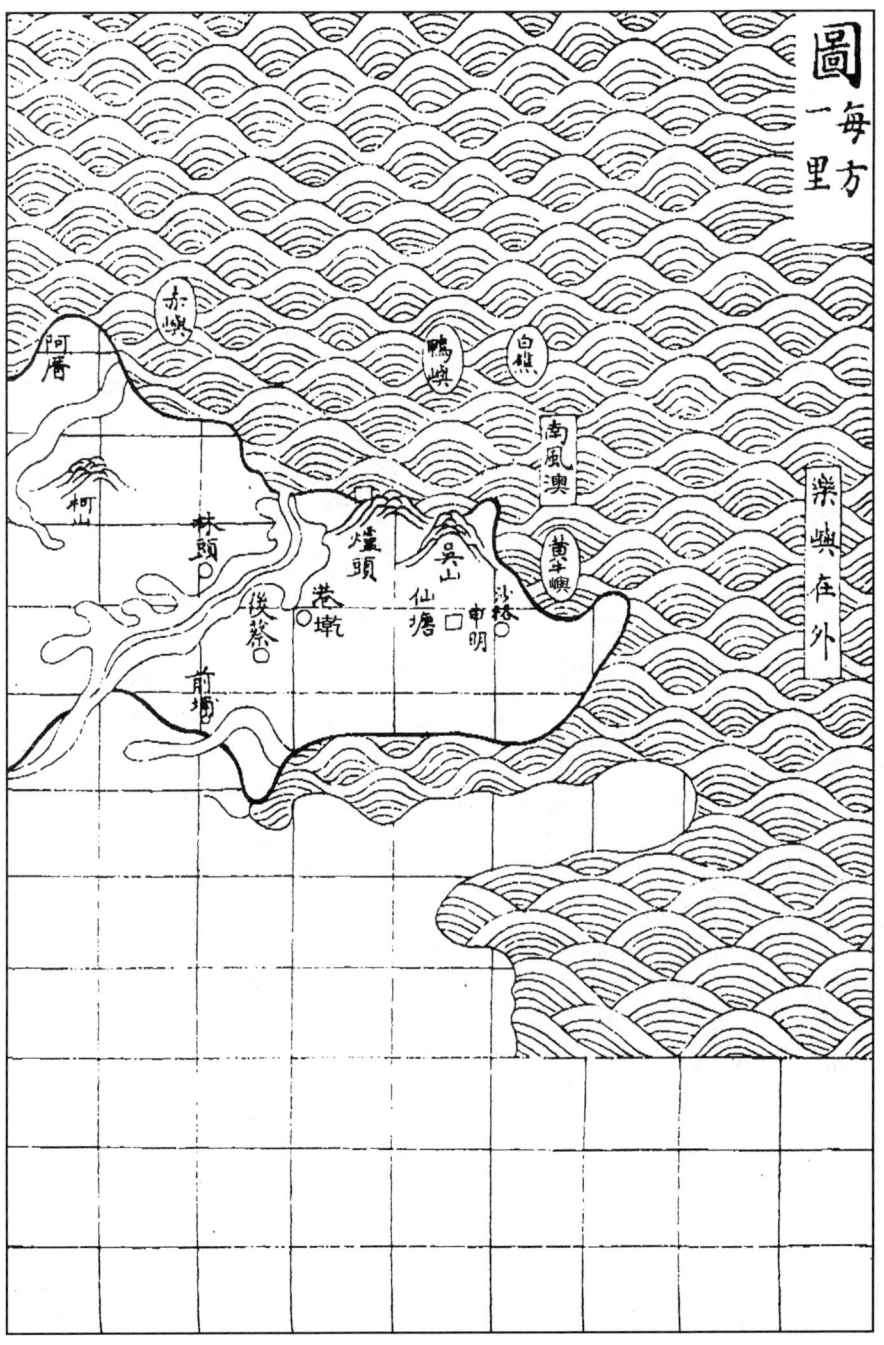

惠安政書

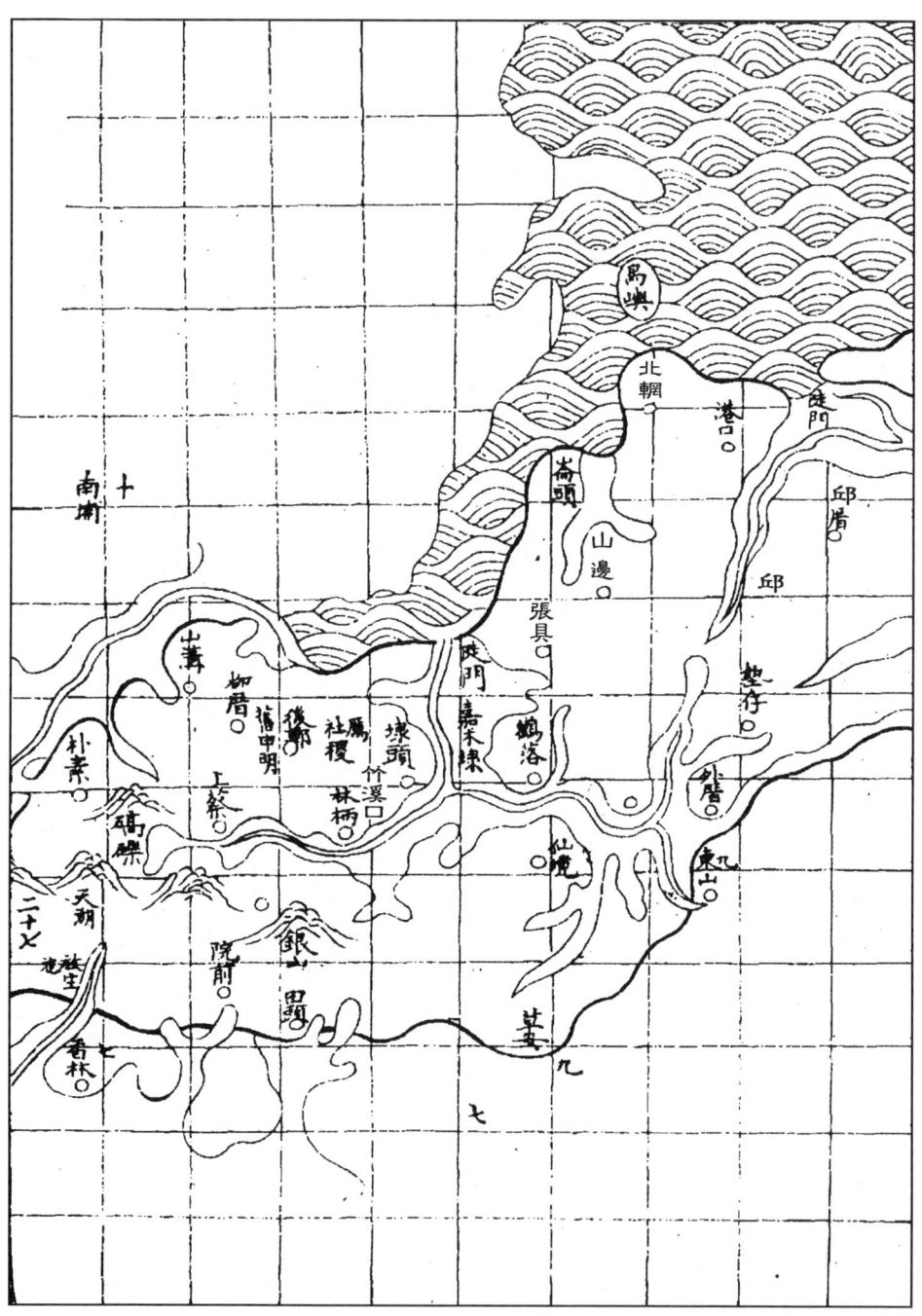

惠安政書五 十都

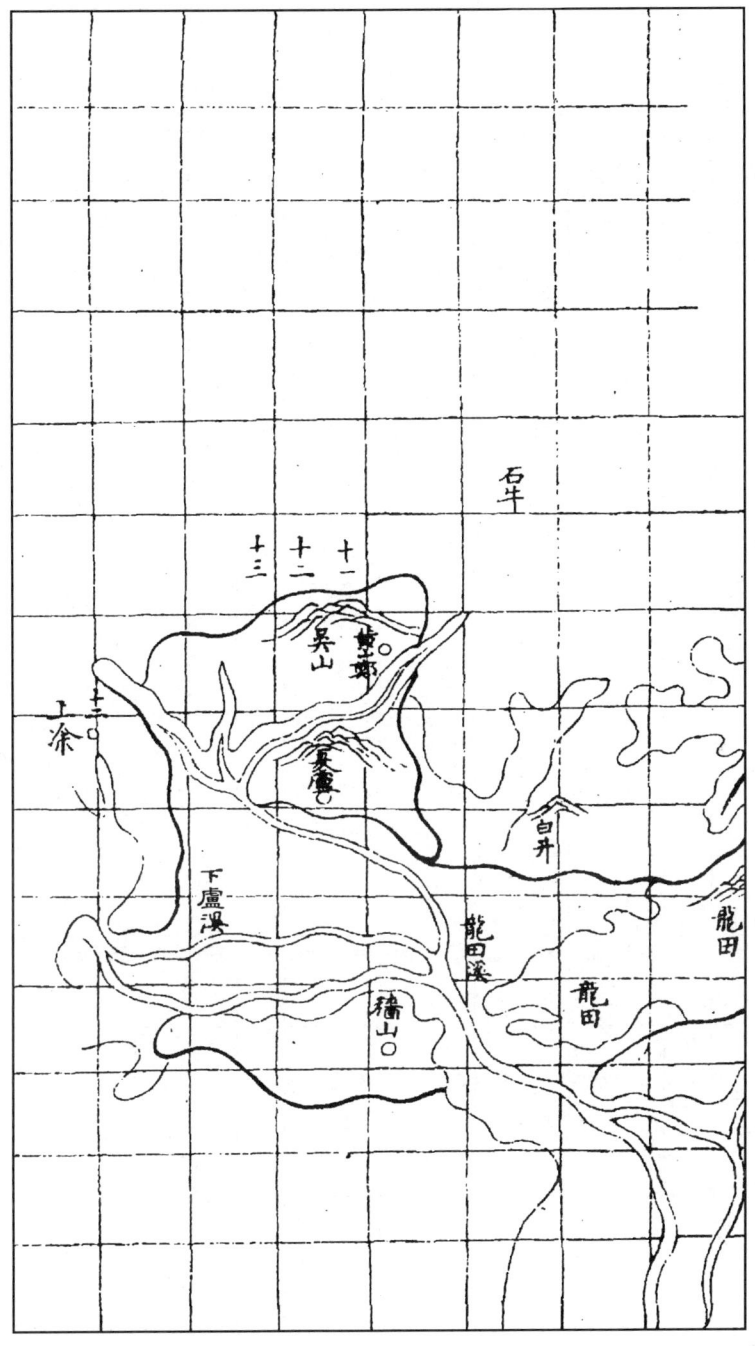

表	鋪三	村三十二	壇二	亭二	學十	墩一
	仙塘	沙格		申明	忠孝	爐頭
		前埔				
		港墘				
		後蔡				
	東林	東林			東林	
		林頭			興福	
		阿厝			西山	
		邱厝			錦峯	
		港口				
		北鯉				
		崙頭			崙頭	
		山邊				
		張具				
		鸛落				
		墊仔				
		外厝				
		林柄				
	竹溪	仙境			仙境	

（續表一）

鋪三	村三十二	壇二	亭二	學十						墩一
	埭頭	社稷	舊申明	天德						
	後鄭	厲								
	蔣厝									
	楓林坑									
	上蔡									
	院前									
	田頭									
	龍田			冠山						
	稿山									
	夏蘆									
	黃山鄭									
	朴素			朴素						
	柳厝									
	山溝									

	民	軍	匠
戶	一百五十二 九十三 五	五十六 五	三
總里長	十		

（續表二）

	戶	民	軍	匠	口	男	婦女	大	小	絕	田	地	山	蕩	渡	滬地	水門
正管	一百	七十三	二十六	二													
帶管	一十九	一十三	六														
絕	三十三	三	一十九	一													
總					九百八十七	四百七十六	四百八十八	三百九十二	九十六	二十三							
民					五百零八	二百五十五	二百五十三	二百零一	五十一	小一							
軍					四百零六	二百一十	一百八十七	一百八十三	四十三								
匠					二十三	二十一	一十一	八	三	大七小十四不一							
官民											五十九頃四十九畝七釐	四十一頃九畝一分三釐	一頃一十六畝五分三釐				
官											一十一頃五十六畝三分七釐	七頃三十八畝二分三釐	四十四畝三分三釐	四所半	二所	一所	三十一間
官租											六頃四十三畝三分二釐	五頃二十八畝八分二釐	三十九畝三分六釐		一所	一所	
職											二十一畝三釐						
總														一百七十四畝八分三釐	一十九畝三釐	二所	

（續表三）

	田	地	山	林	總	蕩	渡	地	滬	水門
學	八畝八分									
廢寺	一頃七十畝一分六釐	一十六畝九分								
今没	三頃一十三畝五分六釐	一頃九十三畝五分一釐	五畝二分七釐							
民	四十七頃九十二畝七分	三十三頃九畝一十一畝	七十一畝八分		八十二頃三十五畝五分	四所半	一所	二所	三十一間	
屯	七十八畝五分九釐	三頃二十一畝四分一釐			三頃九十畝					
福中衛左所①	七十八畝五分九釐	三頃一十一畝四分一釐			三頃九十畝					

以上實地田，土

	田	地	山	林	總	蕩	渡	地	滬	水門
官民	四十七頃三十七畝七分九釐	三十二頃三十二畝二分八釐	一頃四分二釐	五分	八十七頃七十畝九分九釐	五所	一所	一所	三十六間	
官	八頃四十六畝四分九釐	六頃四十畝二分八釐	三十四畝二分二釐	五分	一十四頃八十五畝四分九釐					

（續表四）

	田	地	山	林	總	蕩	渡	地	滬	水	門
官租	五頃二十一畝一分六釐	四頃八十三畝七釐	二十九畝三分七釐								
職	二十一畝八分六釐										
學	七畝四分九釐										
廢寺	五十二畝六分六釐	九畝六分									
今沒	二頃四十三畝三分二釐	一頃一十一畝六分一釐	四畝八分五釐	五分							
民	三十八頃九十一畝三分	二十六頃二十八畝	六十六畝二分		六十五頃八十五畝五分	五所	一所	一所	一所	三十六間

以上在册田、土

	正耗米	正米	耗米	夏稅鈔	秋租鈔
官民	五百二十一石九斗三升一合七勺	四百九十二石八斗八升五合七勺	二十九石四升五合三勺	五錠四貫七百六十文	二錠二貫四百四十七文
官	一百六十一石三斗六升七合七勺	一百五十石九斗一升七勺	五石四斗五升七合	三貫五百四十文	四百四十七文

（续表五）

	正耗米	正米	耗米	夏税钞	秋租钞
官租	五十六石二斗四合六勺	五十四石三斗三合九勺	一石九斗七勺	二贯百五十八文	三百八十三文
职	一十五石八斗三升七合六勺	一十五石三斗二合	五斗三升五合六勺	六十五文	
学	一石四斗四合三勺	一石三斗五合八勺	四升七合五勺	二十二文	
废寺	一十四石一斗七升七勺	一十三石六斗九升一合五勺	四斗七升九合二勺	一百七十七文	六十四文
今没	七十三石八斗五升三勺	七十一石二斗四合六合五勺	二石四斗九升四合	七百一十八文	
民	三百六十石五斗六升三合三勺	三百三十六石九斗七升五合五勺	二十三石五斗八升八合三勺	五锭一贯二百二十文	二锭二贯
浮粮	三石九升五合	三石九升五合			
新增	三石五斗四升七勺				
渔					
洪武	一十二石				
永乐	一十四石七斗				
嘉靖	三十四石九斗				
万历	八十一石				

【校記】

① "穀":一九八七年版本校注作"縠"。

② "五畝二分六釐":底本原無此數字,據一九八七年版本補上。

③ "岡":一九八七年版本作"罔"。

④ "三畝二分五釐":底本原無此數字,據一九八七年版本補上。

⑤ 此數字有誤。

⑥ "二十一石六斗":底本原無此數字,據一九八七年版本補上。

⑦ "十四石八斗五升":底本原無此數字,據一九八七年版本補上。

⑧ "六頃一十三畝七分五釐":底本原作"六頃四十四畝七分五釐",據一九八七年版本改。

⑨ "一貫五百文":底本原無此數字,據一九八七年版本補上。

⑩ "橫耳":一九八七年版本作"橫亘"。

⑪ "福中衛左所":一九八七年版本作"福右衛左所"。

惠安政書六

十 一 都

縣東北垂以海爲池，習尚、語言略與仙遊同，蓋雖隔水，亦風土所漸也。

自九龍岡、陳同寨至都之石牛，下白井臨於盧溪，而太白峯巍然。其麓爲南埔，陰有七星，歷瓷（槐）窑，東抵浮洋，會而入海。

若東吳、下朱諸山，及東潘、下良之埭，皆瓷（槐）窑北折，蟠結聯絡最廣，西滙於鬼潭，而傅埭①承西充溪入海。凡民居散聚，若雲布星躔也。今下朱有臺以瞭，倘東吳復壘而據，濱海一帶緩急有賴矣。

十 二 都

爲邑北道，界於仙遊。其隅邸海，南叩砦關。烟道以西，其障如墉。

盧溪之源，左者雖出於此，乃建瓴而下，中無廣原焉。逋丁畸戶，依憑崖谷者，伐山而營，纍石而播也。自角山之北，流於仙遊。其東麓互錯，稍伏平岡，衍爲長坂，而勢夷氣舒，古②聚者頗多矣。其西充之北，爲港西埭，胡盧埭附之。西循白水、九峯岩，有陳埭，而潘埭附之。各北入海，暨其疆境相覆不能十里。

菁林藪澤，居什七八，帶海斥鹵幾半。閭閻不過十餘區，其（具）入於它都，勢也。日者鄰邑且侵介鄉，余以所圖剖之，未成虞芮閒田之風，亦社（杜）吳楚爭桑之釁矣。都無大小，必辨其域，故於此所併者，亦不敢廢其舊焉。

十 三 都

　　自西徂東將三十里,菱溪之源蓋亦遠矣。丘阿深阻,而民居鮮少焉。遐望駢肩,秀出其前,甲於諸峯觀音山也。其支彌漫,翼翼東北,抵海之都凡六。

　　東南而趨盧溪,右源腋其左,菱溪左源肱其右,而六、七都其肵也。盧溪上游,九龍之支;右爲證果,雙髻之支。左爲真如,而塗嶺居其間,周道踧踧如也。流溉既廣,亦稱膏腴,居者允荒,倍蓰西北矣。山陰之水,往仙遊者二。

　　有後坑寨,懸崖夾道,爲縣北門,其險足恃。陳同要衝,尤爲咽喉,屢有寇乘垝垣,而繕之亦不可緩矣。

惠安政書六 十一都 十二都 十三都

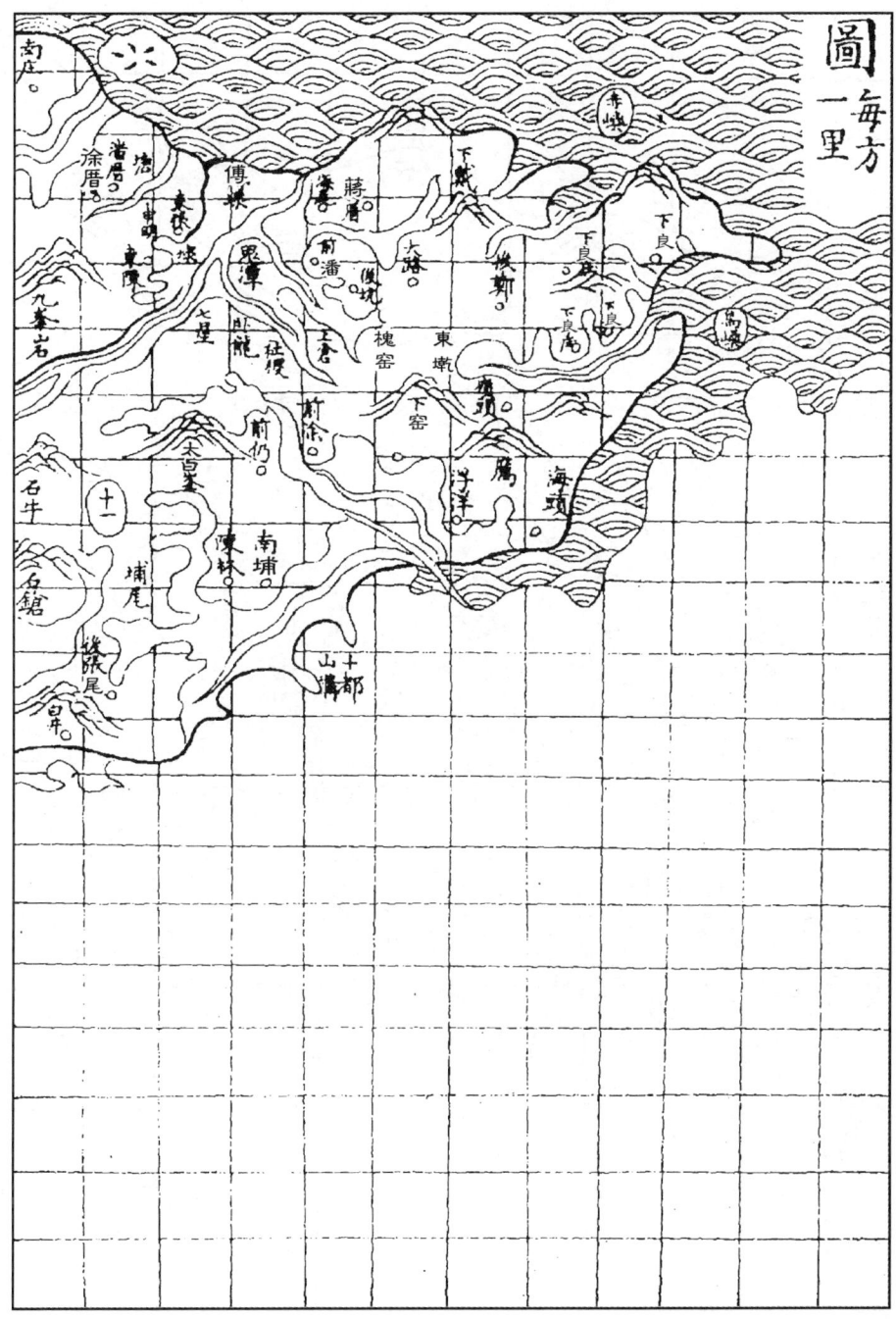

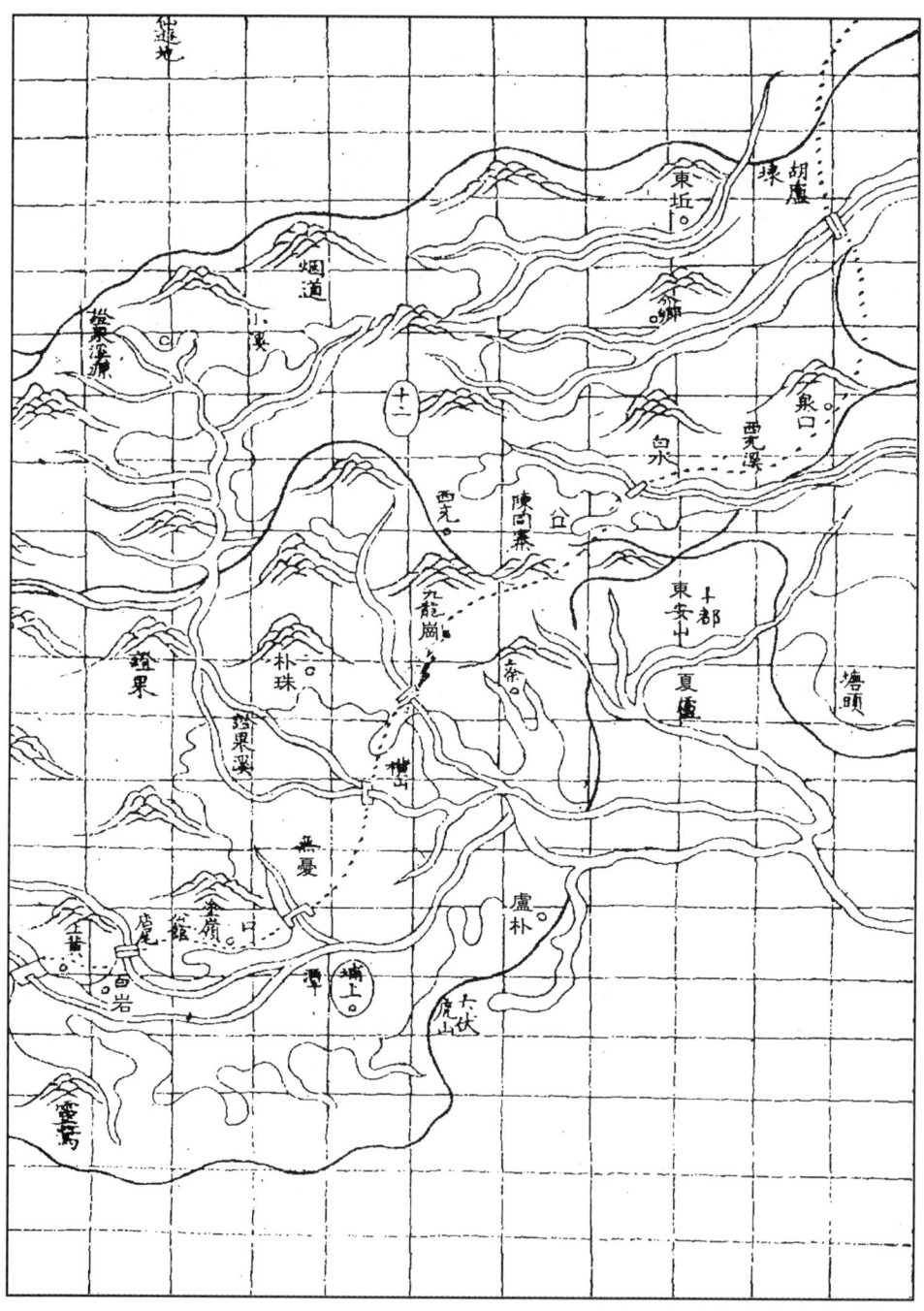

惠安政書六 十一都 十二都 十三都

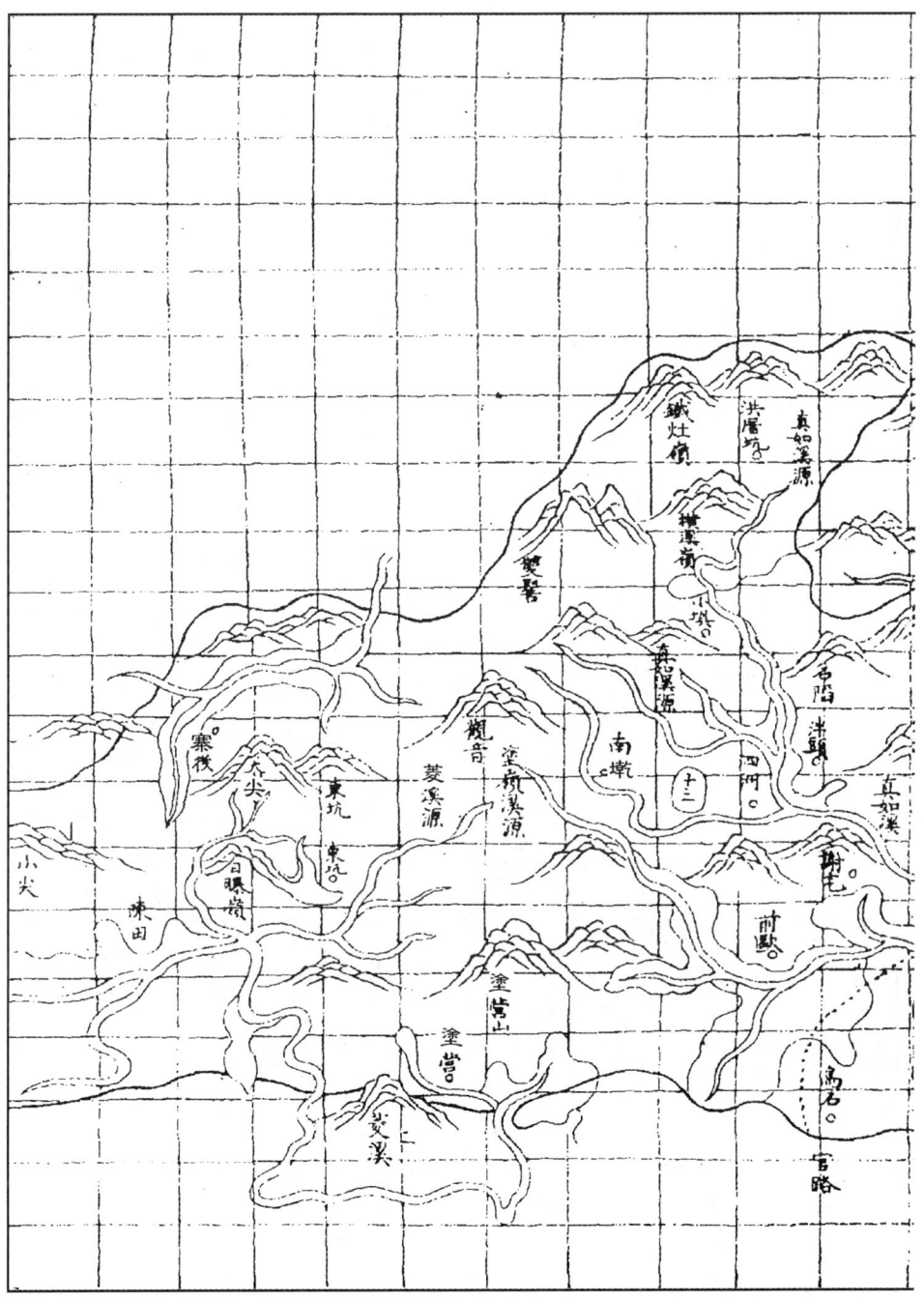

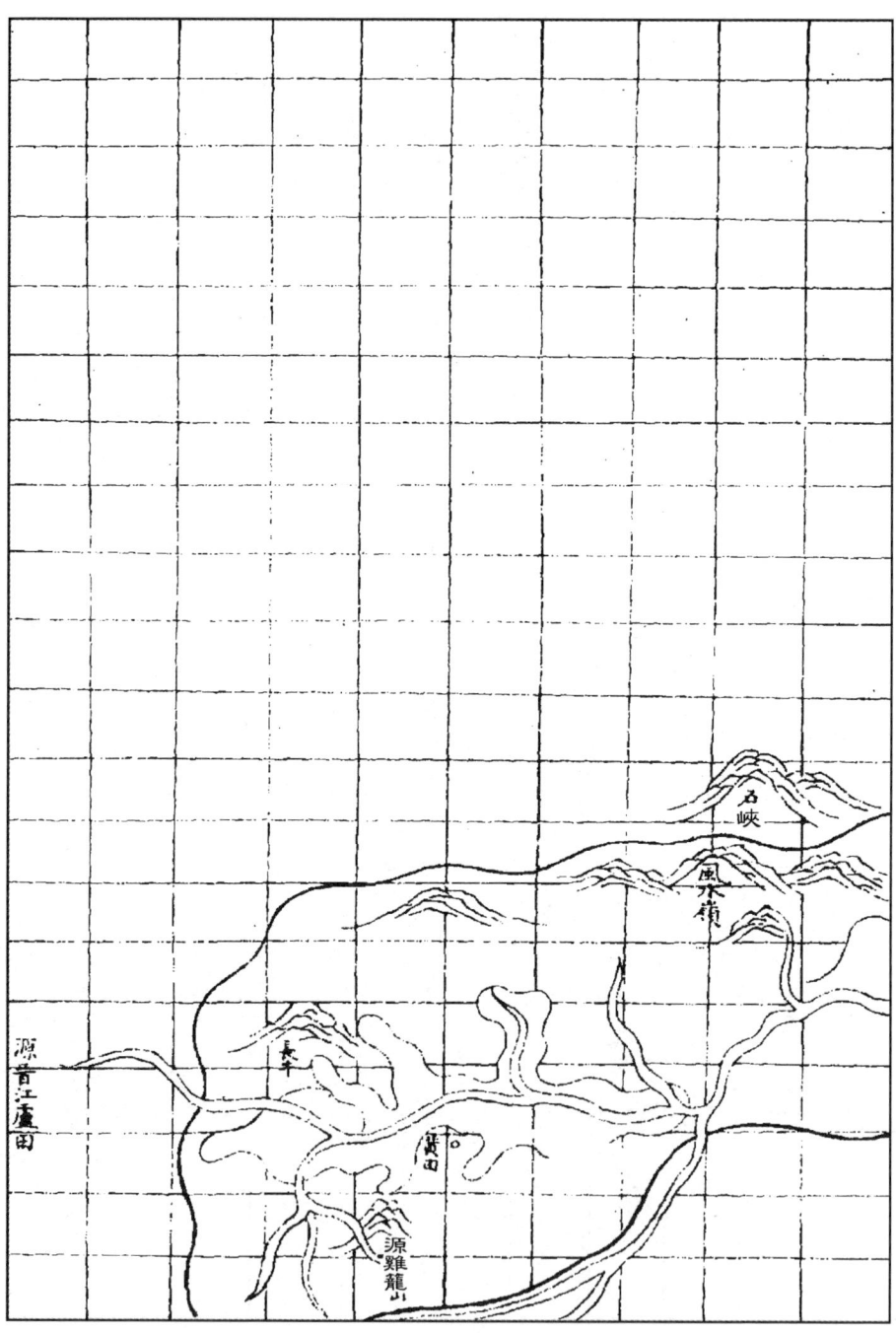

鋪五	村五十八	壇二	亭一	學六	寨二	墩二
龍興	下朱					下朱
	下良					
	下良莊					
	東潘					
	下戴					
	後鄭					
	蔣晉					
	海尾					
	東吳					
	前潘					
	後坑					
	大路					
	東崎					
	上倉	社稷				
	槐窑			槐山		
	下窑					
	嶺頭					
	前塗					

表

（續表一）

鋪五	村五十八	壇二	亭一	學六	寨二	墩二
	前仍					
	塘頭					
	埔尾					
	白井					
	後張尾					
	陳林					
	南埔			南埔		
	浮洋	厲		溥公		
	海頭			海頭		
	東陳		申明			
添奇	東張					
	潘厝			潘厝		
	徐厝					
	港西					
	南莊					
	介鄉					
	東坅					
	小溪					

（續表二）

鋪五	村五十八	壇二	亭一	學六	寨二	墩二
	西充					
白水急	白水				陳同	
樟栳	上塗					
	朴珠					
塗嶺急	塗嶺					
	埔上					
	盧朴			輅朴		
	上黃					
	白岩					
	烏石					
	前歐					
	謝宅					
	泗洲					
	洋頭					
	南崎					
	小蜞					
公舘	洪厝坑					

（續表三）

		铺五	村五十八	壇二	亭一	學六	寨二	墩二
戶	總	一百五十七	八十八	六十八	一			
	里長	十	四	六		東坑		
	正管	一百	六十六	三十三		黃田		
	帶管	十五	一十二	三		陳田		
	絕	三十二	六	二十六		寨後		
						塗營		

		口	男	成	不	婦女	大	小	絕
軍		匠							
總	八百六十	四百零二	二百四十一	一百六十一	四百十六	三百一十	一百零五	四十二
民	三百二十七	一百六十	八十八	七十二	一百六十一	一百二十	四十一	不一小三
軍	五百三十二	二百四十一	一百五十三	八十八	二百五十三	一百九十一	六十四	不十三大二 小二十二
匠	一③	一④						一⑤

惠安政書六　十一都　十二都　十三都

(續表四)

	田	地	山	池塘	總	蕩	地	滬	水門
官民	一百三十一頃四畝五分七毫	四十五頃六畝四分一釐	四頃五十三畝三分一釐	一畝	一百八十頃九十五畝三分二釐七毫	四所半	半所	二所	二十七間
官	一十八頃一十四畝三分七毫	五頃八十畝一釐	三頃二十八畝一釐		二十六頃二十三畝三分二釐七毫	三所			一十四間
官租	一十一頃一十畝一分二釐	四頃八十八畝八分七釐	三頃二十八畝一釐			一所			
職	三十九頃八畝七釐								
學	四十畝三分五釐								
廢寺	一頃一十四畝四分五釐	四十畝							
今没	五頃五畝二分四釐	五十一畝一分四釐				二所			二十四間

（續表五）

	田	地	山	池塘	總	蕩	地	瀉	水門
民	一百一十三頃二十畝二分	三十九頃二十六畝四分	二頃二十五畝四分	一畝	一百五十四頃八十畝三分	一所半	半所	二所	三間
屯	一十七頃九十七畝九分二釐	六頃一十七畝六分八釐			二十四頃一十五畝六分				
福中衛左所	一十四頃八十六畝七分二釐	六頃一十三畝二分八釐			二十一頃				
泉左所	一頃五十七畝八分								
福泉	一頃五十三畝四分	四畝四分			一頃五十七畝八分				
以上實地田、土									
官民	六十五頃五十八畝六分九釐三釐	二十九頃六畝六分三釐	二頃一十一畝	七畝五分	九十六頃八十四畝九釐	四所七分半	半所	五所半	一十五間
官	一十二頃三十畝五分六釐	三頃一十畝六分三釐	一頃二十四畝二分		一十四頃六十七畝三分九釐	一所半			

惠安政書六 十一都 十二都 十三都

(續表六)

	田	地	山	池塘	總	蕩	地	滬	水門
官租	六頃八十九畝四分四釐	三頃七十九畝八分八釐	一頃二十三畝四分			一所半			
瞵	二十六畝一分六釐								
學	四畝二分五釐								
廢寺	八十四畝八分四釐								
原沒	三畝四分六釐		八分			半所			
今沒	三頃二十四分一釐	三十五畝七分五釐							
民	五十五頃二十六畝四分	二十五頃九十六畝	八十六畝八分	七畝五分	八十三頃二十一畝六分七分	三所一分半	半所	五所半	一十五間

以上在冊田、土

（續表七）

	正耗米	正米	耗米	夏稅鈔	秋租鈔
官民 官租	六百一石二斗三升五合九勺	五百六十六石三斗七升五合九勺	三十四石八斗六升	七錠一貫五百四十二文	四錠一貫六百三十三文
官 職	一百五十七石三斗六升五合八勺四勺	一百五十一石五斗四升二合五勺	五石八斗二升一合五勺	三貫六百三十四文	一錠二貫七百五十八文
學	一十八石九升二合九勺	一十五石八斗三升一合七勺	二石五斗五升二合一勺	二貫七百六十八文	一錠二貫七百五十八文
廢寺	七斗九升七合	七斗七升九合九勺	六斗四升九勺	七十八文	
原沒	二十二石八斗六升三合六勺	二十二石一斗五升九合五勺	七升七合一勺	一十三文	
今沒	一石二斗五升三合	一石二斗一升九勺	四升二合四勺	二百五十四文	
今沒	五十二石二斗八升四升二合九勺	五十一石一斗五升五合九勺	一石七斗八升七合	五百一十一文	

(續表八)

	正耗米	正 米	耗 米	夏稅鈔	秋租鈔
民	四百四十三石八斗七升三合五勺	四百一十四石八斗三升五合	二十九石三升八合五勺	六錠二貫九百八文	二錠三貫八百七十五文
浮糧	一石七斗六升四合				
新增	二十一石二斗二升四合八勺				
漁					
洪武	二石一斗				
永樂	一十五石六斗				
嘉靖	一十三石五斗				
萬曆	十石一斗				

十四都

兹跨鄰都，若斷而盤，西接晉江，北連仙遊。菱源之出而東，沙溪之出而南，邑之山川，皆本於此。海陸之寇，屢所出没，而懸鐘、南聽尤爲去來之衝，民之巢棲窟處污萊，失業者數歲矣。

山高氣鬱，時成瘴毒。索茅以居，植竹而障，多者僅數家。風壤有若異都，田原肥美，水耕火耨，無漁、鹽末作，而資用還給，且饒竹木、果實、薪炭之利。夏秋水生，裝束筏浮，由前吳溪以輸楓亭，蓋水多仙遊往矣。

四鄰晏堵，亦稱隩區。有警，非爲僻壤，亦以通於鄰封之故。其南三峰如髻，中有雲湫，下有仙橋，爲邑名山之宗，而諸山漸伏，村落雜厝焉。

十五都

縣西北隅，與晉江比接。自芹嶺之洋，突爲白巖，其顛圓秀，二溪環之。龍潭輸潤，龍石鍾奇，兹山之靈，鄂公封之若堂焉，爲有古傅之蹟。蓋北取道驛坂，出柯溪嶺，踰濟龍橋渡於谷口。

自萬安橋成，驛遷而壤爲僻矣，故其東鷄籠之支居者僅五六區。而黃菁以西，林深谷邃，烟火稀濶，矧交鄰境，控制不一，狗鼠遁[6]逃，流移保聚者滋蔓或難圖也。雖陳竹有寨，田船有堡，而綏緝之圖，安可弛於承平哉？

十六都

自上都至此，稍夷衍停蓄，綿爲長野，漫爲平洋，高下鱗次，交而溯之，大者數十家，據溪上游，食其淤流，土沃水饒，亡凶年憂，邑稱"爰田"，必首及之。

溪環縣郭者惟上坑湖，若帶耳，它皆西奔白[7]巖溪，承雲峯表裏之源，下會竹西五壩，入谷口而中貫之。

東本峰之別麓，最巨者大中、馬壠二山，而民亦最繁。西缺爲西蔡，繞以巨川，望之豁如，有若展誥。居叢山，缺雄勝者名曰"報劬"，以陳碬於是親葬焉，豈山川以人重者耶，非也。

十 七 都

元末，户口、兵耗合上都三者爲一，今以十七都稱云。是都之舊，北阻虎窟，西迄谷口，與晉爲鄰，故水緣而下留公陂。東南向縣，沿白岩溪而旋走者餘二十里，濟龍橋之流稍大。

諸山蟠爲鄉聚，往往面溪而止，中包封崇、浮坑諸埭。土宇遼濶，桑梓相望，原畫疆界，亦足齒於他都矣。加以並包，故占邑地幾三之一。然籍之屯者近百頃，屬之民者幾何？倭亂以來，荒者未辟，墾者賤售，外都有力者率坐而得之。廣藪大澤，最宜梔、茜、荻、樵(蔗)之屬，畬丁賃種，賈豎販易。

是都以上多爲漳民藏匿，至不可束而自爲甲，推剽鬥訟，民甚苦之。故内實貧困，第外負富饒之名耳。寇多伺之，是以虎窟寨焉。其狹徑僅通人行，則險亦足守矣。

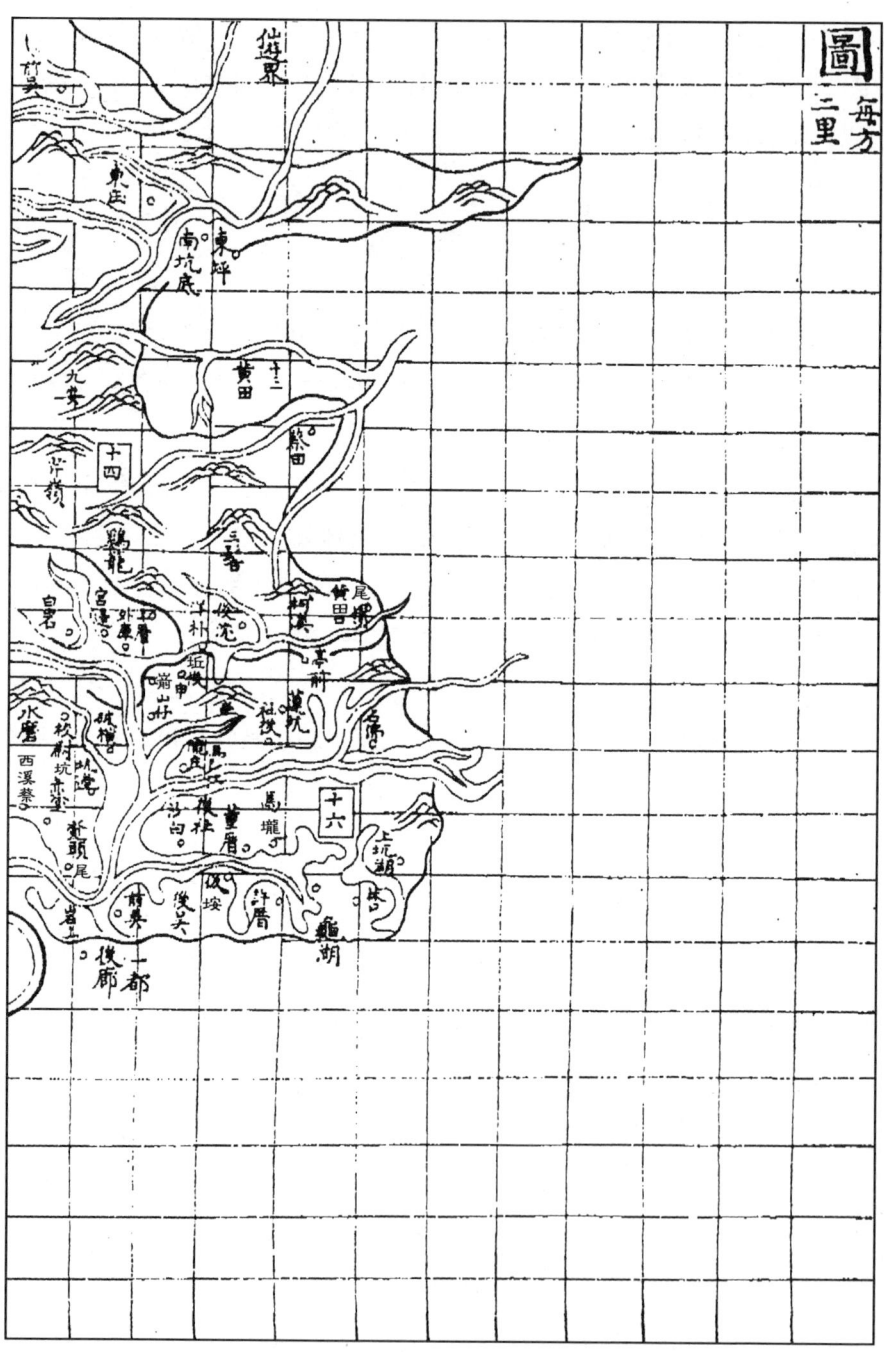

惠安政書六 十四都 十五都 十六都 十七都

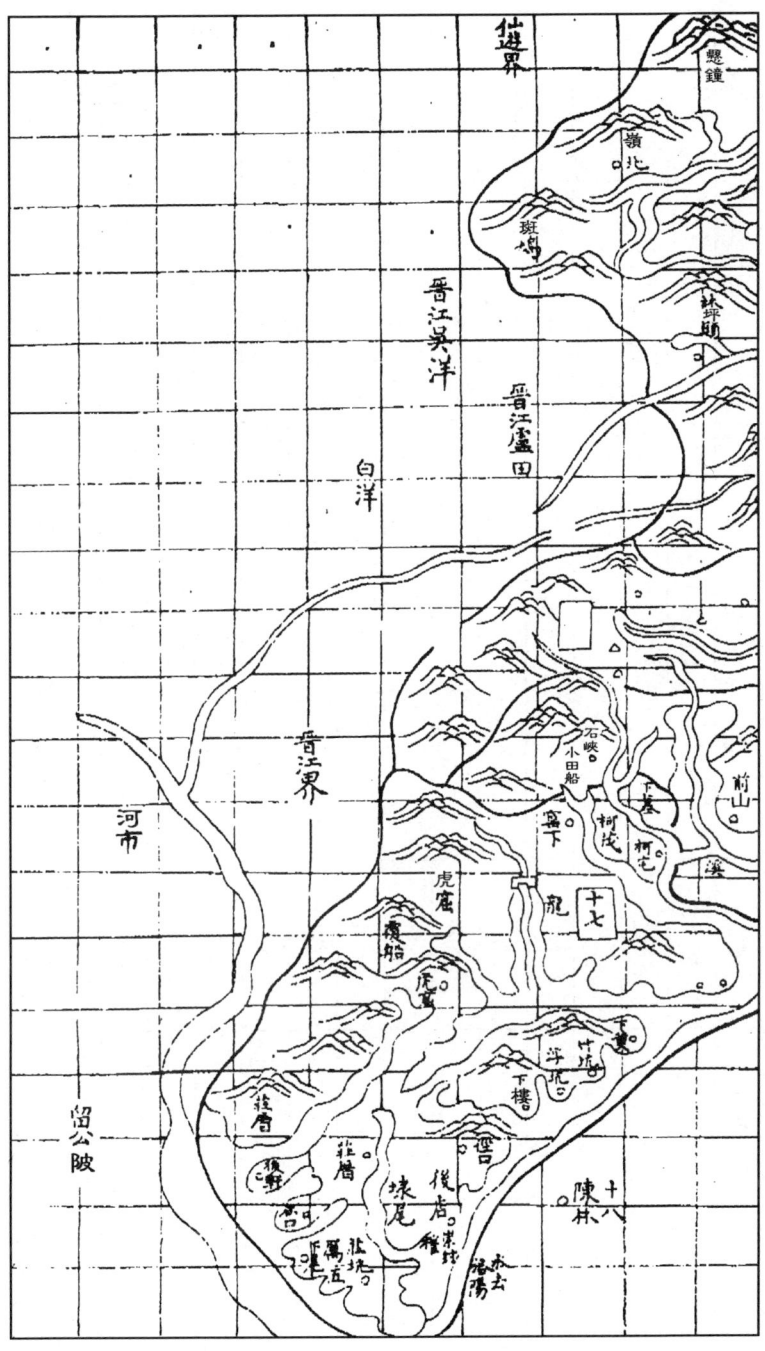

表

鋪二	村六十二	壇四	亭二	學七	寨二	堡四
黃田	尾嶺					
	柯溪					
	後沈					
	洋朴					
	坵後					
	古厝					
	外庫					
	白岩					
	蔡田					
	宮邊					
	嶺兜					
	亭前					
	白灰宮					
	田船					田船
	校尉坑					
	破橫					水磨
	黃清					
	坑邊					黃清

惠安政書六　十四都　十五都　十六都　十七都

（續表一）

鋪二	村六十二	壇四	亭二	學七	寨二	堡四
	黿頭尾					
	赤塗			西溪		
	西溪蔡					
	前山					
	下墓					
	小田船					田船
	山前		申明	大中		
	袁厝					
	山仔					
	蓮坑					
	石佛					
	社後			沙白		
	馬壠莊	舊厲				
	沙白	社稷				
	童厝					
	翁俊					
	馬壠					
	龜湖					

（續表二）

鋪二	村六十二	壇四	亭二	學七	寨二	堡四
	許厝					
	上坑湖					
	林口					
	後垵					
	後吳					
	前吳					
	岩上			岩上		
	溪東					
	石峽					
	竹西壩					
	報劬				陳竹	
	柯宅					
	柯茂					
	崟下		舊申明			
	吳厝					
	上溪					
	下坂					
	下黃					

惠安政書六　十四都　十五都　十六都　十七都

（續表三）

鋪二	村六十二	壇四	亭二	學七	寨二	堡四
谷口	浮坑					
	下樓					
	竹坑					
	谷口	舊厝		橋頭		
	下尾					
	埭尾					
	莊坑	厝				
	後軒					
	莊厝			莊厝		
	虎窟				虎窟	
	後店					
	徑口					
	東坪					
	林坪頭					
	東莊					
	前吳					
	嶺北			嶺北		
	南坑底					

（續表四）

	戶	民	軍	匠	鋪兵
總	一百四十四	一百零四	二十四	三	三
里長	十	九	一		
正管	一百	七十	二十	三	三
帶管	一十八	一十八			
絕	一十六	一十三	三		

	口	男	婦女	大	不	小	絕
總	七百八十四	三百六十六		二百九十八	一百三十七	九十八	二十二
民	六百零五	二百八十八	三百零五	二百二十六	一百零五	七十九	不四大五小三
軍	一百五十三	六十五	七十八	六十二	二十九	十六	成二不六小三
匠	八	四	四	四			
鋪兵	一十八	九	九	六	三	三	三

	田	地	山	林	池塘	總	蕩	埕
官民	一百一十三頃九十三畝二分三釐	一十頃三畝六分四釐	二頃六十三畝二分五釐	一十三畝四釐	七畝五分	一百二十五頃八十畝九分八釐		
官	九頃九十七畝八分三釐	一頃九分四釐	三十二畝八分三釐	五分四釐		一十一頃三十二畝一分四釐		

惠安政書六　十四都　十五都　十六都　十七都

（續表五）

	田	地	山	林	池塘	總	蕩	埕
官租	三頃八十四畝一分二釐	三十四畝七分	一十一畝九分九釐					
職	五十八畝五分五釐							
學	二十二畝三分八釐							
廢寺	二頃四畝三釐	三十一畝七分四釐⑧						
原沒	一頃八十四畝九分九釐							
今沒	一頃四十三畝七分六釐	三頃四畝五分	二十畝八分四釐	五分四釐				
民	一百二頃九十五畝四分	九頃二畝七分	二頃三十畝四分二釐	一十二畝八分	七畝五分	一百一十四頃四十八畝八分二釐		
屯	五十九頃二十畝九分五釐	二頃四十二分五釐				六十一頃六十畝二分		
福右衛前所	九頃八十六畝六分	九十六畝七分				一十頃八十三畝三分		
福右衛後所	一十畝六分五釐	一十九畝三分五釐⑨				三十畝		

(續表六)

	田	地	山	林	池塘	總	蕩	埕
福右衛左所	一十五頃三十四畝六分	二十六畝四分				一十五頃六十一畝		
泉左所	一十二頃三十六畝一分							
崇武	一十七頃五十畝九分	七十六畝五分				一十七頃八十二畝四分		
福全	四頃四十七畝一分	二十六畝三分				四頃七十三畝四分		

以上實地田、土

	田	地	山	林	池塘	總	蕩	埕
官民	四十九頃三十五畝三分三釐	一十五頃七十四畝一釐	一頃一十二畝七分九釐	五畝二分	一十一畝	六十六頃七十八畝五分三釐	半所①	半所①
官	八頃三十三畝七分四釐	一頃五十二畝六分一釐	一十畝六分九釐			九頃九十七畝三釐		
官租	二頃九十三畝五釐七分四釐	八十三畝五釐	一十畝六分九釐					
職	四十畝九分八釐							
學	四十七畝九分五釐							

（續表七）

		田	地	山	林	池塘	總	蕩	埕
	廢寺	七十六畝二分二釐	二十六畝九分四釐						
	原沒	一頃一十五畝九分六釐							
	今設	二頃五十九畝四分八釐	五十二畝二釐						
民		四十一頃四十一畝八分	一十四頃二十一畝四分	一頃二畝一分	五畝二分	一十一畝	五十六頃八十一畝五分	半所	半所

以上在冊田、土

		正耗米	正米	耗米	夏稅鈔	秋租鈔
官民		四百九十三石二斗三合四勺	四百六十六石八斗七升五合八抄	二十六石三斗二升八合三勺二抄	五錠三百一十三文	一貫七百文
官		一百八十七石八斗七升三合五勺	一百八十一石五斗二升八抄	六石三斗五升三合四勺二抄	二貫五百八十五文	二百文
官租		二十二石五升八合	二十一石三斗一升二合	七斗四升六合	一貫六十六文	八十四文
職		二十九石六斗八升九升	二十八石六斗八升六合	一石四合	一百四十三文	

（續表八）

	正耗米	正米	耗米	夏稅鈔	秋租鈔
學	九石二合一勺	八石六斗九升七合六勺九抄	三斗四合四勺二抄	一百四十四文	
廢寺	二十石五斗一升二合三勺	十九石八斗一升八合三勺	六斗九升三合七勺	二百六十一文	一百一十六文
原沒	四十二石六合五勺	四十石五斗八升五合八勺	一石四斗二升七勺	三百四十八文	
今沒	六十四石六斗四合六勺	六十二石四斗五升二勺	二石一斗八升四合六勺	六百二十四文	
民	三百五石三斗二升九合九勺	二百八十五石三斗五升五合	一十九石九斗七升四合九勺	四錠二貫七百二十八文	一貫五百文
浮糧	四斗三升				
新增	九石七斗一升九合三勺				
漁					
洪武					
永樂	一十四石四斗				
嘉靖	二十七石				
萬曆	七石一斗五升				

十 八 都

　　東西相距僅僅四五里，而延袤六倍。右之半，晉之鄰也，蓋邑西南邊之藩焉。

　　山自盤龍而分，入都爲雲封，有奇石如屛。西折陳埭，有蠔殼堡，又爲鸛嶺、佛通，抵洛陽村。自嶼頭、石潯迤南迄於白沙堡，地夷氣舒，居者亦繁。北與十七都盤互，潮接沙溪，附溪之埭，壩之御旱，民資其利，沪洲而下農苦矣。惟海產蟶、蠔，亦擅貿易之饒，時而無事，山海各食其力。

　　設桴鼓聞於海上，沿江恐有失守，或峒丁嘯聚，則鄰北都者震矣。矧洛陽村當孔傅（道），往時夾輘，兵燹輒爲丘墟，以險塞未之扼耳。近城萬安橋中亭，鍵以兩關，猝然可避，亦一時制變之術也。白沙左右墩堡，烽燧攸關，迤山北鄙，其亭障安可弗繕乎？

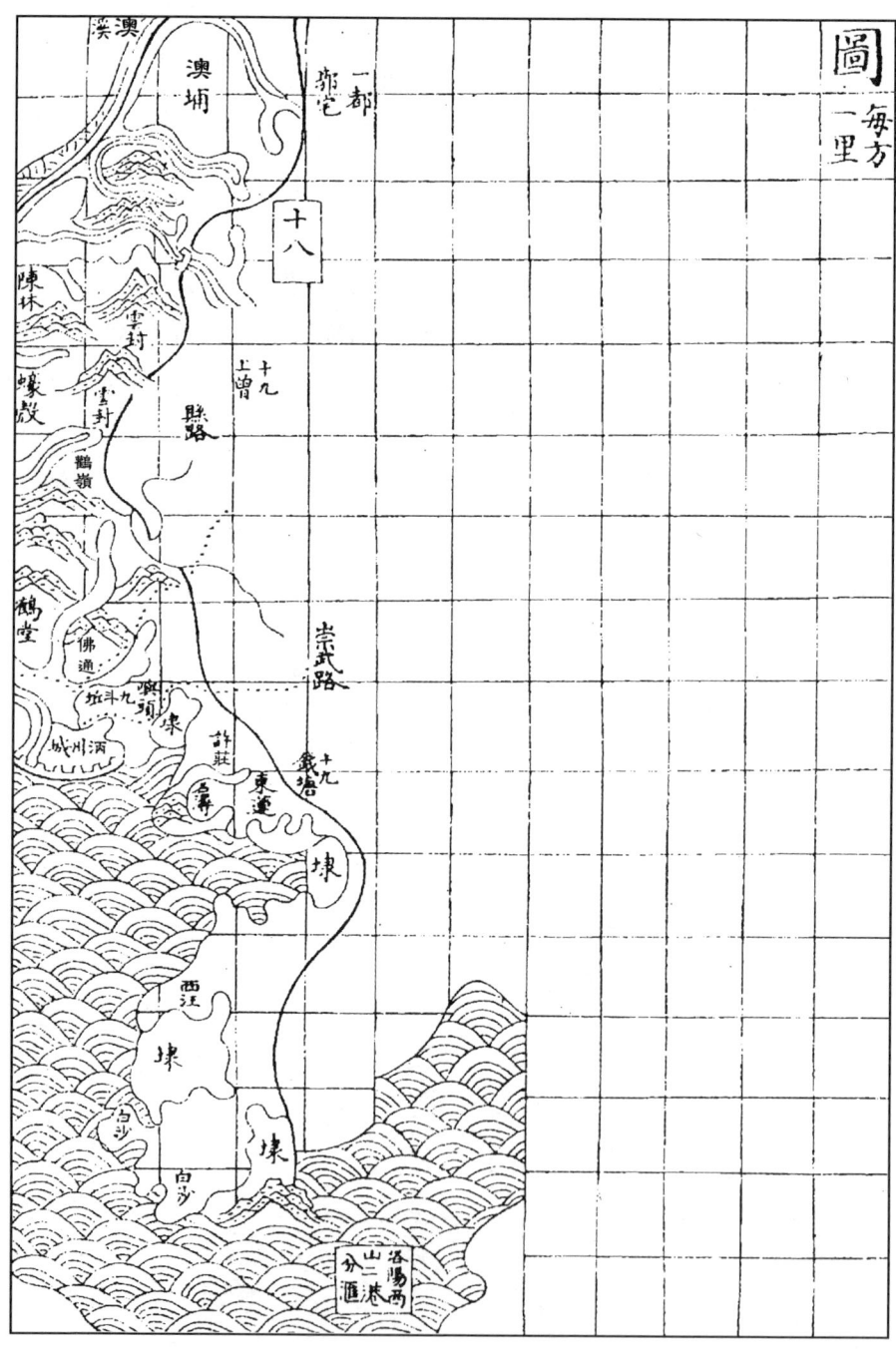

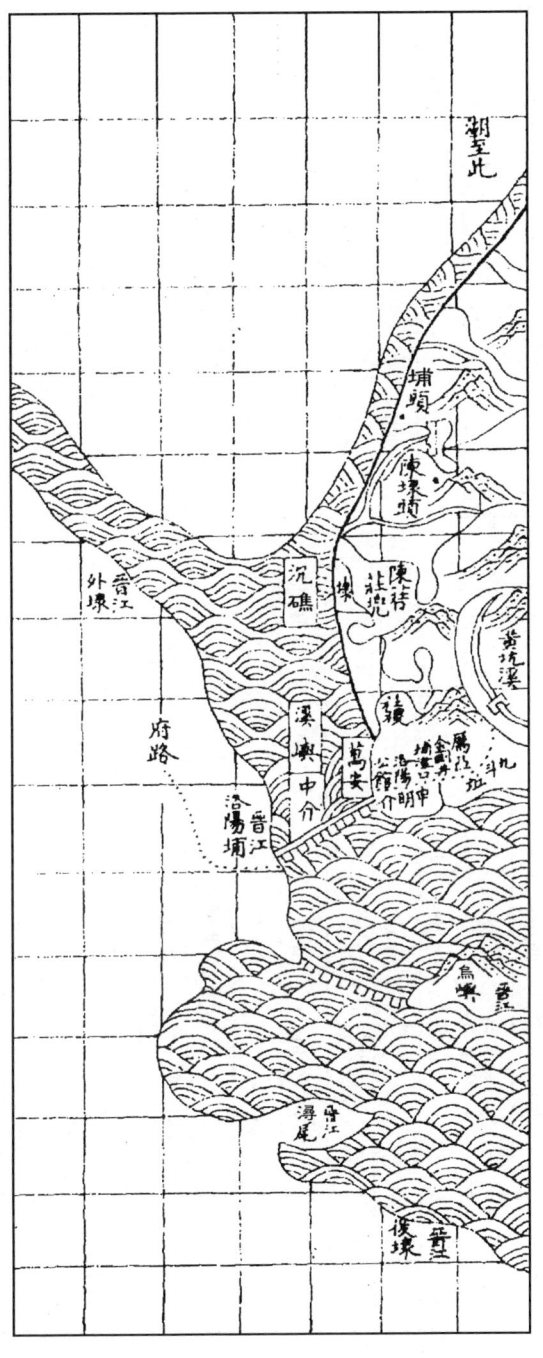

表

鋪四	村十四	壇二	亭一	學九	堡二	墩一
白沙	白沙			長安	尾山	白沙
錦莊 登庸併	增坂			信義		
	西汪			西汪		
	石磚			石磚		
	東蓮			東蓮		
	許莊			錦莊		
	嶼頭			嶼頭		
通津	洛陽	社稷	申明	萬安		
陳莊	莊兜	厲		雙溪		
	陳埭頭				螺殼石	
	埔兜					
	陳林					
	澳埔					
	鶴嶺					

	戶	民	軍	匠	鹽	鋪兵
總	一百三十	六十六	五十三	六	三	二
里長	十	三	五	三	一	二
正管	一百	五十六	三十六	三	三	

（續表一）

	戶		口					軍	匠	鹽	鋪兵
	帶管	絕	男		婦女		絕				
			成丁	不成丁	大	小					
	十四	六						一十			
								一			
總	九百五十四		四百六十七	一百七十	三百四十九	一百二十九	七十	二十九			
民	四百零八		二百	七十四	一百四十八	一百五十三	一百二十三	一百一十九	七十四	一百四十八	一百四十九
軍	三百九十一		一百九十	七十二	一百四十五	一百零三	一百一十九	一百四十一	七十二	一百四十八	五十
匠	一百二十二		六十三	一十九	四十六	五十九	一十三	四十四	一十九	四十六	五十
鹽	一十四		七	三	四	七		四	三	四	一十三
鋪兵	一十四		六	三	六	八		四	三	六	二

	田	地	山	林	池塘	總	蕩	渡	埕	水門
官民	三十四頃八十二畝七分一釐	三十六頃二十八畝七分	四十五畝五分	一頃五十五分	三十畝六分	七十二頃三畝五分一釐	半所	半所	三所半	
官	四頃九十九畝三分一釐	一頃二十畝五分	五畝六分			六頃二十五畝四分一釐			二所	
官租	四十四畝一分一釐	一十七畝三分七釐	五畝六分						一所	
職	一十三畝									

（續表二）

	田	地	山	林	池塘	總	蕩	渡	埕	水門
廢寺	六十一畝	二十九畝二分六釐								
原沒	一十五畝一釐									
今沒	三頃六十六畝一分九釐	七十三畝九分三釐								
民	二頃九十八畝三畝四分	二十五頃三十八畝二分	三十九畝九分		三十六畝六分	六十五頃七十八畝一分	半所	半所	一所半	
屯	三頃七十九畝五分	三頃一十畝五分				六頃九十畝				
福右衛前所	一頃八十六畝六分	一頃四十三畝四分				三頃三十畝				
崇武	一頃九十二畝九釐	一頃六十七畝一分				三頃六十畝				
				以上實地田、土						
官民	三十三頃二十六畝八釐	三十三頃二十二畝九分三釐	四十二畝九分六釐	四分		六十七頃三十九畝二分七釐	一所	半所	三所半	五間
官	三頃三十七畝六分八釐	一頃十畝五分三釐	五畝九分六釐			四頃五十四畝一分七釐			三所	

（續表三）

	田	地	山	林	池塘	總	蕩	渡	埕	水門
官租	三十畝九分三釐	三十一畝九分	五畝九分六釐						一所	
職	二十四畝八分二釐									
廢寺	四十二畝二分五釐	一十九畝一分六釐								
原没	三十九畝八分									
今没	二頃一十九畝八分	五十九畝四分七釐								
民	二十九頃八十八畝四分	三十二頃一十二畝四分	三十七畝	四分	四十六畝九分	六十二頃八十五畝一分	一所	半所	一所半	五間

以上在册田、土

	正耗米	正米	耗米	夏稅鈔	秋租鈔
官民	四百三十四石七斗三升三合四勺	四百九石三斗四升三合二勺	二十六石二斗八升九合三勺	六錠八百八十文二分	二錠四百貫六百五十五文
官	九十六石四斗三升五合九勺	九十三石二斗一升四合七勺二抄八分	三石二斗六升一合一勺二抄	一錠八百二十八文	一錠一百五十五文

（續表四）

	正耗米	正米	耗米	夏稅鈔	秋租鈔
官租	四石六斗六升一合	四石五斗三合三勺八抄	一斗五升七合六勺二抄	一百七十文	一錠二十五文
職	一十七石三斗七升九合一勺	一十石三斗三升六合四勺	三斗六升三合一勺	四十四文	
廢寺	一十一石三斗六升九合九勺	一十石九斗八升五合四勺	三斗八升四合五勺	一百六十五文	一百三十文
原沒	一十石八斗二升二升四勺	一十石四斗五升八合	三斗六升六合	九十文	
今沒	五十八石八斗四升六合二勺五勺	五十六石八斗八升五合	一石九斗八升九合九勺	一錠三百五十九文	四貫五百文
民	三百三十八石二斗九升六合五勺	三百一十六石二斗六升五合	二十一石三升一合五勺	五錠一百五十四文	
浮糧					
新增	四石五斗四升一合六勺				
漁					
洪武	一百一十一石六斗				
永樂	九十三石三斗				
嘉靖	四十七石四斗五升				
萬曆					

十 九 都

　　北枕山陬,南襟海澨,畫疆與右都瓜分,形勢廣延,亦復相類。龍盤右下至馬山埭,騰踔六七里,下曾村始夷衍,居者有甲第焉。

　　水自玉店北出,及湖壩西往者微矣。其流有二,合流下曾,經充口、馬山埭入海,而都之美鍾焉。

　　邇者雖併有二十都,彼之東隅農不足墾其田,此之南裔田不足給其衆,亦略相當,而地則廣矣。至若習俗醇漓,本業贏詘,山海各擅其利,大與十八都似。

二 十 都

　　自盤龍東南折尖山、獅山,繞松洋轉於城山,蓋縣几案之右輔也,故秀拔異它山。而坫於其隅,下爲坑柄之區,乃蔚有達人,若康用復⑫者,且有隱君子之風焉,它亦耕鑿安生理。

　　水自尖山入馬山埭,其灌浸不廣。本松洋北流者,雖濚帶十里,湍而善洩,資乎輪激亦艱矣。北而彌望,不任芟柞,土曠人稀,鄰一都而勢同之。

惠安政書

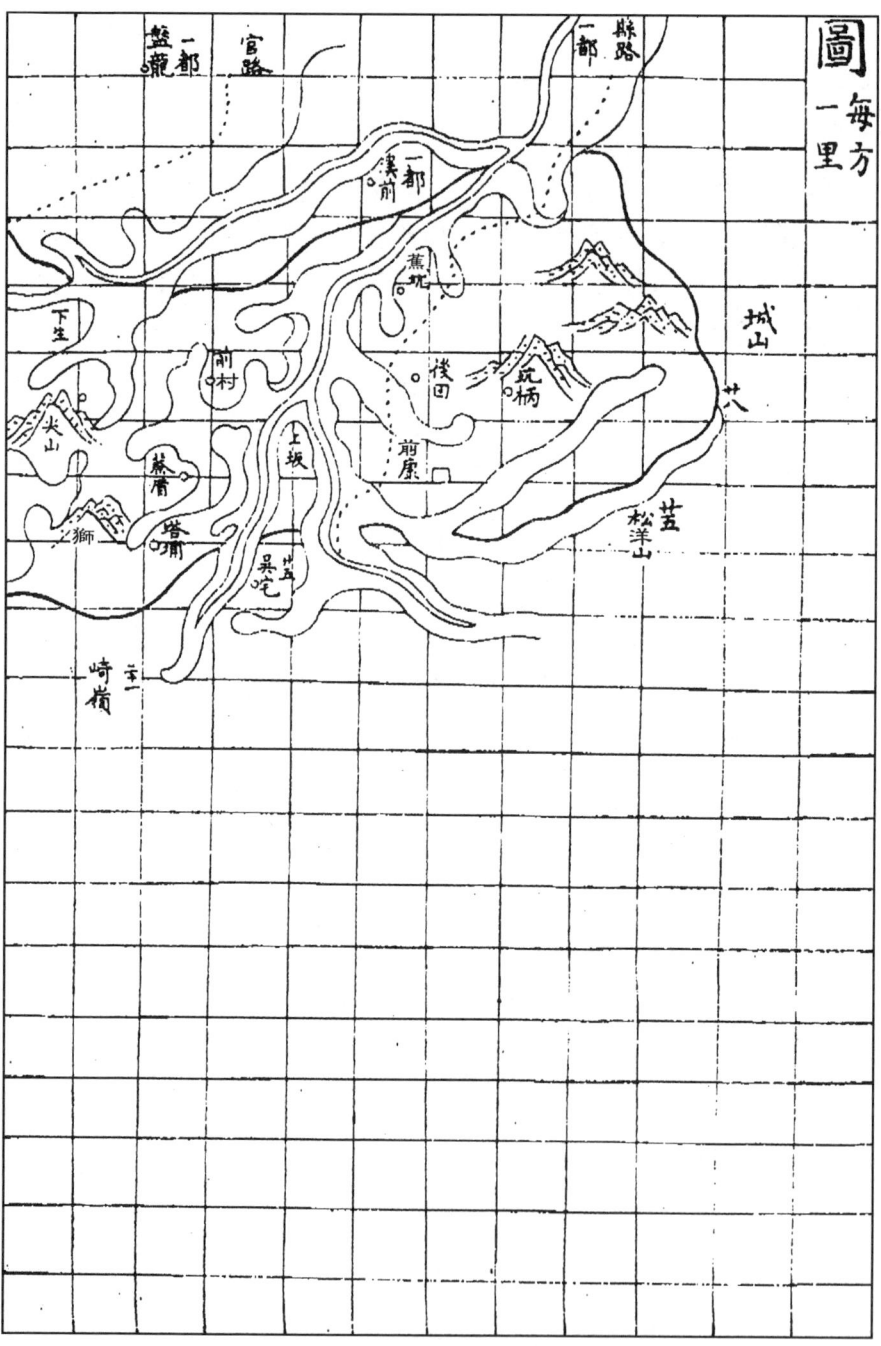

惠安政書六 十九都 二十都

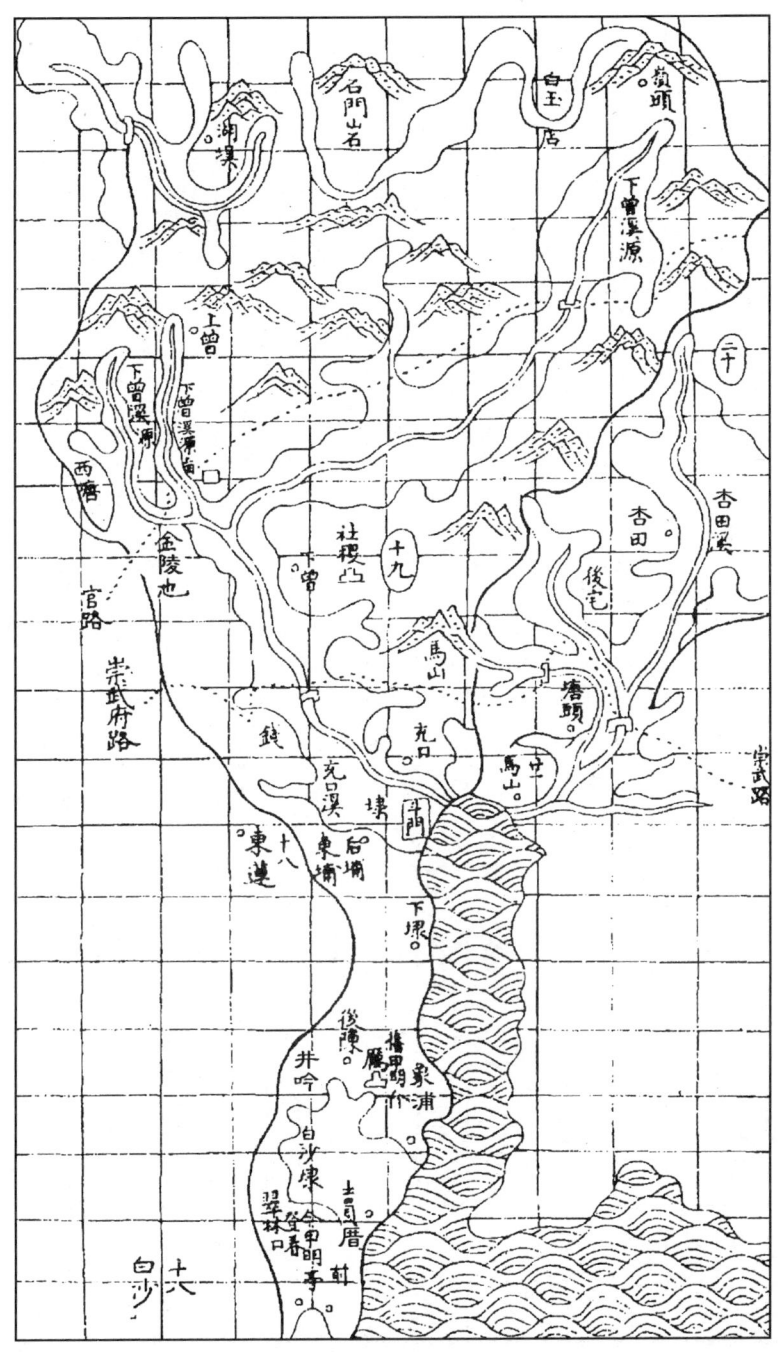

表

鋪四	村三十九	壇二	亭二	學十二
翠林	登春			登春
	前塘			
	吉貝厝		申明	
	象浦		舊申明	象浦
	井吟	厲		井吟
東埔	後陳			後陳
	後埔			新豐
	下埭			新安
	錢塘			
	充口	社稷		充口
上田急	下曾			鎮安
	上田			
	西塘			
	湖埧			
	上曾			康寧
前康	前康			名溪
	塘頭			

（續表一）

鋪四	村三十九	壇二	亭二	學十二
	後宅			後圃
	杏田			
	嶺頭			
	白玉店			
	下生			
	塔埔			
	蔡昔			崇濟
	前村			
	上坂			
	坑柄			
	後田			
	蕉坑			

	戶	民	軍	匠	軍鹽	鹽
總	一百三十一	八十九	三十一	三	三	五
里長	十	三	六	一	一	
正管	一百	七十七	二十七	二	二	三

（續表二）

	戶				口					
		民	軍	匠	絕		成	不成	男	女	大	小
帶管	六					一十五						
絕	一十五					三			一	二		
總	八百九十三					四百二十九	四百六十四		四百四十七		三百三十五	一百六十五
民	四百八十					二百三十三		一百六十二		一百七十九	一百四十一	
軍	三百二十四					一百五十四		一百零一	一十八	五十三	一百二十六	六十五
匠	五十九					二十九			一十一	五	八	三十七	二十三	七
軍鹽	九					五			三		二		
鹽	二十一					八			四		四		

	田	地	山	池塘	蕩	埕	地	渡
官民	五十八頃七十七畝二釐六分六毫	二十七頃二十八畝七釐六分九毫	六十二畝三分	三頃四十八畝六分		三所	半所	一所
官	三頃七十三畝二釐六毫	五十七畝五分七釐	五分					
總	九十頃六十七畝九分九釐八毫	三頃三十一畝七分九釐六毫						

（續表三）

	田	地	山	池塘	總	蕩	埕	地	渡
官租	六十九畝五釐	三十九畝九分四釐	五分						
職	二十五畝八分九釐六毫								
學	八分								
廢寺	二十五畝七分五釐	八分							
原沒	七畝二分九釐								
今沒	一頃四十四畝九分四釐	十六畝八分三釐⑬							
民	五十五頃九十六畝五分	二十七頃三十畝一分	六十一畝八分	三頃四十八畝六分	八十七頃三十七畝		三所	半所	一所
屯	八頃七十六畝九分八	五頃四十四畝七分二釐			二十四畝七分				
福右衛前所	一頃二十畝九分九釐	一頃一十九畝一釐			三頃四十畝				

（續表四）

	田	地	山	池塘	總	蕩	埕	地	渡
梧右衛後所	五十九畝九分五釐	三頃二十畝二分五釐			三頃八十畝二分				
泉左所	七十八畝九分								
崇武	一頃六十四畝四分五釐	一頃五畝四分六釐			三頃七十畝				
福全	五十二畝六分								
以上實地田、土									
官民	五十四頃四畝一釐一釐	二十二頃二十六畝五分七釐	七十三畝三分	二頃八十六畝二分	七十九頃九十畝一釐八毫				
官	四頃六十畝七分一釐七毫	七十三畝七分七釐	三畝一分		五頃四十三畝五分八毫			三所	半所
官租	八十八畝二分七釐四毫	四十一畝七分七釐	三畝						
職	二十畝五分								

（續表五）

	田	地	山	池塘	總	蕩	埕	地	渡
學	二畝五分二釐								
廢寺	六十九畝二分	五畝六分							
原設	三十三畝五分一釐								
今沒	二頃五畝七分一釐	二十五畝四分	一分						
民	四十九頃三十七畝四分	二十一頃五畝三畝八分	七十畝二分	二頃八十六畝二分	七十四頃四十七畝六分		二所	半所	

以上在冊田土

	正耗米	正米	耗米	夏稅鈔	秋租鈔
官民	五百一十石七斗四升九合六勺	四百八十石七斗四升八合一勺六抄	三十石一合四勺六抄	六錠一貫一百二十九文	三貫一百一十九文
官	一百二十一石一斗三升六合	一百一十七石二斗六升八合一勺六抄	三石八斗五升七合八勺四抄	一貫三百三十四文	六十九文
官租	七石四斗六升七合八勺	七石二斗一升五合二勺六抄	二斗五升二合五勺四抄	三百九十二文	三十二文

（續表六）

	正耗米	正米	耗米	夏稅鈔	秋租鈔
職	一十四石八斗五升一合七勺	一十四石三斗四升九合五勺	五斗二合二勺	六十一文	
學	四斗七升三合一勺	四斗五升七合一勺	一升六合	七文	
廢寺	一十八石六斗二升二合六勺	一十七石八斗二升九合八勺⑮	七斗二升九合八勺⑯	二百一十六文⑯	三十七文⑰
原没	一十二石一斗三升九合	一十一石七斗二升八合五勺	四斗一升五勺	一百文	
今没	五十七石五斗七升二合八勺	五十五石五斗六升三合	一石九斗四升三合六勺	五百五十六文	
民	三百九十九石六斗二升三合六勺	三百七十三石四斗八升	二十六石一斗四升三合六勺	五錠四貫七百九十五文	三貫七百五十文
浮糧	七石六斗六升五合				
新增					
漁 洪武					
永樂	二十五石五斗				
嘉靖	十八石一斗				
萬曆	一十一石九斗				

二 十 一 都

　　大崎嶺,盤龍之別麓也。自北而南,參差西向,抵於海隅,皆由長廂而往。

　　潮入白沙、白崎之間,北折而繞鳳山,摯於馬山,幾十餘里。埭田多鹵,是都大半。其登於志者鴨山、戴村,然皆不達溪源,惟有馬山受尖山、杏田之微流耳。以故半月不霖則上壅,而溝會益淺;十日之雨則下潦,而堤防弗堅。背山多旱,接潮多風,氣候不齊,人事亦異。惟有男墾黍麥,女任麻苧,稍通商販之舟、漁鹽之利而已。若捍海而守,則藉白沙、白崎者重。然鳳山翔舞,下接滄波,左右顧之,亦壯而足恃矣。

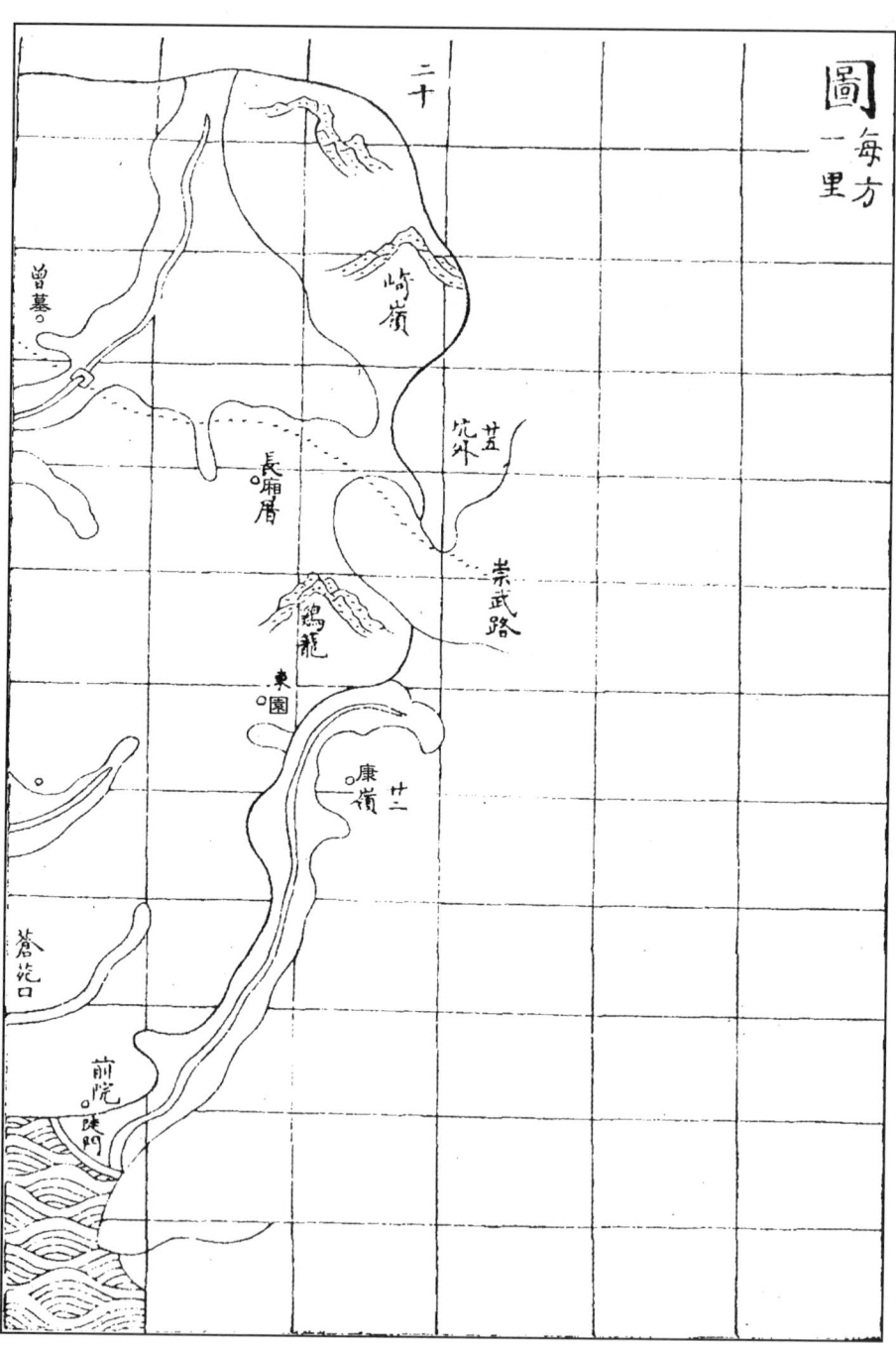

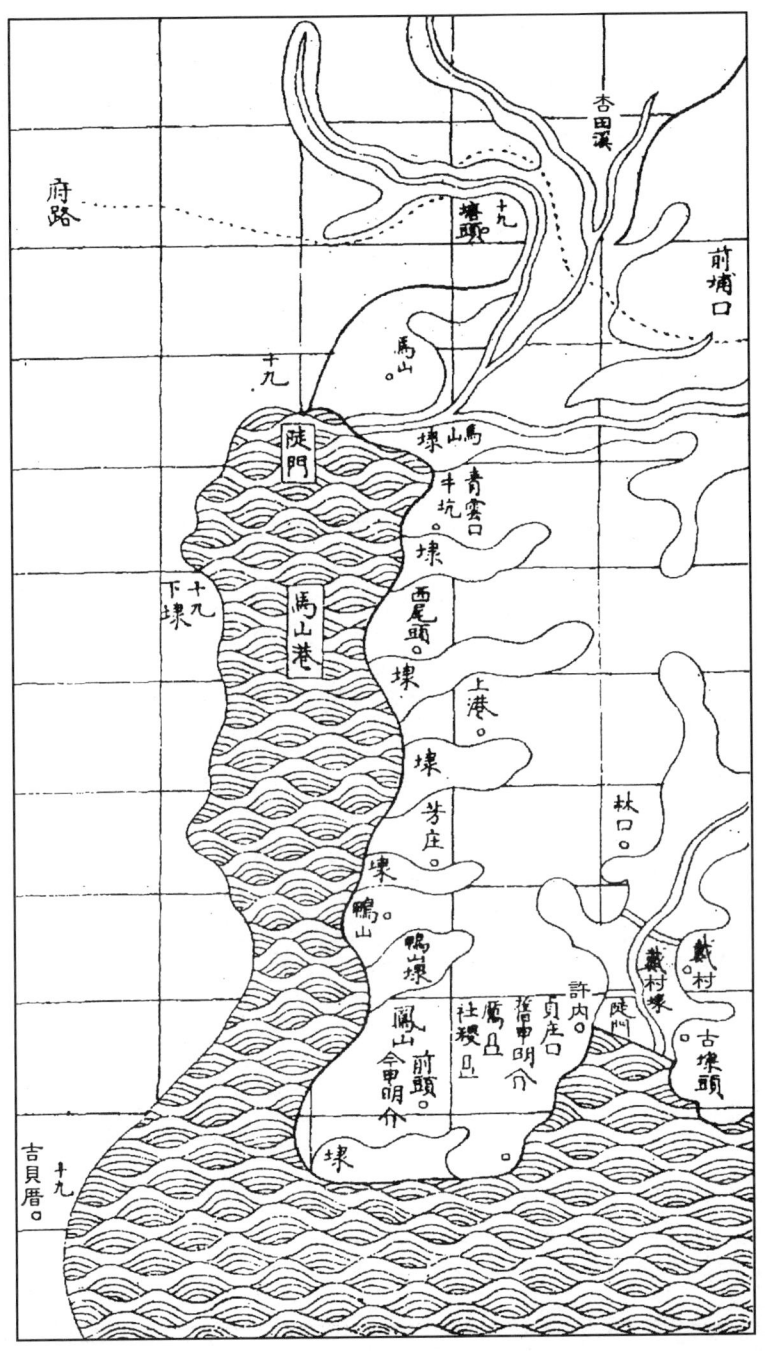

表

鋪四	村十七	壇二	亭二	學八
蒼苑	戴村			戴村
	林口			林口
	長坂			
	長廂厝			
	東園			東園
	前院			
	古埭頭			
青雲	牛坑			牛坑
	馬山			馬山
	曾塞			
前埔急	上港	社稷 厲	舊申明	
	西尾頭			
員莊	許內			許內
	洋內			
	前頭		申明	
	鴨山			鴨山
	芳莊			芳莊

（續表一）

	戶	民	軍	匠	軍鹽	鹽
總	一百四十	六十九	四十四	一十	一十二	五
里長	十	一	六	三	一	四
正管	一百	六十四	一十七	六	九	
帶管	四					
絕	二十六	三	二十一	一	三	一

	口	男	婦女	大	小	絕
總	七百七十二	三百八十	三百六十三	三百六十八	九十五	二十九
民	三百二十二	一百四十二	一百三十七	一百零六	三十三	小一
軍	三百二十六	一百五十六	一百四十六	二百零六	四十	成二不六大十六
匠	八十三	四十三	三十九	三十	九	大一
軍鹽	六十五	三十一	三十二	三十二	一十	不一小一
鹽	一十九	九	九	八	一	不一

	田	地	山	池塘	蕩	地
官民	四十八頃一十五畝一分五釐	四十二頃一十五畝	一十三畝九分	二畝五分	一所半	半所
官	九頃八十七畝三分五釐	五十五畝			一十頃四十二畝三分五釐	九十頃四十六畝五分五釐

（續表二）

	田	地	山	池塘	總	蕩	地
官租	二十八畝九分七釐	一畝三分					
職	一十三畝一分五釐						
廢寺	六釐						
原沒	七十八畝六分						
今沒	八頃六十六畝五分五釐	五十三畝七分					
民	三十頃二十六畝八分	四十一頃六畝八分	一十三畝九分	二畝五分	八十頃四畝二分	一所半	半所
屯	一頃九十四畝七分八釐	三頃一十五畝二畝八釐			五頃九畝八分		
福衛後所	一頃七十九畝一分二釐	二頃七十九畝一分二釐			四頃四十九畝八分		
崇武	二十四畝一分	三十五畝九分			六十畝		
	以上實地田，土						
官民	三十三頃五十六畝六分六釐	三十五頃四十畝八分五釐	一十八畝五分三釐	七畝四分	六十九頃二十七畝四分四釐	半所	半所

惠安政書六　二十一都

（續表三）

	田	地	山	池塘	總	蕩	地
官	八頃三十畝七釐六分	五十七畝五釐	二分三釐		八頃八十八畝四釐		
官租	五十八畝九分	一十四畝七分	二分三釐				
曠	一十三畝二分二釐						
廢寺	一畝三分六釐						
原沒	六十八畝三分九釐						
今沒	六頃八十八畝九分八釐	四十二畝三分五釐					
民	二十五頃八十畝八分九分	三十畝八十八畝八分	一十八畝三分	七畝四分	六十頃三十九畝四分	半所	半所

以上在册田、土

	正耗米	正米	耗米	夏稅鈔	秋租鈔
官民	五百一十三石六斗八升四勻六勻	四百八十六石九升一合一勻八抄	二十七石五斗八升九合二抄	五錠一貫七十六文	一貫五百一十四文
官	一百九十三石一斗二升一合五勻一勻	一百八十三石九斗二升一合一勻	六石四斗三升七合三勻三抄	一貫九百一十六文	一十四文

（續表四）

	正耗米	正　米	耗　米	夏稅鈔	秋租鈔
官租	四石二斗七升三合六勺	四石一斗二升九合八抄	一斗四升四合五勺二抄	二百六十文	一十四文
瞰	九石五斗七升七合九勺	九石二斗五升四合	三斗二升三合九勺	三十九文	
廢寺	三斗六升六合	三斗五升三合九勺	一升二合四勺	四文	
原沒	二十四石七升四合四勺	二十三石九斗三升六合五勺	八斗三升七合八勺	二百五文	
今沒	一百五十一石三斗六升六合七勺	一百四十六石二斗四升八合七勺	五石一斗一升八合七勺	一貫四百六十二文	
民	三石二十三石三斗二升一合九勺	三百二石一斗七升	二十一石一斗五升二合九勺	四錠四貫一百六十文	一貫五百文
浮糧	三石七斗四合三勺				
新增					
漁					
洪武	一十一石八斗				
永樂	一十八石				
嘉靖					
萬曆	三石三斗五升				

二十二都

　　自大崎、長廂抵下方之兩都,茲其所縮轂也。左右帶潮,尾椒、芹石諸澳最爲賊衝,猝然搗之,下方之路絕矣。

　　邑有漁鹽之司,茲都輞川是也。輞川之河泊所有堡,矧茲轉運之轂,畜賈之區乎,宜亟圖之。與前都犄角,獺窟巡司爲之援,庶各不阽於危亡。都內之鎮,梁山是望。東清水岩奇勝,其埒不涸用溉,前之民居棊夥。倚以石杠,南山對之,沙墩左旋,雞冠右擁,故地力阜,而鹺場所由置,附海團五。

　　都以廣運倉轄其二,自辦鹽之變折,民固便之。然商賈罕至,率賤售而利微鮮矣。占籍可復其徭,豪猾射以爲奸,余始釐而編之,稍與它籍均筭賦焉。嗟夫！潮一也,塍邊朔望至下洋、山前、潯頭、後蔡,朝夕至,鹵而殺稼,田者苦之,鹽者利之,便於所戴則同,君子平其政,有如此水矣！

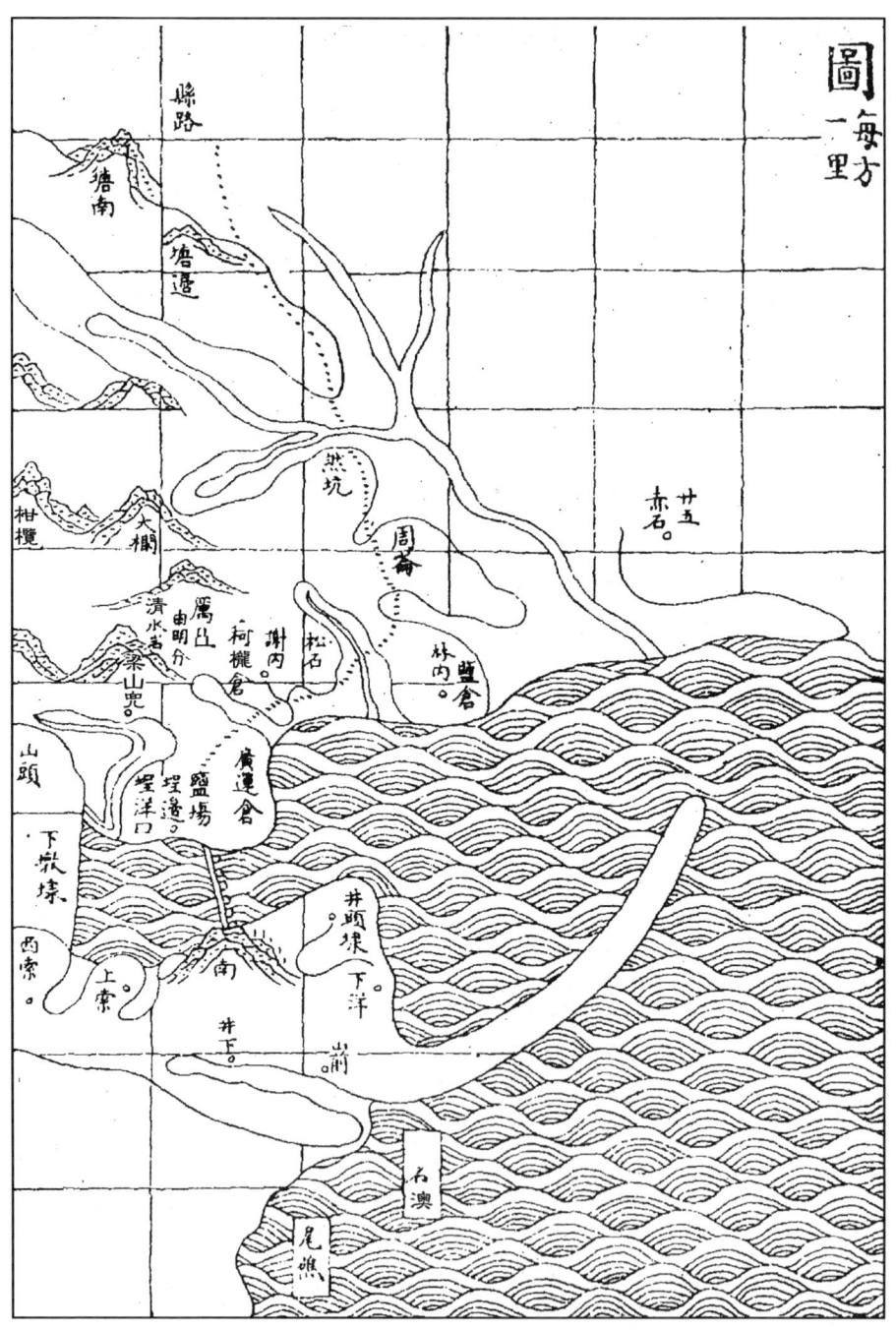

惠安政書六 二十二都

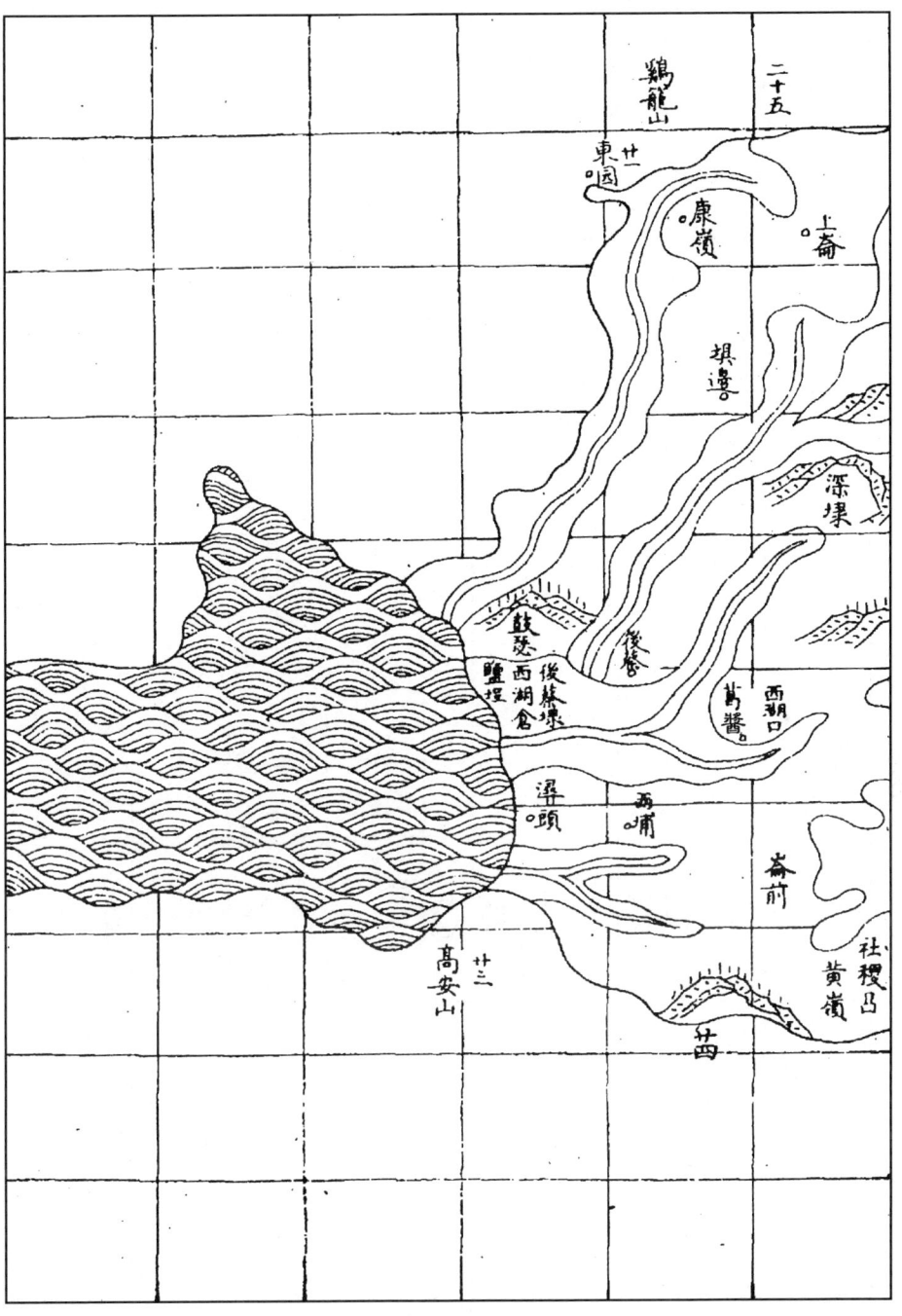

铺三	村二十四	坛二	亭一	学十八	第一
西湖	葛酱			葛酱	
	西埔				
	浔头			浔头	
	后蔡			后蔡	
	坝边			坝边	深垵
	上當			上當	
	康岭			康岭	
	埕边			埕边	
埕洋	梁山兜	厲	申明	山兜	
	山头			山头	
	黄岭			黄岭	
	崙前			崙前	
	西素	社稷		上素	
	上素			井下	
	井下			山前	
	山前			下洋	
	下洋				
惠安场					

惠安政書六　二十二都

（續表一）

鋪三	村二十四	壇一	亭一	學十八	寨三
	井頭			井頭	
	謝內			謝內	
松石	林內			林內	
	周崙				
	然坑				
	塘邊				
	塘南				

	戶	民	軍	匠	壇	軍	鹽
總	一百二十四	三十三	六	二		六十五	一十八
里長	十						
正管	一百	三十三	六	一		四十	一十八
絕	一十四					一十四	

	口	男	成	不成	婦女	大	小	絕
總	一千三百一十	六百九十七	四百二十一	二百七十五	六百零三	四百五十六	一百四十七	一十
民	一百一十三	五十八	二十一	二十	一十七	五十四	四十二	
軍	一十一	六	一	四	五	五		

（續表二）

	口	男	成	不	婦女	大	小	絶
匠	二十九	一十五	一十	五	一十四	一十一	三	
軍鹽	一千七十八	五百七十五	三百五十六	二百一十	四百九十三	三百七十二	一百二十一	不一十
鹽	八十八	四十三	二十二	二十一	三十七	二十六	一十一	

		田	地	山	塘	池	蕩	總
官民		六十一頃五十九畝六分	二十七頃三十三畝七釐	一十二畝六分	七畝四分		四所	八十九頃十二畝一分四釐
官	官租	一頃九畝八分七釐	一十六畝三分七釐					一頃二十六畝一分四釐
	職	四十畝二分六釐	二畝四分					
	學	一十畝三分九釐						
	廢寺	一十畝七分	一畝一分					
	原没	九畝五分四釐	二十畝六分六釐					
	今没	二十八畝三分二釐	一十二畝八分七釐					

（續表三）

	田	地	山	池塘	總	蕩
民	六十頃四十九畝二分	二十七頃一十六畝七分	一十二畝六分	七畝四分	八十七頃八十五畝九分	一所
鹽	三千四百四十七盤					
柯櫃	四百八十盤					
埕邊	一千三百四十八盤					
西湖	一千六百一十九盤					

以上實地田、土

	田	地	山	池塘	總	蕩
官民	八十六頃一十畝四釐四毫五毫	三十三頃五十畝九分五釐	四十六畝三分	二十畝六分	一百二十頃三十三畝八分九釐五毫	一所
官	三頃九畝四分四釐五毫	五十三畝五分五釐	二畝八分		三頃六十五畝七分九釐五毫	一所
官租	五十六畝六分八釐	一十五畝七分	一畝二分			
職	一十三畝六釐					
學	七畝五分五釐					

六所

（續表四）

	田	地	山	池塘	總	蕩
廢寺	四十二畝三分	七畝九分				
原沒	三十六畝五分					
今沒	一頃五十三畝三分五釐五毫	二十九畝九分	一畝六分			
民	八十三頃六分	三十三頃二畝四分	四十三畝五分	二十畝六分	一百一十六頃六十七畝一分	六所

以上在卅田土

	正耗米	正米	耗米	夏稅鈔	秋租鈔
官民	七百四十石五斗三升八合八勺	六百六十石九斗四升六合四勺一抄	四十二石五斗九升二合三勺九抄	九錠二貫五百七十二文	二錠四貫一十五文
官	七十九石六斗三升九合四勺	七十六石三斗三升九升一合四勺一抄	三石六斗七升二合四勺九抄	八百九十二文	一錠一十五文
官租	五石三斗五升八合六合	五石三斗三升九升七合一勺	一斗八升八合九勺	二百九文	一錠一十五文
職	九石四斗六升二合	九石一斗四升二合三抄	三斗一升九勺九抄	三十九文	三十九文

惠安政書六 二十二都

(續表五)

	正耗米	正米	耗米	夏稅鈔	秋租鈔
學	一石四斗一升七合五勺	一石三斗六升九合五勺	四升七合九勺	二十三文	
廣寺	一十一石三斗八升三合五勺	一十石九斗九升八合六勺	三斗八升四合九勺	二百四十三文	
原沒	一十三石二斗三升三合	一十二石八斗七合三升五合	四斗四升七合	一百一十文	
今沒	三十七石九斗九升三合九勺	三十六石七斗七升八合八抄	一石二斗九合九勺二抄	三百六十九文	
民	六百二十五石四斗七升三合九勺	五百八十四石五斗五升三合	四十石九斗九升八合九勺	九錠一貫六百八十文	一錠四貫
浮糧	四石二斗九合七勺				
新增					
漁					
洪武					
永樂	一十六石二斗				
嘉靖	一十二石六斗				
萬曆	一十六石九斗五升				

【校記】

① "傅埭"：一九八七年版本作"傅埭"。

② "古"：一九八七年版本作"占"。

③④⑤ "一"：底本原無此數字，據一九八七年版本補上。

⑥ "逋"：一九八七年版本作"道"。

⑦ "白"：一九八七年版本作"自"。

⑧ "三十一畝七分四釐"：底本原無此數字，據一九八七年版本補上。

⑨ "一十九畝三分五釐"：一九八七年版本無此數字。

⑩⑪ "半所"：底本原無此數字，據一九八七年版本補上。

⑫ "康用復"：康朔，字用復，康朗之弟。

⑬ "十六畝八分三釐"：底本原無此數字，據一九八七年版本補上。

⑭ "一十七石八斗九升二合八勺"：底本原作"一十一石七斗二升八合五勺"，據一九八七年版本改。

⑮ "七斗二升九合八勺"：底本原作"四斗一升五勺"，據一九八七年版本改。

⑯ "二百一十六文"：底本原作"一百文"，據一九八七年版本改。

⑰ "三十七文"：底本原無此數字，據一九八七年版本補上。

惠安政書七

二 十 三 都

縣之爲都，陿陋莫過於此矣。東自梁山折入高坑，循梁墓抵白崎，越大山乃僧巖，爲碣石、雲頭諸區，要皆西傾，以臨晉江。

潯頭港厕其北，臭塗澳浥其南，故食海者什之六七。

諸堘雖亢，善糞其田，桔槔不輟，歲亦稍入，是以民賦土毛，庶幾頡頏諸都矣。然環白崎最繁，三氏聚廬鼎立，其俗尚氣，睚眦取勝，傾家不悔，蓋其敝（弊）也。邇來弦誦稍興，秀者亦有足賴焉。

惠安政書

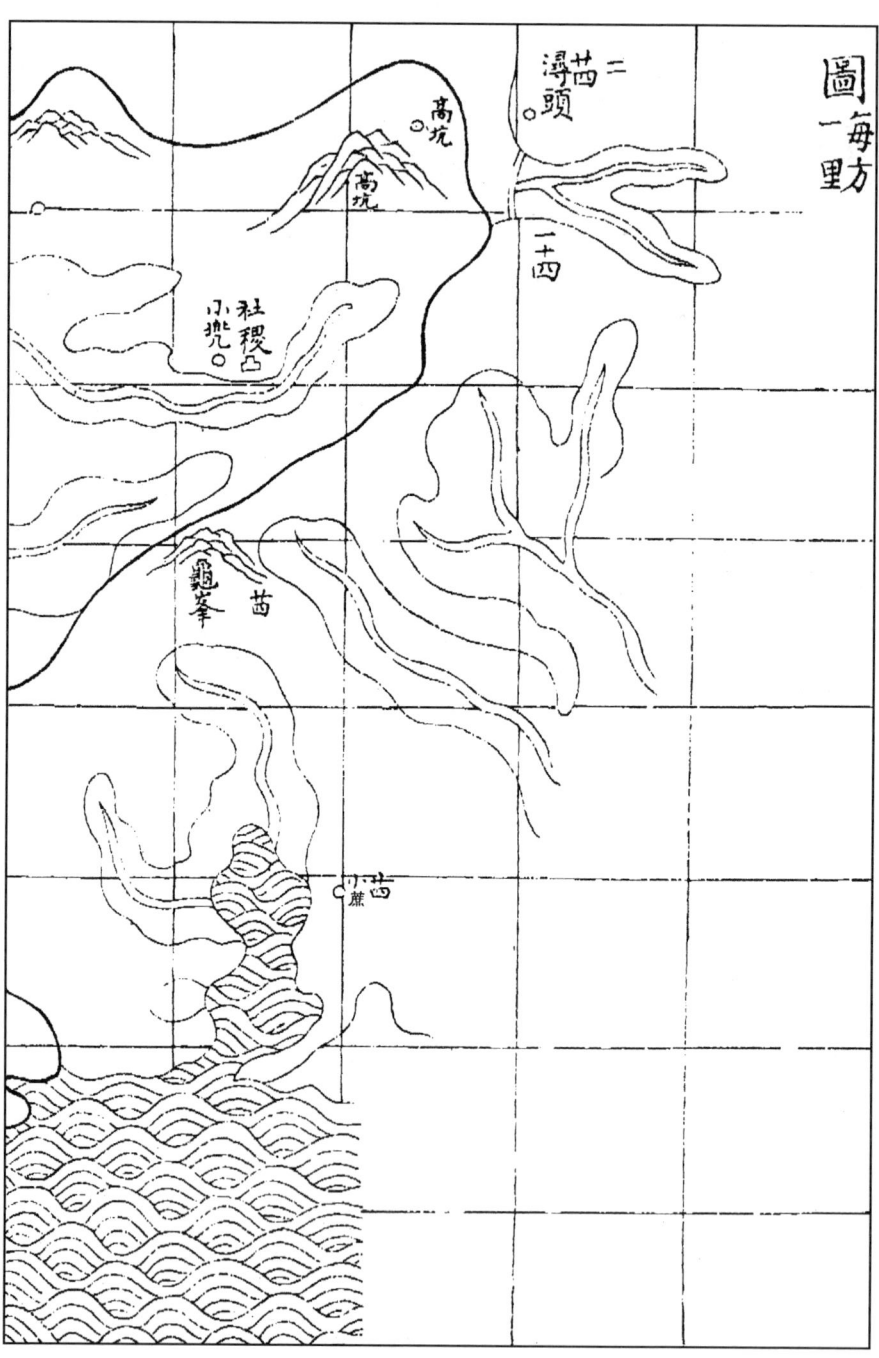

惠安政書七 二十三都

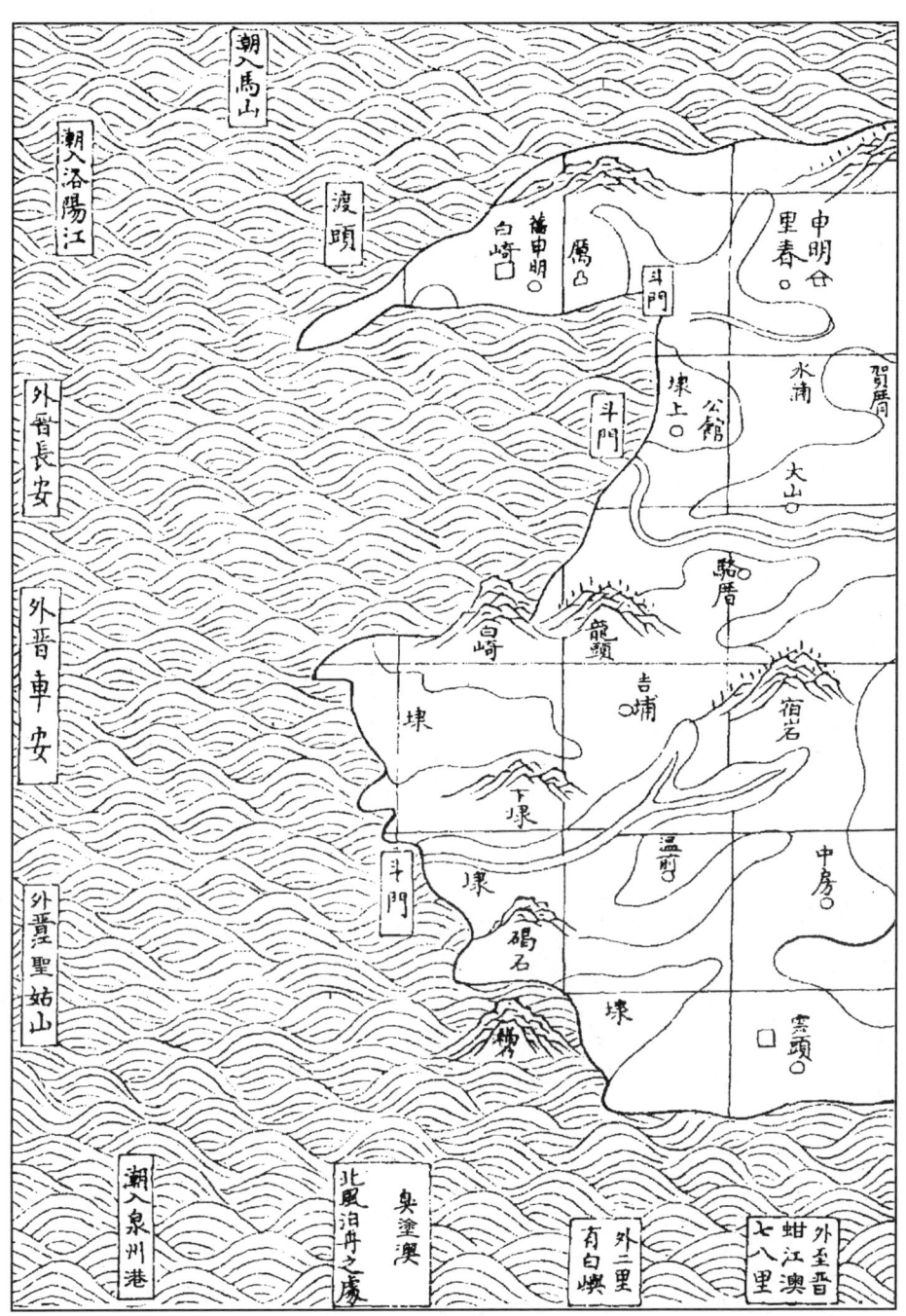

表

鋪二	村十四	壇二	亭二	學四	墩一
白崎	白崎	厲	舊申明	白崎	白崎
	里春		申明		
	梁墓				
	高坑				
	山兜	社稷			
	賀厝				
	埭上				
	大山				
	駱厝			吉埔	
	吉埔			下埭	
	下埭				
	溫前				
	雲頭			雲頭	
	中房				

戶	民	軍	匠	軍	鹽
一百四十七	五十三	三十八	四	二十	三十三
		一		二	七

總里長 十

（續表一）

	戶	民	軍	匠	軍鹽	鹽
正管	一百	四十七	一十四	四	一十四	二十一
帶管	一十八	六	六		二	四
絕	一十九		一十七		一	

	口	男	不成	婦女	大	小	絕
總	一千二百四十八	六百三十	二百五十六	五百九十八	四百四十三	一百五十五	二十
民	二百七十二	一百四十五	六十三	一百二十七	九十三	三十四	
軍	三百六十	一百七十	六十一	一百七十三	一百二十三	五十	
匠	五十五	二十七	一十一	二十八	一十六	一十一	
軍鹽	二百三十二	一百零九	四十九	一百二十三	九十一	四十	
鹽	三百二十九	一百八十一	七十二	一百四十八	一百零六	四十二	

	田	地	山	池塘	總	埕地	渡	蕩
官民	二十六頃七十畝七釐	一十九頃二十一畝七分六釐	八畝八分	二分	四十六頃八分三釐	二所		一所
官	四十六畝七分七釐	一十一畝九分六釐	一畝		五十九畝七分三釐	四所		一所

（續表二）

		田	地	山	池塘	總	埕	地	渡	蕩
官租	職	四畝三分	三畝四分	一畝						一所
		一十三畝四分七釐								
	原設	二畝三分								
	今設	二十六畝七分	八畝五分六釐							
民		二十六頃二十三畝三分	一十九頃二十九畝八分	七畝八分		四十五頃四十一畝一分	二所	四所		
屯		一十九畝五釐	一十二畝二分		二分	三十一畝二分五釐				
福右衛後所		一十九畝五釐	一十二畝二分			三十一畝二分五釐				

以上實地田、土

	田	地	山	池塘	總	埕	地	渡	蕩
官民	六十一頃六十四畝二分五釐	三十頃二十畝三分一釐	五十七畝七分	八畝七分	九十二頃五十四畝九分六釐	一所	五所	一所	二所
官	二頃八十畝五釐	七十二畝五分一釐	一十四畝四分		三頃六十六畝九分六釐				一所
官租	七十五畝二分九釐	五十畝八分	四分						
職	一十九畝四分								

（續表三）

	田	地	山	池塘	總	埕	地	渡	蕩
學	一十二畝三分七釐								
廢寺	五畝六分九釐	一畝一分							
原沒	二十二畝四分七釐								
今沒	一頃四十畝七分九釐	一十五畝五分六釐	一十四畝						
民	五十八頃八十四畝二分	二十九頃五十一畝八分	四十三畝三分	八畝七分	八十八頃八十八畝	一所	五所	一所	一所

以上在卅田、土

	正耗米	正米	耗米	夏稅鈔	秋租鈔
官民	五百四十五石九斗九合四勺五勺	五百一十二石三斗三升九合五勺	三十三石五斗六升九合九勺	七錠一貫四百三十文	三錠二貫五十二文
官	六十八石四升七合四勺	六十五石七斗三升九合五勺	二石三斗四升七合九勺	八百六十二文	一錠五十二文
官租	八石三斗四升二合八勺	八石六斗六升五勺	三斗八升二合三勺	三百四十四文	一錠四十五文
職	一十四石八升四合四勺	一十三石六斗八勺	四斗八升八合六勺	五十九文	

（續表四）

	正耗米	正米	耗米	夏稅鈔	秋租鈔					
學	二石三斗二升二合二勺	二石二斗四升三合七勺	七升八合五勺	三十七文						
廨寺	一石五斗三升一合三勺	一石四斗八升	五升一合三勺	二十文	七文					
原沒	八石一斗三升九合八勺	七石八斗六升四合	二斗七升五合三勺	六十八文						
今沒	三十三石六斗二升六合九勺	三十二石四斗九升	一石二斗三升六合九勺	三百三十四文						
民	四百七十七石八斗六升二合	四百四十六石六斗	三十一石二斗六升二合	七錠五百六十八文	二錠二貫					
浮糧	二十七石一斗									
新增	八石四斗七升一合二勺									
漁										
洪武										
永樂	一十石八斗									
嘉靖	三石四斗									
萬曆	二十石一斗五升									

二十四都

東抵海無際,岱嶼扼其口,舟楫必經之。異日,漳之浯嶼、福之南匿[①]水軍必會此而分麾,凡賊皆避其要擊焉。故是都雖亦陿陑,實爲泉郡保障云。

山自梁山之崙前,爲旗隊抵於琅玕者,與上方甲分而南也;爲白馬抵於東湖者,與右方中分而東也。徑石橋韁鎖之,勢雖左紆,居實右夥。

水有六條,皆方内細流,佃作仡仡,無多賴矣。惟兹海都,女率作,登於男。若青山之屬各有布,其楚楚精贍,率以北鎮爲名,蓋晉江石湖鎮其南,而此一帶當其北。或以其市在鄰之神山,唐、宋爲島夷所殘;或以在此宫上諸村鄉者,有司和買,歲亡慮千百匹,里中良苦之。兵荒屬聞少休,乃藩臣督之上供。余將置奏,隃度弗能遽止。幸給直不減其私售,廉吏當之,奉公上無害,不者緣而爲奸,不勝凋瘵矣。祇閱歲而罷,斯民之福也。

惠安政書

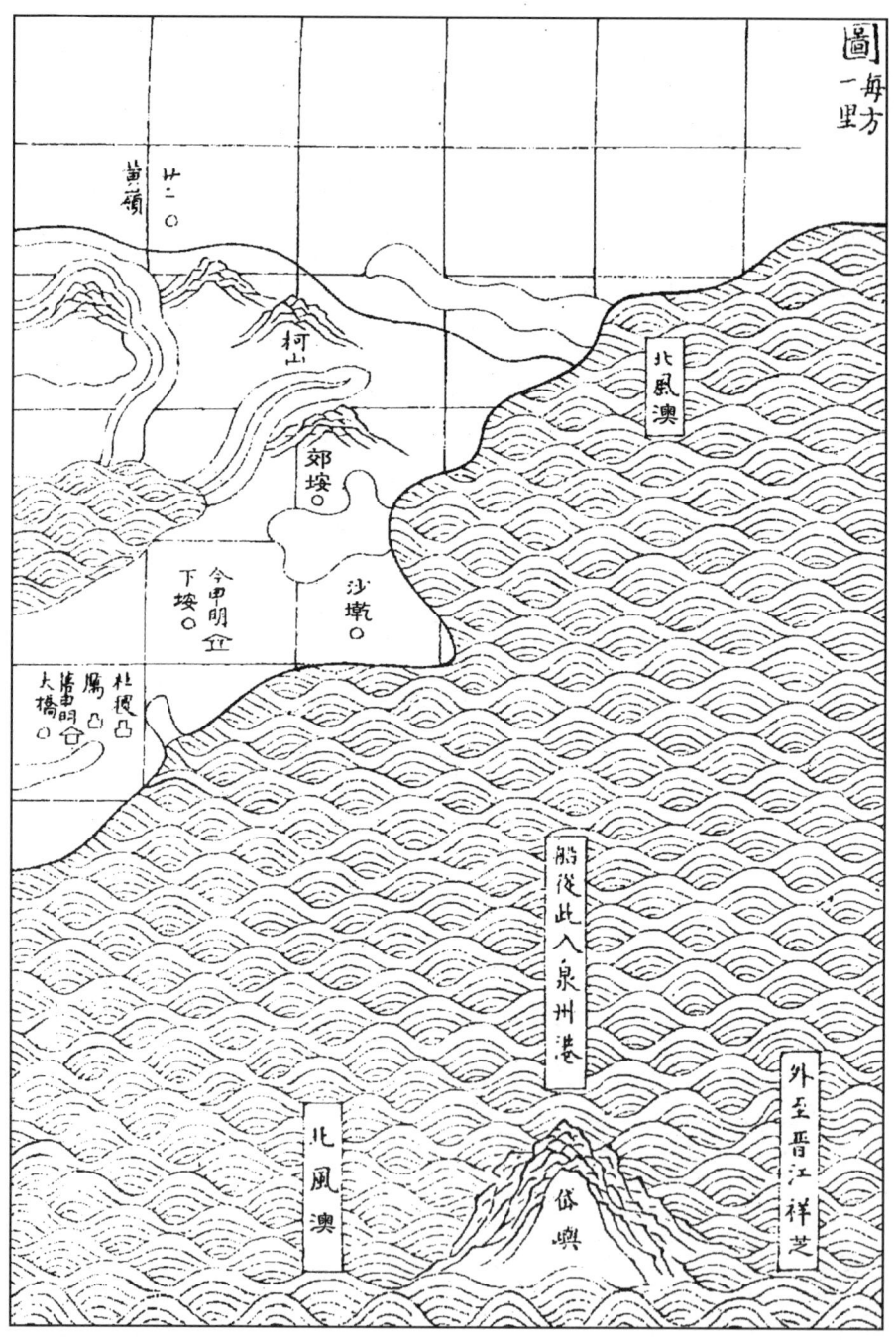

惠安政書七 二十四都

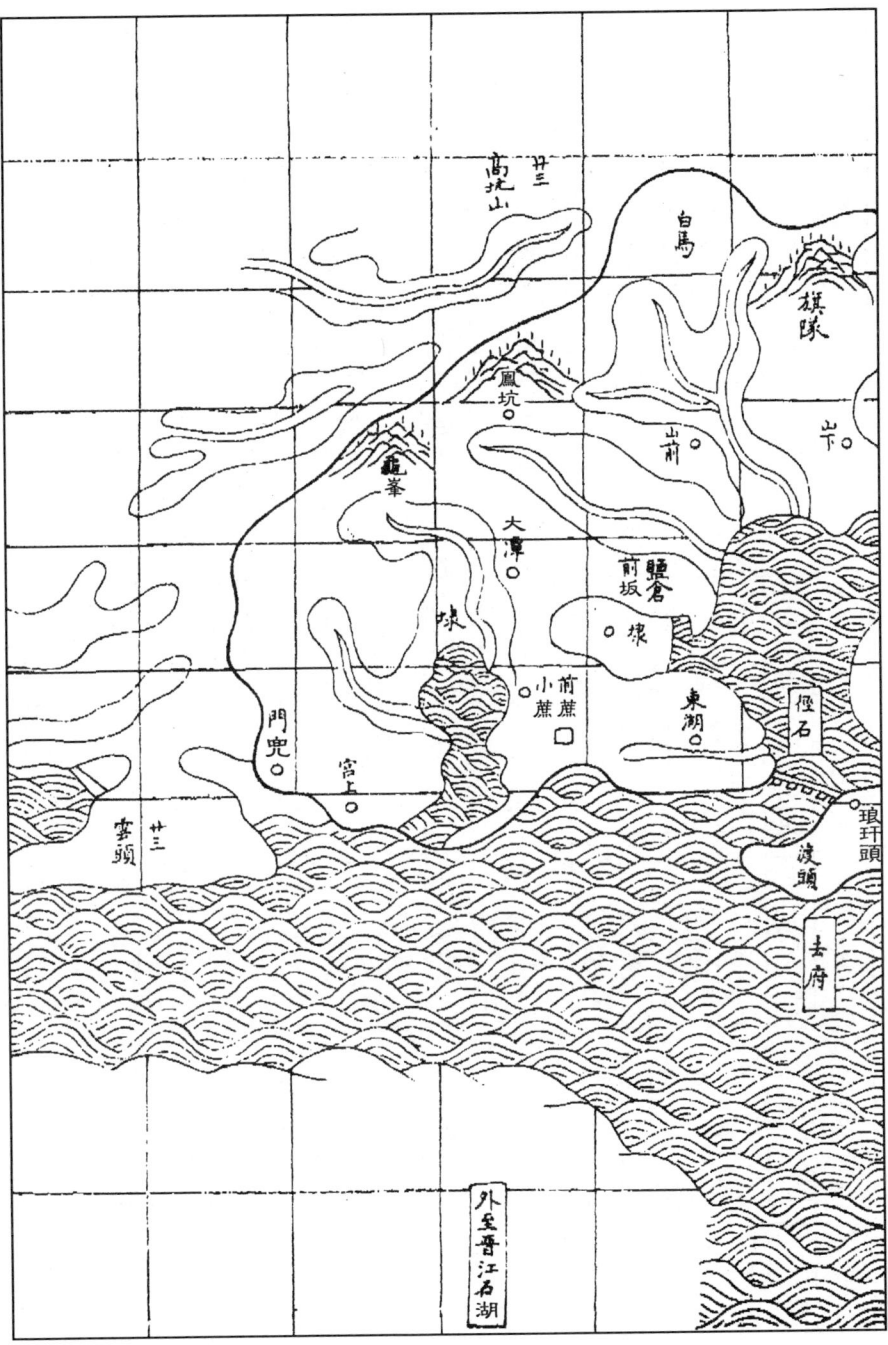

表

鋪二	村十四	壇二	亭二	學四	墩一
下坂	下坂	社稷	申明		
	大蔗	厲	舊申明		
	琅玕頭			琅玕	
	沙嵌				
	郊墘				
	山下				
	東湖				
前蔗	小蔗			小蔗	
	鳳坑				
	前坂			前坂	
	山前				
	宮上			籠山	
	門兜				
	大潭				柯山

	戶	民	軍	匠	軍	鹽
總	一百四十三	六十	十三	一	五十七	十二
里長	十				八	二

惠安政書七　二十四都

（續表一）

	户	民	軍	匠	軍鹽	鹽
正管	一百	五十五	六	一	二十八	一十
帶管	九	五	七		四	
絕	二十四				十七	

	口	成	不	婦女		絕	
				大	小	大	小
總	一千三百五十九	四百零二	三百一十四	六百一十三	一百六十一	不大六一三	不小六一三
民	二百二十七	六十一	五十四	一百一十二	三十六	五	四
軍	二十七	四	三	九	五		
軍鹽	九百五十五	三百九十一	二百二十一	四百二十四	三百一十	不大六一七	不小六一七
鹽	一百四十一	七十六	三十二	六十六	二十		

	田	地	山	池塘	總	蕩地	滷地	水門
官民	二十頃九十三畝二分八釐五毫	一十二頃六十九畝三分四釐	五十二畝七分四釐五分三分		三十三頃六十七畝九分二釐	一十所	一所	三十六間
官	一頃四十畝六分八釐五毫	五十二畝七分四釐	六分		一頃九十四畝二釐五毫	一所		

（續表二）

	田	地	山	塘 池	總	蕩	地	滬	水門
官租	一十一畝四分	九分							
瞻	九畝七分								
學	二畝								
原沒	一畝八分								
今沒	一頃一十五畝七釐五毫	五十一畝八分三釐	六分						
民	一十九頃五十二畝八釐五分九釐	一十二頃一十六畝六分	四畝七分		三十一頃七十三畝九分	八所	一所	一所	三十六間

以上實地田,土

	田	地	山	塘 池	總	蕩	地	滬	水門
官民	三十一頃五十畝七分九釐	二十七頃八十六畝一分五釐	一十三畝	一畝五分	四十九頃五十一畝四分五釐四毫	十所	二所	二所	三十六間
官	一頃八十五畝六分一釐一分九釐	七十五畝四分五釐	八分		二頃六十三畝四分四釐	二所			
官租	二十三畝九分五釐	二十畝四分	二分						
瞻	一十畝六分六釐								
學	三畝九分								
廢寺	五畝八分八釐								

（續表三）

	田	地	山	池塘	總	蕩	地	滬	水門
原沒	一畝八分								
今沒	一頃四十畝	五十五畝二釐	六分						
民	二十九頃六十三畝六分	一十七頃一十畝八分	一十二畝二分	一畝五分	四十六頃八十八畝一分	八所	一所	一所	三十六間

以上在冊田、土

	正耗米	正米	耗米	夏稅鈔	秋租鈔
官民	三百一十石三斗二升三合九勺	二百九十一石六斗六升五合九勺五抄	一十八石六斗八升七合九勺五抄	三錠四貫二百九十九文	五錠一十三文
官	五十六石三斗三升三合九勺	五十四石四斗三升一勺五抄	一石九斗四升七勺五抄	四百六十七文	二錠一十三文
官租	二石四斗五升五合四勺	二石三斗七升二合八勺	八升二合六勺	一百二十六文	一十三文
職	八石四斗四升七合五勺	八石一斗六升二合	二斗八升五合五勺	三十四文	
學	二石八斗三合二勺	二石七斗八合四勺	九升三合四勺	一十一文	二錠

（續表四）

	正耗米	正米	耗米	夏稅鈔	秋租鈔
廢寺	一石五斗八升二合四勺	一石五斗二升八合四勺	五升三合五勺	一十七文	
原沒	六斗五升二合一勺	六斗三升三合五抄	二升二合五抄	五文	
今沒	二十八石九斗九升八合六勺	二十八石一升八合	九斗八升六勺	一百七十五文	
民	二百五十九石三斗六升六合二勺	二百四十二石三斗五合	一十六石九斗六升一合四勺	三錠三貫八百三十二文	三錠
浮糧	三石二斗七升二合二勺				
新增					
漁					
洪武	一十二石				
永樂	四十五石				
嘉靖	四十五石				
萬曆	五十二石九斗				

二十五都

　　輿圖左觚右刓，上豐下銳，縣治前之中域也。山原盤龍，歷崎嶺東折如堂、如防，崒於松洋以北乃爲垣、爲炭，南障海澨。中有美女峯，因王姬②名；錦田岡③，以刺史顯；白雲巖，爲高人稱，則以人勝也。夫非靈之攸鍾與！

　　志稱其下多田，即今陂塘亦衆。雖松山之溪北奏，柘山之溪東醮，而有錦溪夾流於前埔。其出赤石橋者，遠自雷山之陽，龍潭之液也，視海埭困旱乾者異矣。北有長園堡在叢阜中，又北松洋洞可容二三百人避亂。

　　南陽爲獺窟巡司，距之將五里許，渡以石梁，七百七十門。今水軍樵其表，以避北風，南風則樵其裏，固舟楫之窟也。民素張膽而鬥，賊憚不敢登。假令增堞浚濠，蓄火具及繭石、渠苔之屬，間以伕飛佐之可也。

　　往年倭人由輞川陸馳，倉猝嬰城，城庫④乏戰具，幾危，適有天幸，賊得舟去。倘曠日鳴鏑，據梁以扼其吭，則千鈞之縷亦絶矣，寧保免於屠僇哉？

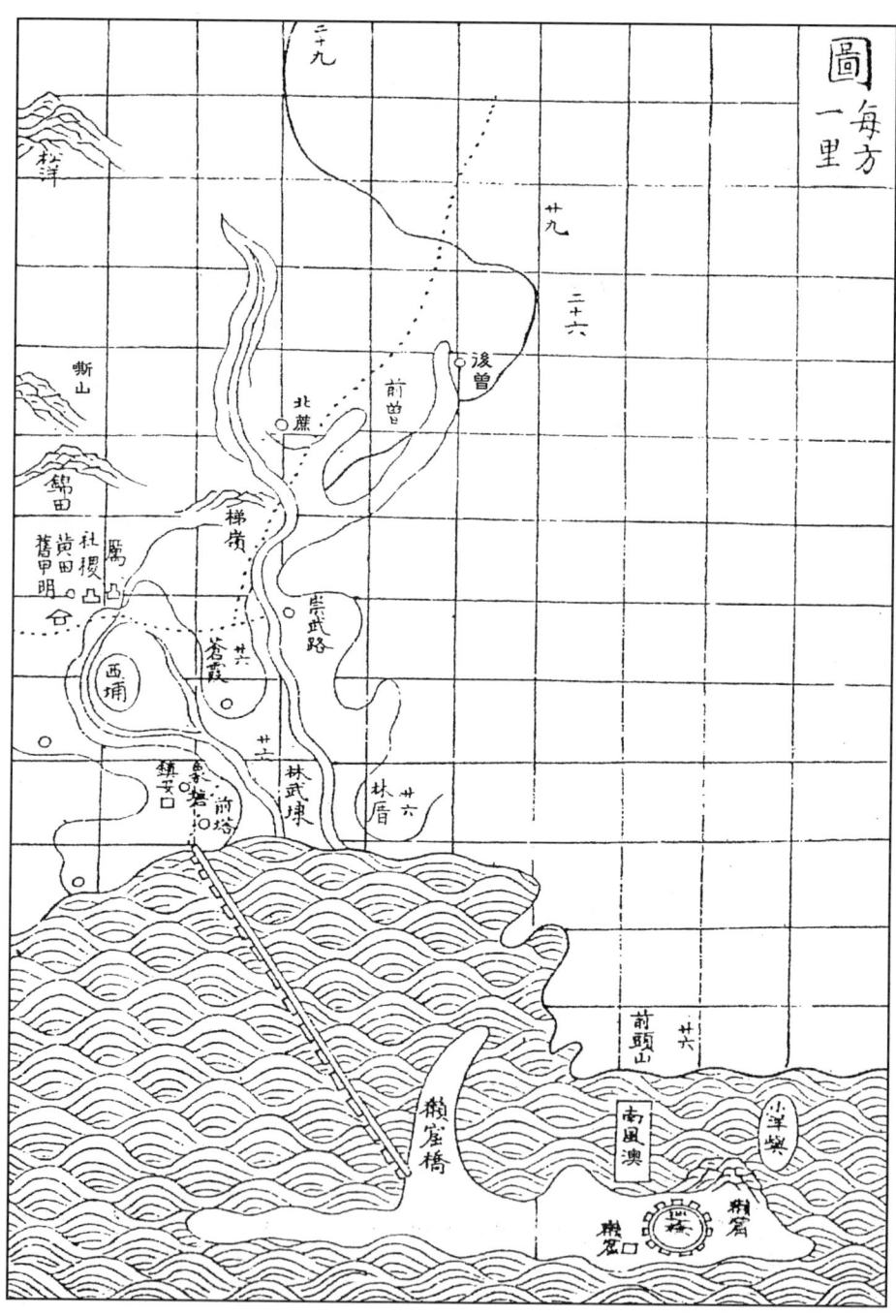

惠安政書七 二十五都

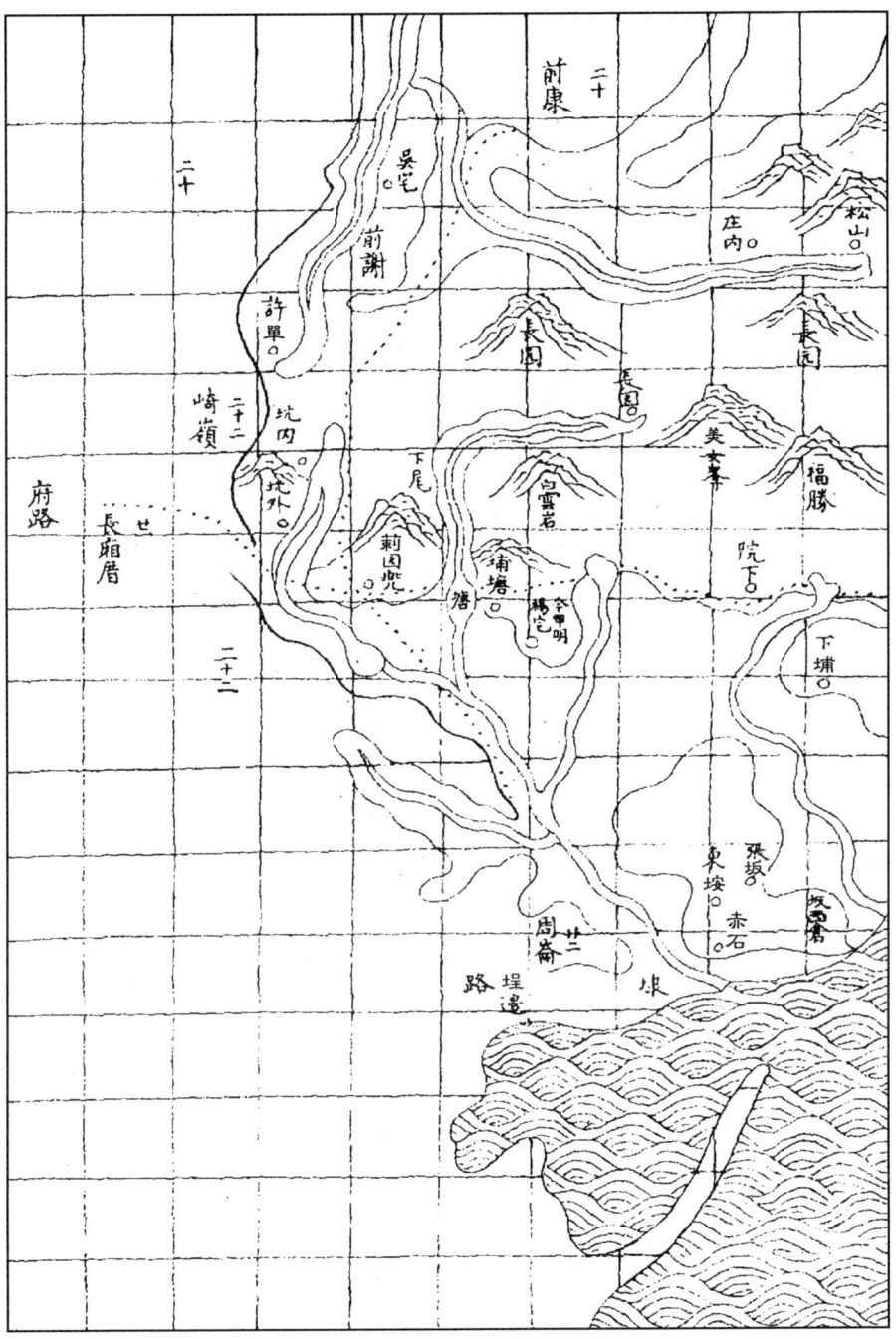

铺三	村二十七	坛三	亭二	学十一	堡一	墩一
镇安	象塘			象塘		
	吴宅			吴宅		
	许单					
	前谢			林氏		
	坑内			龙萃		
	坑外					
	下尾					
	荊园兜					
	埔塘		申明			
	杨宅					
	东垵					
	张坂			凤沂		
	赤石			石安		
	许井					
	前塔					
	前埔					
	西埔					

（续表一）

铺三	村二十七	坛二	亭二	学十一	堡二	墩一
黄田急	黄田	社稷	旧申明	黄田瑞光		
	下浦	厉				
	院下			孙氏		
	松山					
	庄内			狮首		
	后曾					
	北蔗					
	前曾					
	长园				长园	
	獭窟			海安		獭窟

巡检司		户	民	军	匠	军盐	盐
獭窟	总	一百二十八	五十九	二十四	三	三十	十三
	里长	十				八	三
	正管	一百	五十二	十五	三	二十	九
	带管	七	六	一			
	绝	二十一	八			三	一

（續表二）

	口	男	成	不	婦女	大	小	絕
總	一千一百六十三	六百四十四	三百七十一	二百七十三	五百零九	三百九十	一百一十九	九
民	三百三十	一百八十一	九十九	八十二	一百四十九	一百一十三	三十六	
軍	一百七十一	八十九	五十一	三十八	七十四	五十八	一十六	不四小四
匠	二十二	一十二	七	五	十	七	三	
軍鹽	五百五十四	三百一十六	一百八十九	一百二十七	二百三十七	一百八十五	五十二	不一
鹽	八十五	四十六	二十五	二十一	三十九	二十七	一十二	

	田	地	山	池	塘	總	廳
官民	四十四頃二十九畝七分五釐	一十四頃一十三畝四分六釐	一十四畝六分	七分		五十八頃五十八畝五分一釐	八所
官	一頃一十六畝五分五釐	八畝九分六釐				一頃二十五畝五分一釐	
官租	四十三畝一分	二畝四分					
職	九畝八分五釐						
廢寺	二十九畝四分	三分					
原沒	六分						
今沒	三十三畝六分	六畝三分六釐					

（續表三）

	田	地	山	池塘	總	滷
民	四十三頃一十三畝二分	一十四頃四畝五分	一十四畝六分	七分	五十七頃三十三畝	八所
屯	七十三畝	一十六畝三分			八十九畝三分	
福右衛後所	七十三畝	一十六畝三分			八十九畝三分	
鹽	二百三十六盤					
坂西	二百三十六盤					
以上實地田,土						
官民	四十五頃八十五畝七分四釐	一十五頃七十八畝五分一釐	二十畝一分五釐	一畝	六十一頃八十五畝四分	七所
官	九十九畝六分四釐	一十一畝九分三釐	二分五釐		一頃一十一畝八分	
官租	五十畝六分七釐	三畝八分	二分五釐			
職	九畝五分三釐					
學	五分					
廢寺	二十一畝一分三釐	四分五釐				

（續表四）

	田	地	山	池塘	總	滷
原沒	一畝五分八釐					
今沒	一十六畝二分三釐	七畝六分六釐				
民	四十四頃八十六畝一分	一十五頃六十六畝六分	一十九畝九分	一畝	六十頃七十三畝六分	七所

以上在冊田土

	正耗米	正米	耗米	夏稅鈔	秋租鈔	總
官民	三百四十七石八斗七升六合三勺	三百二十五石八斗四升四合九勺七抄	二十二石三升二合三勺三抄	四錠四貫六百一十文	二錠五百一十文	
官	二十一石四斗四升七勺	二十石七斗六升三合九勺七抄	六斗七升三合六勺七抄	三百三文	十文	
官租	三石二斗三升八合三勺	三石二斗一升八合八勺	一斗九合五勺	一百五十九文	七文	
職	六石九斗四合五勺	六石六斗六升七合一合	二斗三升三合五勺	二十八文		
學	九升三合九勺	九升七勺	三合二勺	一文		

(續表五)

	正耗米	正米	耗米	夏稅鈔	秋租鈔
廢寺	五石六斗八升六合四勺	五石五斗四升二合四勺	一斗四升四合	六十四文	三文
原没	五斗七升二合二勺	五斗五升三合	一升九合三勺	四文	
今没	四石九斗四升五合三勺	四石七斗七升八合七抄	一斗六升七合二勺二抄	四十七文	
民	三百二十六石四斗三升五合六勺	三百五石八升	二十一石三斗五升五合六勺	四錠四貫三百八文	二錠五百文
浮糧					
新增	三石六斗九升六合二勺				
漁					
洪武	二十六石四斗				
永樂	三十四石八斗				
嘉靖					
萬曆	一百二十石一斗五升				

二十六都

　　蓋帶海壇曼，西北枕山，故縱稍過半，而橫將倍之也。風鹵交侵，不利耕殖，惟鹽田編列，漁網纙屬。乘泭往返，可伺賊之出没，而斥堠壁壘亦錯據其間。民抱桴而卧，釋梃而食，從⑤且安之，賊固攝之矣。

　　山自松洋至林軍爲是都主，折青山，轉赤湖，水各由埭入鹽倉港，會於東坑海，而東崙、南埔每爲寇衝焉。

　　遵大夾以抵林村，而蔡溪、塔溪夾柘溪入宿坑海，石佛墩其要害也。中自蘇坑度兜下，盤薄勝峰，庆於閣嶼，左右倪之，鍵以沙澳，捍以洋嶼，獺窟峙其前，形勝在兹矣。然由宿坑可徑度獺窟，而縮於右都者，以長杠跨其崖耳。實兹屏蔽，若在蕭墻之内也。

惠安政書七 二十六都

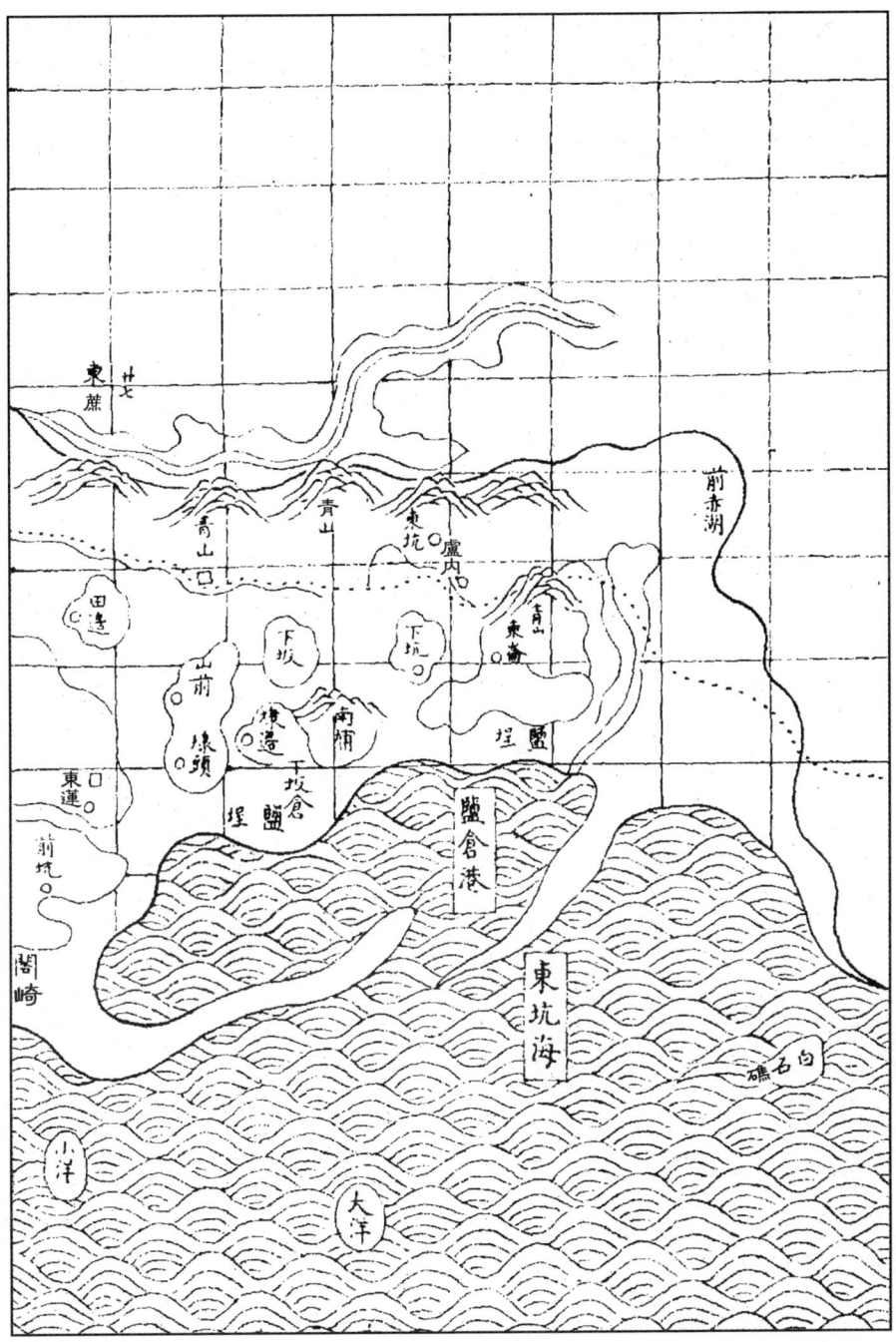

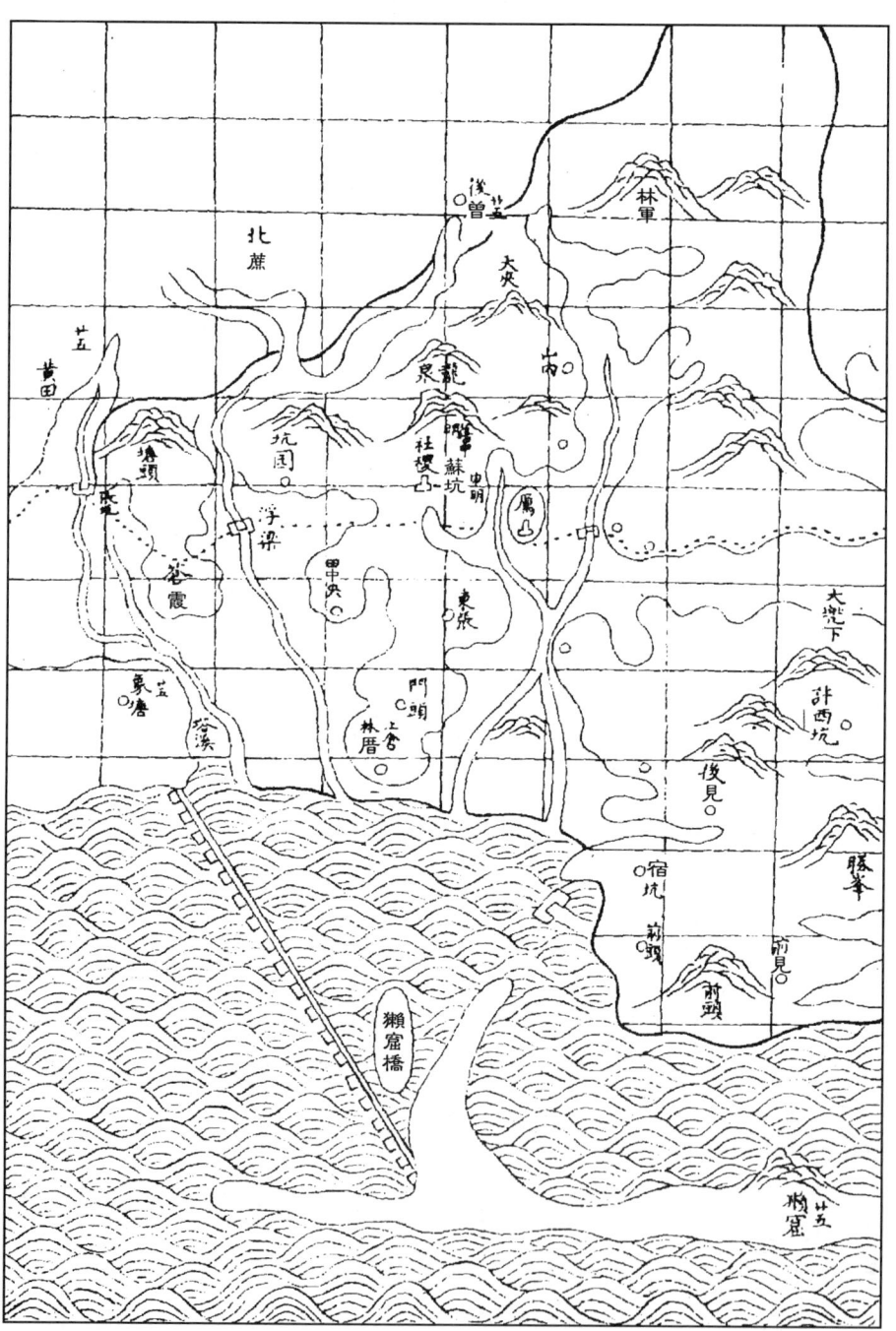

惠安政書七 二十六都

表

墩一	學十七	亭一	壇二	村三十一	鋪三
	蒼霞			東溪	蘇坑
	錦束			蒼霞	
				塘頭	
	崇善			坑園	
				田中央	
				門頭	
				林厝	
	龍壽 崇善	舊申明	社稷	東張	
	龍聚 蘇坑	今申明	厲	蘇坑	
				山內	
	蘇陂			陂頭	
	定光			後蔡	
	東蓮			東蓮	東蓮
				溫厝	
	後見			後見	
				宿坑	
				前頭	

259

（續表一）

鋪三	村三十一	壇二	亭一	學十七	墩一
青山急	前見			前見	
	前坑			前坑	
	許西坑			青山	
	田邊			龍華	
	大兜下				
	埭頭				
	山前				
	埭邊				
	下坂			赤湖	
	下坑			韶音	
	東畲				
	前赤湖				
	東坑				青山
	盧內			鹽	

總	戶		軍	鹽	
里長 十	一百二十八	民 四十	一	六十三	二十四 十

（續表二）

	户	民	軍	軍鹽	鹽	絶
正管	一百	四十	一	三十九	二十	
帶管	二			一	一	
絶	一十六			一十三	三	

	口	男	成	婦	女	不	大	小	絶
總	一千一百六十	六百四十五	三百六十六	五百零六	三百七十九	二百七十九	三百七十八	一百二十七	一十八
民	一百二十四	六十四	三十八	六十	四十九	二十六		一十一	
軍	三	一	一	一					
軍鹽	八百九十一	四百九十九	二百八十六	三百七十八	二百八十六	二百一十三		九十二	成二不二小
鹽	一百五十二	八十一	四十一	六十七	四十三	四十		二十四	成一不一大 一小一

	田	地	山	池塘	塭	總
官民	四十五頃八十 九畝四分四釐	一十四頃三十 三畝六分四釐	五畝一分	一畝	一所	六十頃二十九 畝八分八釐
官	一頃二畝四釐	三十五畝四分 二釐				一頃三十七畝 四分八釐

（續表三）

	田	地	山	池塘	總	滷
官租	三十九畝八釐	二畝五分四釐				
職	四畝五分六釐					
原沒	二十二畝一分六釐					
今沒	三十六畝二分四釐	三十二畝九分				
民	四十四頃八十七畝四分	一十三頃九十八畝二分	五畝一分	一畝	五十八頃九十一畝七分	一所
鹽 上倉	五千一十五盤					
下倉	二千九百四十九盤					
下倉	六百四十七盤					
下坂	一千四百四十九盤					
官民	五十四頃四十六畝七分	一十八頃一十一畝六畝八釐	一十一畝	一畝三分	七十二頃九十七畝五分八釐	一所
官	一頃二十一畝三分	四十二畝二分八釐			一頃六十三畝八釐五分八釐	

以上實地田、土

（續表四）

	田	地	山	池 塘	總	溏
官租	三十九畝八分六釐	七畝六分三釐				
瞻	五畝二分二釐	五畝二分二釐				
廢寺	三畝四分					
原沒	三十畝四釐					
今沒	四十三畝七分八釐	三十二畝六分五釐				
民	五十三頃二十五畝四分	一十七頃七十三畝八分	一十一畝	一畝三分	七十一頃一十一畝五分	一所

以上在冊田、土

	正耗米	正 米	耗 米	夏稅鈔	秋租鈔
官民	四百一十五石五升五合九勺	三百八十五石九斗九升六抄	二十六石六升六合八勺四抄	五錠三貫七百七十四文	一貫五百四文
官	三十四石三斗七升七合五勺	三十三石二斗一升五勺	一石一斗六合二勺五勺	三百二十六文	四文
官租	二石七斗七升九勺	二石六斗七升七合二勺	九升三合七勺	一百三十二文	四文
瞻	三石七斗七升一合八勺⑥	三石六斗五升二合九勺	一斗二升七合九勺		

263

（續表五）

	正耗米	正 米	耗 米	夏稅鈔	秋租鈔
廢寺原沒	九斗一升五合	八斗八升四合六抄	三升九勺四抄	一十文	
廢寺今沒	一十石八斗八升二合	一十石五斗一升四合	三斗六升八合	一十文	
廢寺今沒	一十六石二升七合九勺	一十五石四斗八升五合九勺	五斗四升二合	一百五十九文	
民	三百八十石六斗七升九合三勺	三百五十石七斗七升五合	二十四石九斗四合三勺	五錠三貫四百四十八文	一貫五百文
浮糧					
新增	五石六斗三升三合六勺				
漁					
洪武					
永樂	一十二石六斗				
嘉靖	一十二石六斗				
萬曆	二十四石四斗				

二十七都

　　並海諸都,畫地各儉,茲而稍廣,折旋如鉤焉。自林軍迤夷(東)爲閣道,抵海夾山如堂墻,包龍江橋及左右大潭。西山之流自爲皋陸之區,南折前後赤潮之岡,委麗數十里。大岞矯然北顧,勢尤斗辟陿陁,以故宋置小兜巡司於其要領之處,并巡檄晉江、南安、同安沿海。守真德秀乃限主岱嶼以北至擊蓼而止,造軍房三十六,迄淳祐,土軍三百一十人而已。明興,設永寧衛,移司於小岞,置崇武所隸之。城七百三十七丈,官千户侯三或五,百户侯十,軍千二百二十一,營九百八十七間,器械千七百四十二个,屯七十二頃,屬埤寨一,烽燧二十三,規制弘遠矣。其巡檄隸南匿水軍。南匿今軍擊蓼,轄岱嶼,如宋舊。兵屯既重,將以彈壓遐夷,乃有嘉靖辛酉之變,信乎,主將之罪也！

　　所後三峯,各有村居者善擊賊,若令爲堡而犄角之,從此左往大岞⑦,僅海中一路置寨,防其梗塞⑧。

　　北有三保,尤善擊賊,倚岞以居。多怪石,有洞,大者可容百人,入口如屏,勇士守之,千夫莫攻,避寇者入焉。第海崖窮險,倘夜襲不及避,不如築堡便。果諸區有堡,與都内三斥堠烽火相聞,不亦壯哉！

　　若其息耗,農殖甚艱,沙坡彌望,獨賴水源不絕耳。缺亦有三湖,它赤湖周里之外,溪底湖周二三里,及諸細流,諸埭濡之。缺阪溪谷,稍稍有窮間。其實斥鹵若干,不可墾若干,厥賦下下,畫地之廣有以也。

惠安政書

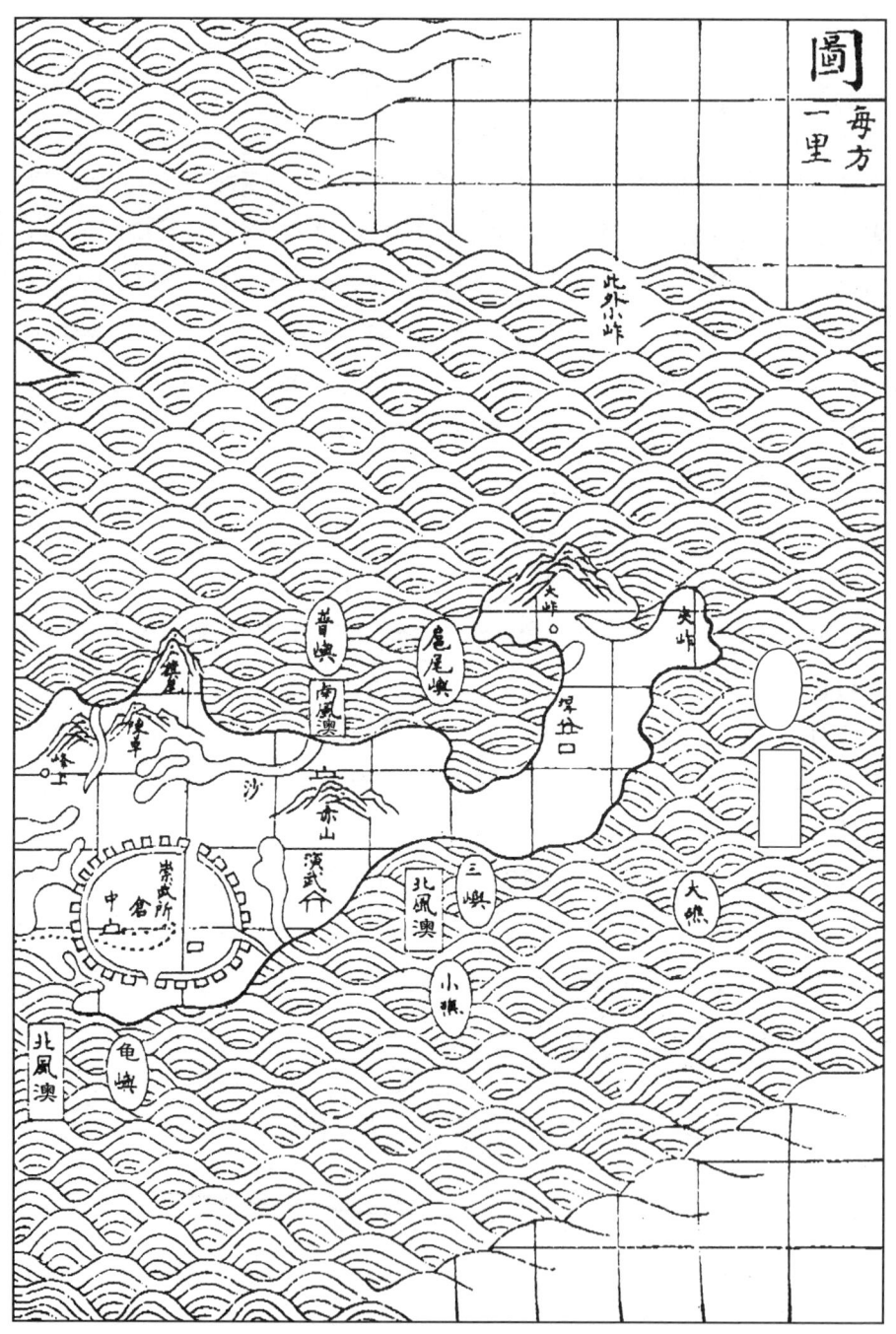

惠安政書七 二十七都

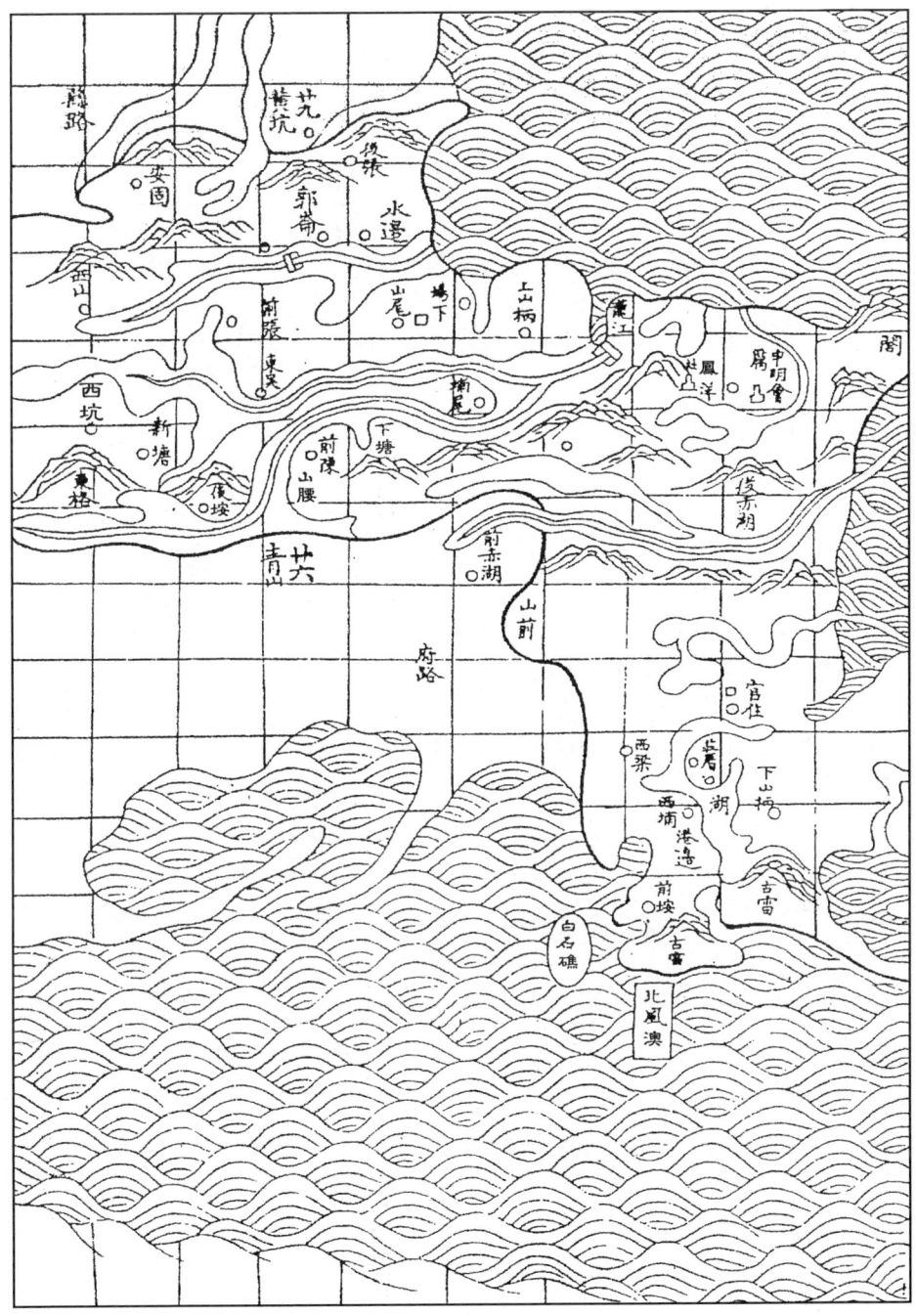

表

鋪五	村三十三	壇二	亭二	學十四	寨一	墩四
場下	場下			望場		
	安固			安固		
	前園			前園		
	後張					
	郭崙			華國		
	水邊					
	山尾					
	西山					
	西坑			清水		
	前張					
	上山柄					
鳳洋	鳳洋	社稷	申明			
	埔尾	厲				
	東吳					
	東格			石峯		
	後垵					
	新塘			新塘		

（續表一）

鋪五	村三十三	壇二	亭二	學十四	寨一	墩四
	前陳					
	下塘					
	山腰			山腰		
	大潭			大潭		
	後赤湖			赤湖		
溪底	官住					
	後溪底					
	西梁					
	西埔			江東		
	港邊					
	前垵					
	下山柄			溪山		
	莊厝					
	山前			峯上		古雷
	峯上			大岞	岞	大岞
崇武	大岞		演武	大岞	岞	大岞
千戶所	崇武					中赤山

（續表二）

	户	民	軍	匠	軍鹽	鹽
總	一百三十五	四十二	六十一	十三	十二	七
里長	十		二		四	二
正管	一百	三十七	四十	二十一	七	五
幇管	十二	五	六		一⑨	
絕	十三		十三			

	口	男	女	不成	大	小	絕
總	一千二百零一	六百三十三	五百六十一	二百七十一	四百零七	一百六十四	五
民	一百五十八	八十四	九十四	四十二	七十一	二十三	
軍	四百二十	二百一十九	一百九十六	一百	一百二十九	六十七	不二大三
匠	二百八十五	一百五十六	一百二十九	六十四	九十七	三十二	
軍鹽	二百三十八	一百二十八	一百一十	四十九	八十一	二十九	一
鹽	八十八	四十六	四十二	十六	二十九	十三	

	田	地	山	池塘	蕩	總
官民	五十四頃二十三畝四分八釐	三十三頃五十四畝六分	四歐四分	三分	七所	八十七頃八十二畝七分七釐

（續表三）

		田	地	山	池塘	總	蕩
官		一頃五十九畝五分八釐	二十八畝一分			一頃八十七畝六分八釐	二所
	官租	四十畝九分					
	職	二十一畝八分二釐					
	學	九分					
	廢寺	二畝二分二釐					
	原沒	八畝九分八釐					
	今沒	九十三畝七分六釐	二十八畝一分				
民		五十二頃六十三畝九分	三十三頃六十六畝五分	四畝四分	三分	八十五頃九十五畝一分[⑩]	五所
屯		三頃六十畝六分	一頃六十畝七分			四頃二十一畝三分	
福右衛後所		一頃八十三畝一分	一頃十八畝二分			三頃一畝三分	

（續表四）

	田	地	山	池塘	總	蕩
崇武	七十七畝五分	四十二畝五分			一頃二十畝	

以上實地田、土

	田	地	山		總	蕩
官民	四十七頃八畝四分三釐	二十七頃七十三畝二分二釐	一十一畝九分		七十四頃九十三畝五分五釐	四所
官	一頃五十三畝五分三釐	三十畝六分二釐			一頃八十四畝一分五釐	一所
官租	二十九畝八分七釐	四畝四分一釐				一所
職	一十二畝二分九釐					
廢寺	一十一畝三釐					
原沒	五畝一分八釐					
今沒	九十五畝二分六釐	二十六畝二分一釐				

（續表五）

	田	地	山	池塘	總	蕩
民	四十五頃五十四畝九分	二十七頃四十二畝六分	二十一畝九十二分		七十三頃九十畝四分	三所

以上任冊田,土

	正耗米	正米	耗米	夏稅鈔	秋租鈔
官民	四百三十三石五斗五升三合一勺	四百六石五斗五升三合一勺	二十七石四升二勺	五錠四貫六百七十五文	一錠四貫五百六文
官	四十一石八斗五升七合二勺	四十石四斗四升一合九勺	一石四斗一升五合三勺	四百三十一文	一錠六文
官租	三石四斗六合七勺	二石九斗四升三合	一斗三合	一百三文	一錠六文
職	八石八斗五升一合七勺	八石五斗五升三合	二斗九升八合七勺	三十六文	
廢寺	二石九斗五升二合七勺	二石八斗五升二合	一斗	三十三文	
原沒	一石八斗七升四合四勺	一石八斗一升一合	六升三合四勺	一十六文	

（續表六）

	正耗米	正　米	耗　米	夏稅鈔	秋租鈔					
今沒	二十五石三斗四升四合二勺	二十四石二斗九升四合	八斗五升二勺	二百四十二文	四貫五百文					
民	三百九十一石六斗九升四合九勺	三百六十六石九升	二十五石六斗二升四合九勺	五錠四貫二百四十四文						
浮糧										
新增	二十石八斗六升七合五勺									
漁										
洪武	二十三石五升									
永樂	七十一石八斗五升									
嘉靖	七十一石八斗五升									
萬曆	九十八石三斗內崇武軍三十三石八斗									

二十八都

堪輿家言，縣之明堂在此。

南自松洋，若城而障曰城山。外有峰如簪筆，縣署所案，文物之盛，蓋或取之。壠內有洞數十，居民可以避亂。北循羅岑之址大莊、偃月山、烏石墓至印石。轉而東北爲靈瑞，龍泉是出，歲旱雩之。抵於洞山，東隅以奠，水夾大莊而馳，北流與洋坑溪滙峰崎江，東流與宣妙溪滙前林江，二江環海之都六。

其山皆自烏石墓住，故風氣稍聚而馳矣。雖有兩溪，而瀦者少，其交也可灌，亦患其善崩焉。

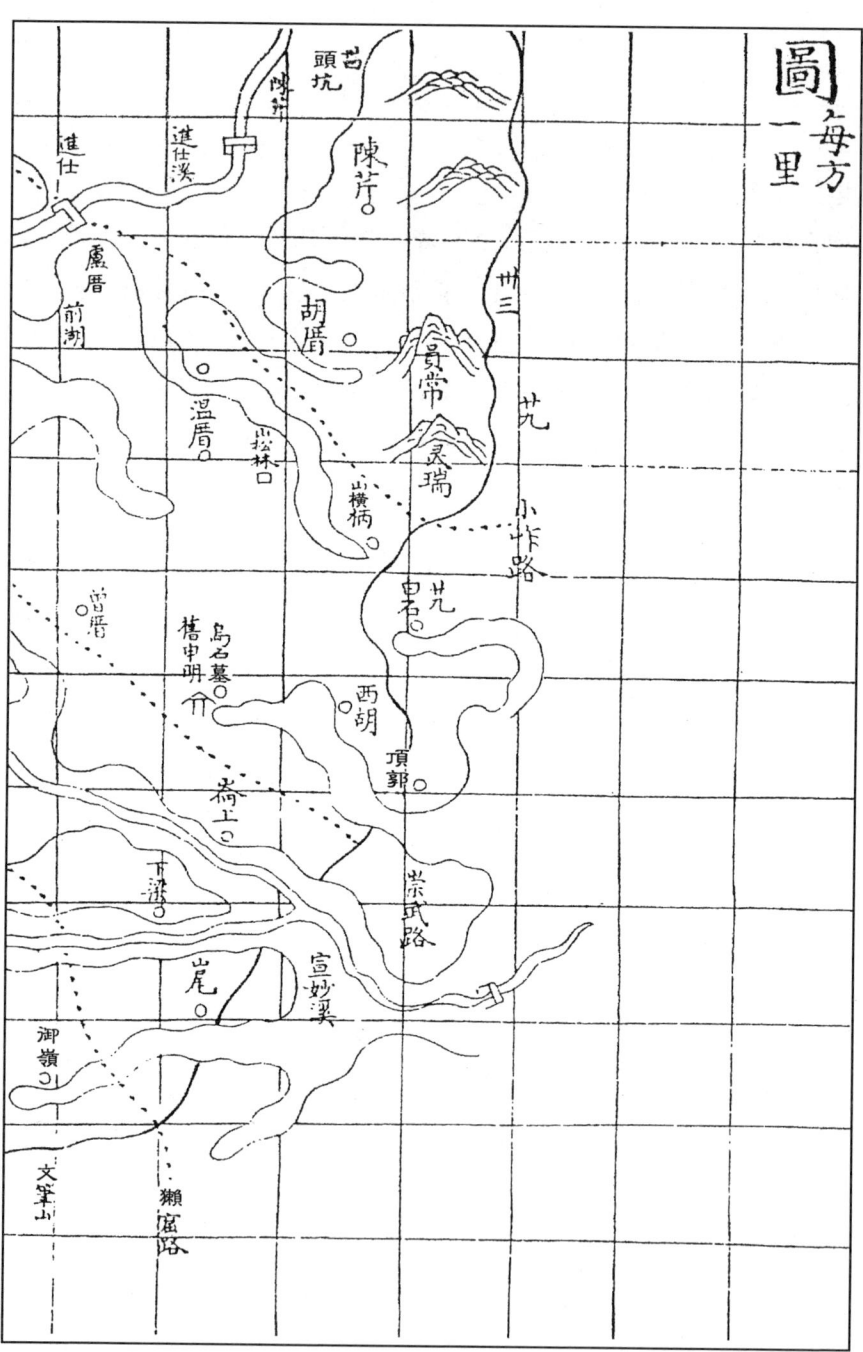

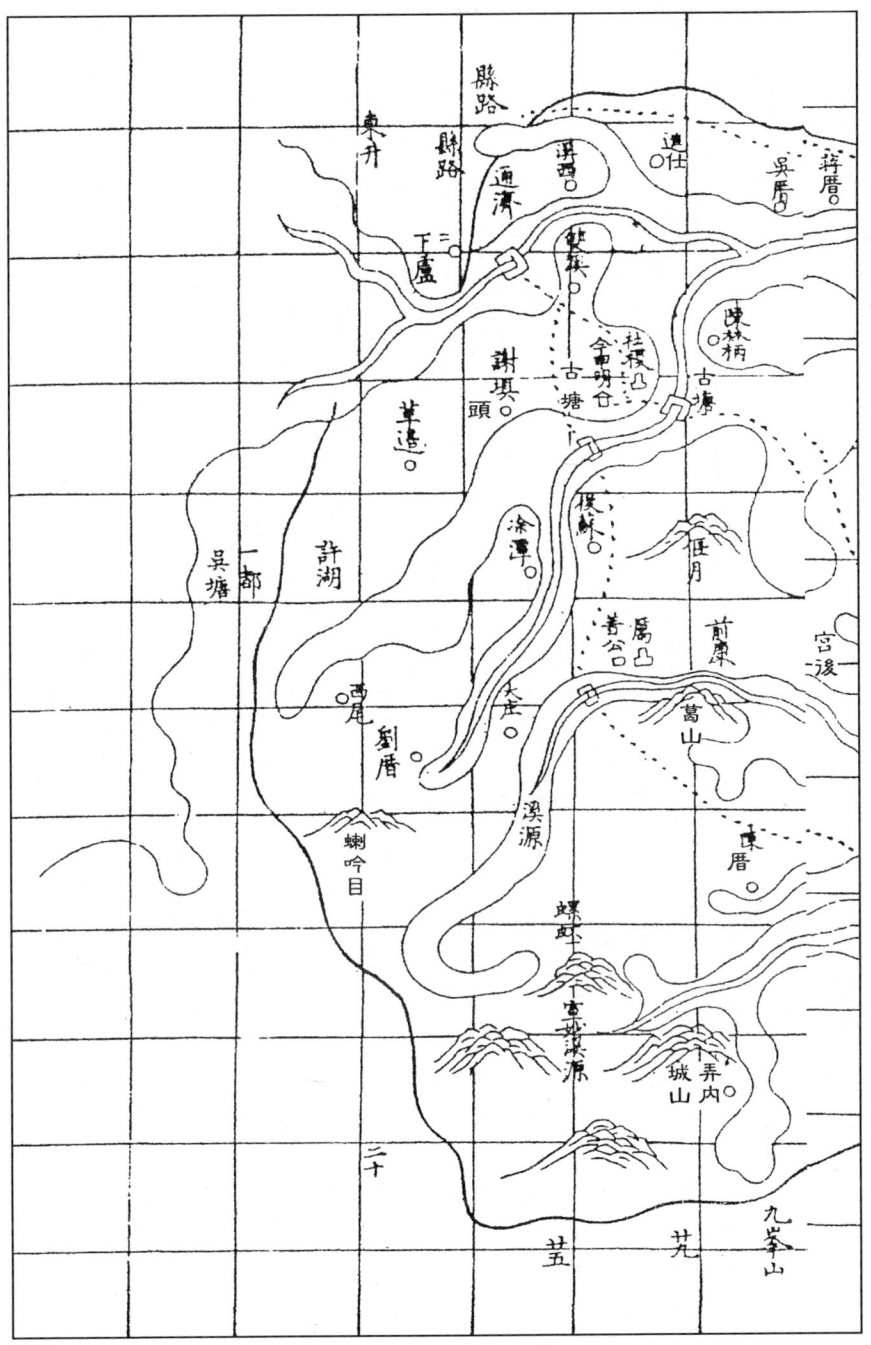

表

鋪二	村三十五	壇三	堂二	學八
松林	溫厝			
	溪西			
	雙溪			
	古塘	社稷	申明	
	謝壩頭			
	陳林柄			
	前湖			前湖
	曾厝			三省
	盧厝			
	蔣厝			
	吳厝			
	進仕			
	山橫柄			
	後坑型			
	胡厝			
	陳芹	厲		陳芹
	前康			
普光	宮後			葛山

（續表一）

惠安政書七　二十八都

鋪二	村三十五	壇二	亭二	學八
	御嶺			御嶺
	山尾			
	羿內			
	下梁			
	蔗兜			
	陳厝			
	大莊			大莊
	劉厝			爲政
	西尾			
	許湖			
	草邊			
	塗潭			
	後蘇			明德
	崙上			
	烏石墓		舊申明	
	西湖			
	郭厝（頂郭）			

（續表二）

	戶					
		民	軍	匠	鹽	弓兵
總	一百三十二	九十二	三十一			六
里長	十	四	五			
正管	一百	七十三	二十	一	一	五
帶管	一十五	一十三	一			一
絕	十	三	五			

	口	男	女	不成	小	大	絕
總	一千二十	四百九十五	五百二十八	一百九十三	一百四十三	三百七十五	七
民	六百零八	三百零五	三百零一	一百二十八	八十九	二百一十三	
軍	三百五十一	一百五十八	一百八十八	五十三	四十八	一百四十	
匠	七	三	四	三	一	三	
鹽	二十五	一十二	一十三	四	三	九	不一大
弓兵	二十九	一十六	一十三	六	三	十一	不二小

	田	地	山	池塘	總
官民	五十七頃二畝二釐	三十頃三十八畝五分六釐	六十八畝三分	九分	八十八頃九畝七分
官	三頃五十一畝一分二釐	三十九畝三分六釐	九畝		三頃九十九畝四分八釐

（續表三）

	田	地	山	池塘	總
官租	三頃四十六畝九分	一十八畝六分	五畝一分		
職	二十四畝五分二釐				
原沒	八畝二分				
今沒	七十一畝五分	二十畝七分六釐	三畝九分		
民	五十三頃五十畝九分	二十九頃九畝二分	五十九畝三分	九分	八十四頃一十畝三分
屯	二十三畝	三十七畝			六十畝
福右衛後所	一十二畝	一十八畝			三十畝
崇武	一十一畝	一十九畝			三十畝
以上實地田土					
官民	四十一頃四十三畝七分四釐	二十六頃一十五畝七分四釐	六十九畝三分	一畝八分	六十八頃三十畝五分八釐
官	三頃六十二畝五分四釐	四十三畝五分四釐	八畝七分		四頃一十四畝七分八釐

（續表四）

	田	地	山	池　塘	總
官租	一頃七十三畝六分九釐	二十五畝七分五釐	五畝		
瞰	一十畝七分				
廢寺	七畝五分五釐				
原沒	八畝一分八釐				
今沒	一頃五十三畝四分二釐	二十七畝七分九釐	三畝七分		
民	三十七頃八十畝一分一釐	二十五頃七十畝七分一分	六十八畝六分	一畝八分	六十四頃一十五畝八分

以上在冊田、土

	正耗米	正米	耗米	夏稅鈔	秋租鈔
官民	四百一十一石五斗三合五勺	三百八十六石七斗三升三合九勺五抄	二十四石七斗六升五合五勺五抄	五錠一貫六百七十文	二十六文
官	六十八石二斗五升八合二勺	六十五石九斗四升七合九勺五抄	二石三斗一升二合二勺五抄	一貫七文	二十六文
官租	一十一石四斗六升五合三勺	一十石九斗八升四合八勺	三斗八升四合四勺	五百五十七文	二十六文

(續表五)

	正耗米	正米	耗米	夏稅鈔	秋租鈔
職	一十四石二斗七升二合七勺	一十三石七斗八升八合五勺	四斗八升四合六勺五抄	五十九文	
廢寺	二石三斗一合八勺	二石二斗六升三合一勺	六升八合七勺	二十二文	
原沒	二石九斗六升三合一勺	二石八斗六升三合	一斗二勺	二十四文	
今沒	三十七石六斗二升五合三勺	三十六石三斗三合	一石二斗七升二合三勺	三百四十五文	
民	三百二十三石二斗四升五合三勺	三百二十石七斗九升	二十二石四斗五升五合三勺	五錠六百六十三文	
浮糧	五石一斗六升七勺				
新增	五石四斗七升六合三勺				
漁					
洪武					
永樂					
嘉靖					
萬曆	一石五斗五升				

【校記】

① "福之南匿":南匿,又名南日,應屬於興化(今莆田),不屬於福州。

② "王姬":黃厥,五代閩王王審知之妃,後其子王延鈞在閩稱帝,尊爲太后。

③ "錦田岡":在美女峰東,五代漳州刺史張瀾(字清溪)家居於此。

④ "庫":一九八七年版本作"庫"。

⑤ "從":一九八七年版本作"久"。

⑥ 此總和有誤。

⑦ "大岞":一九八七年版本作"大里"。

⑧ "防其梗塞":底本原作"防其梗寨",一九八七年版本作"北梗塞",據改。

⑨ "一":底本原無此數字,據一九八七年版本補上。

⑩ 此總和有誤。

⑪ "一頃十八畝二分":底本原無此數字,據一九八七年版本補上。

惠安政書八

二十九都

凡山至此乃陂陀而漫羨，東井埭之溪橫貫十餘里。

其地分南北紀，自印石延於埭頭，而北塘附之。平無洋洋疆場相錯，負源溯澗者有潭湖之利。溪出古盧之陰，至下謝與宣妙溪合，而過前澳、東莊者北也。其南若斷若續、若起若伏，出筆山、九峰之陽。其溪過金山，過東巖，至沙坵湖而與宣妙會，皆由東井入海。故埭田負海壩者惟此，似非旱鹵所苦，然亦苦潦，惟坑田差給耳。

若夫防海，北塘有堡，東井亦然。柳湖閣山，其淺可涉。大小岞捍之於外，則深入不患矣。

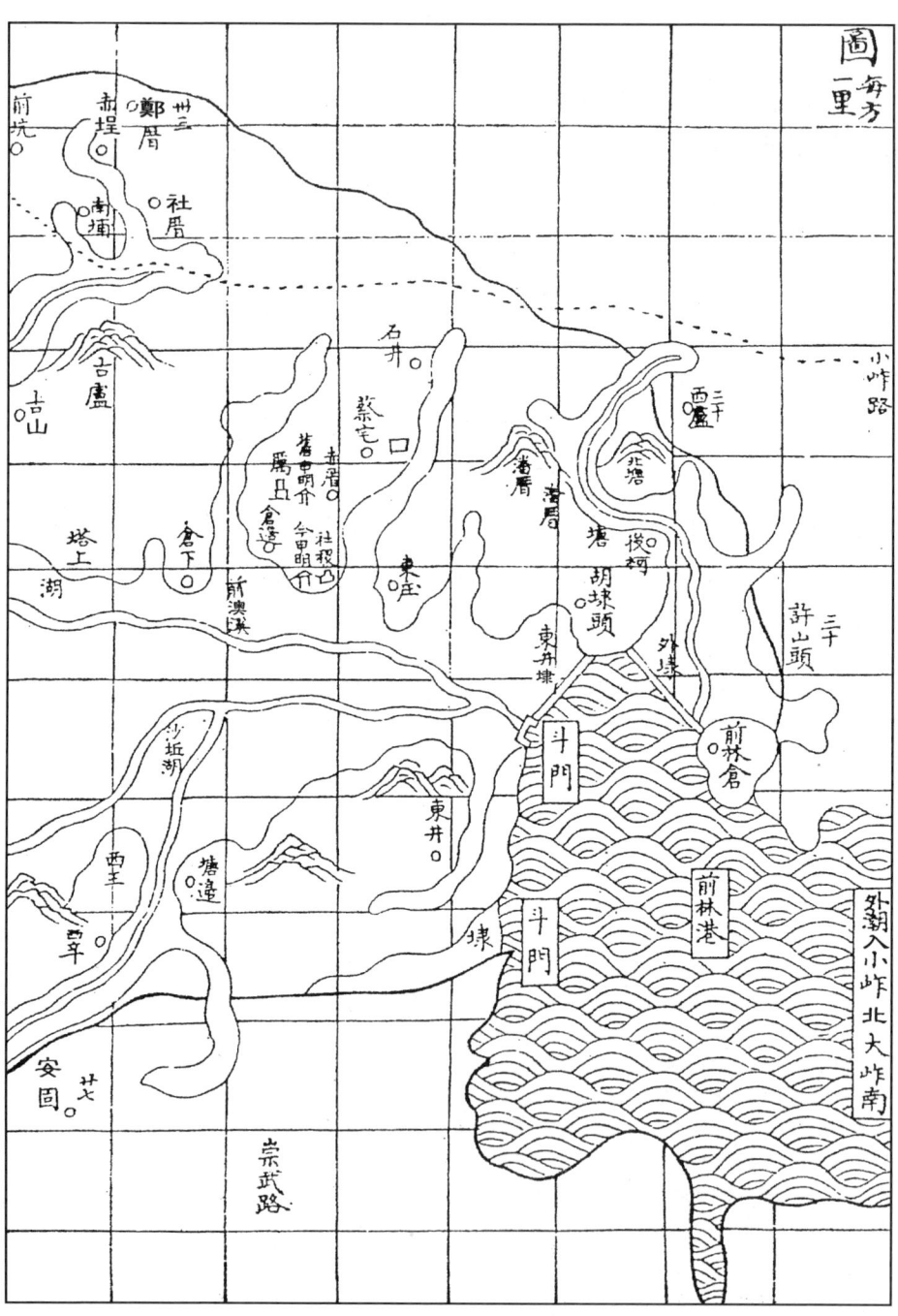

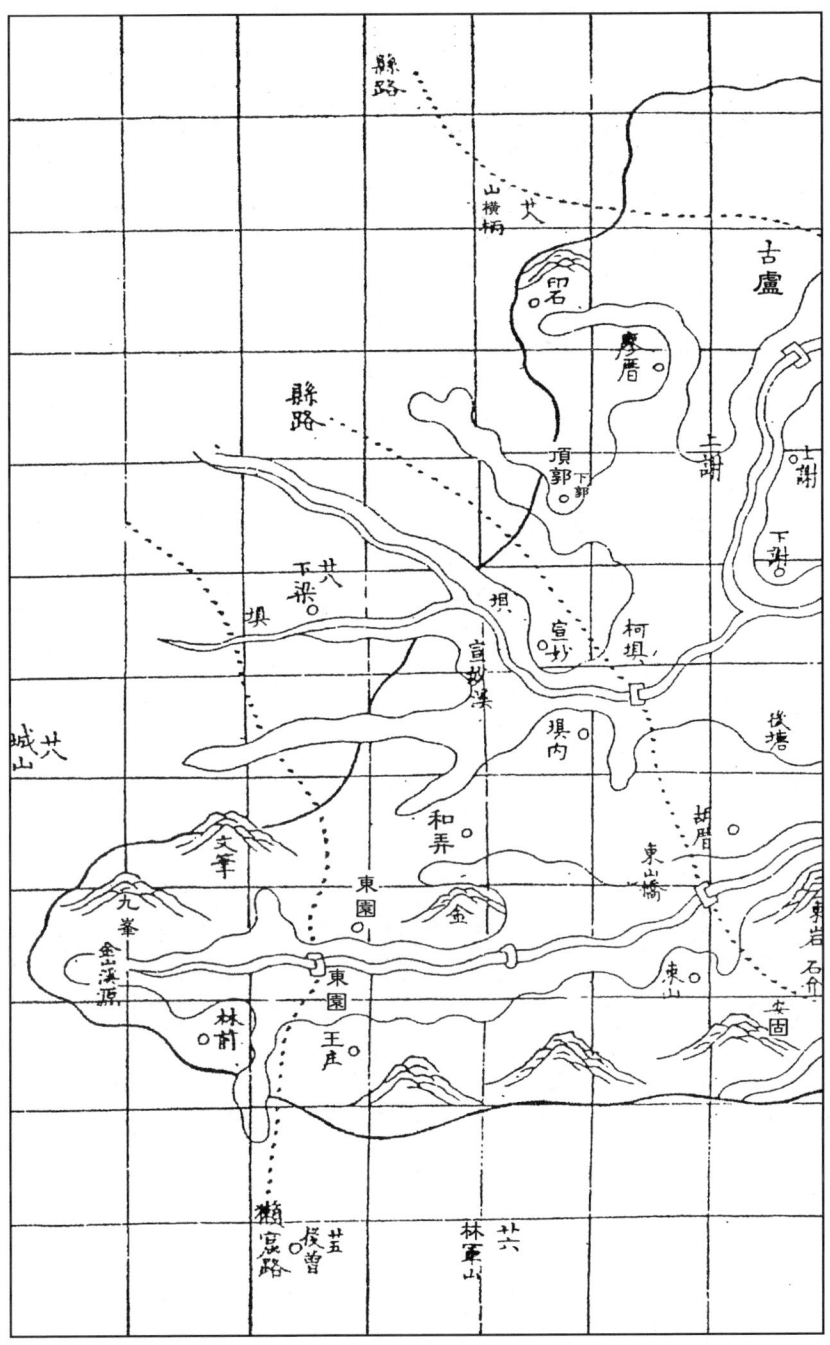

表	铺二	村三十三	坛一	亭二	学八	堡二
	蔡宅	蔡宅				
		印石				
		廖厝			龙山	
		赤埕				
		前坑				
		社厝				
		南埔			清沂	
		古山				
		上谢			傅芳	
		下谢				
		宣妙				
		郭厝(下郭)				
		坝内			文峯	
		胡厝				
		和芋				
		东园			金山	
		林前				
		王庄				

惠安政書八　二十九都

（續表一）

鋪二	村三十三	壇一	亭二	學八	堡二
	東山				
	西辛				
	西王				
	塘邊				
	東井			廣明	
	前林				
	湖埭頭			湖埭	北塘
	後柯	社稷			
	潘厝		今申明	前塋	
	東莊				
	倉邊				
	塔上				
	倉下	厲	舊申明		
	赤厝				
	石井				

	戶	民	軍	匠	鹽	弓兵	鋪兵
總	一百三十九	六十六	六十五	三	三	三	一
里長	十二	八					

（續表二）

	戶	民	軍	匠	鹽	弓兵	鋪兵
正管	一百	五十五	三十七	三	二	二	一
帶管	二十	八	十三				
絕	九	一	八				

	口	男	成	不	婦女	大	小
總	一千五十	五百一十一	三百零三	二百零八	五百二十八	四百零二	一百二十七
民	四百五十七	二百零四	一百二十八	七十六	二百五十三	一百九十九	五十三
軍	五百二十四	二百七十三	一百五十四	一百一十九	二百五十一	一百七十六	六十五
匠	三十七	十八	十三	五	十九	十四	五
鹽	一十三	七	三	四	六	五	一
弓兵	八	四	二	二	四	三	二
鋪兵	一十一	五	三	二	六	五	一

	田	地	山	池塘	總	湯	滬	水門
官民	五十九頃八十一畝一釐	二十頃九十五畝二分二釐	二十四畝	三分	八十一頃五分二釐			大三小七
官	一頃六十五畝一釐	二十二畝五分二釐			一頃八十七畝五分三釐			
官租	二十六畝一釐五釐	一畝八分七釐						

（續表三）

	田	地	山	池塘	蕩	滬	水門	總
職	一十八畝三分							
學	一畝二分							
廢寺	七十一畝九分三釐	一十三畝三分						
原沒	二畝四分一釐							
今沒	五十四畝九分五釐	七畝三分五釐						
民	五十八畝一十六畝	二十頃七十二畝七分	二十四畝	三分				七十九頃一十三畝
屯	一頃九十五畝二釐							二頃六十六畝二分
福右衛後所	一頃六十八畝八分二釐	七十一畝一分八釐						二頃四十畝
泉左所	二十六畝三分							
以上實地田、土								
官民	四十八頃五十七畝二分八釐	二十二頃六十三畝七分六釐	四十畝四分	一畝二分	一分	一所	一間	七十一頃六十二畝六分四釐
官	一頃八十六畝九分五分八釐	二十八畝九分六釐	四畝一分					二頃一十九畝六分四釐

（續表四）

	田	地	山	池塘	總	蕩	滷	水	門
官租	四十五畝二分	二十三畝一分一釐	四畝						
曠	二十一畝四分四釐								
學寺	三畝四分								
廢寺原設	四十一畝五釐	一分							
今設	二畝八分四釐		一分						
	七十二畝六分五釐	五畝七分五釐							
民	四十六頃七十畝七分	二十二頃三十四畝八分	三十六畝三分	一畝二分	六十九頃四十三畝	一所	一所		一間

以上在冊田、土

	正耗米	正米	耗米	夏稅鈔	秋租鈔
官民	四百二十石三斗四升三合二勺	三百九十四石三斗七升三合八勺	二十五石九斗六升四合四勺	五錠四貫二百七十四文	一貫六百七十三文
官	四十八石四斗六升四合六勺	四十六石八斗二升五合六勺	一石六斗三升八合九勺	四百九十八文	二十二文
官租	三石九斗八升五合九勺	三石八斗五升一合一勺	一斗三升四合八勺	一百八十六文	二十一文

(續表五)

	正耗米	正米	耗米	夏稅鈔	秋租鈔
職	一十五石五斗三升三合三勺	一十五石八合	五斗二升五合三勺	一十四文	
學	六斗三升八合三勺	六斗一升六合七勺	二升一合六勺	一十文	
廢寺	一十一石四升六合五勺	一十石六斗八升三合	三斗七升三合五勺	一百二十三文	一文
原沒	一石二升八合八勺	九斗九升四合	三升四合八勺	八文	
今沒	一十六石二斗三升一合九勺	一十五石六斗八升三合	五斗四升八合九勺	一百五十七文	
民	三百七十一石八斗七升八合五勺	三百四十七石五斗五升	二十四石三斗二升八合五勺	五錠二貫七百七十六文	一貫六百五十文
浮糧	四石四升七合八勺				
新增					
漁					
洪武	三石六斗				
永樂	三石六斗				
嘉靖	二十石七斗五升				
萬曆					

三　十　都

　　東西縱二十里,橫祇五六里。惟沙堤廣里所而渡小岞,迫陋矣。稍分二部,塍埒界之。蓋自石井度南坡,循盧中至柳湖,由西安而折,其水北流者,沿爲香山,復轉而南,迤爲沙堤。表裏環海,句廉斗入,突有小岞,島嶼極目。前盱大岞,後盼黃崎。西北諸峰隱然天闔之列步障,不爲海表之壯觀哉！凡山既童,潮復盪之,惟盧中支阜聯絡,其澗流錯出,兵燹不興,佃漁頗給。

　　小岞壘以巡司,牛嶼有民船守之,與盧中寨聲勢相援,雖若孤危,亦可以固守矣。但壘據絕頂,涸而難持久,不如後内,其堡險而有泉。日者倭由輞川搗之,死枕藉而幸不破,民素驍勇,非堡足恃也。前内寒心,因隳版築,不思竭力增卑倍薄以固守之,不猶愈於竄僇乎？

　　此雖窮裔,宋李執政①故墟也。墟中人言其還鄉,有司築堤迎之。考其人不足稱焉。於時流寓陳氏,其裔五世同居,尚有遺風,可謂此無君子哉！

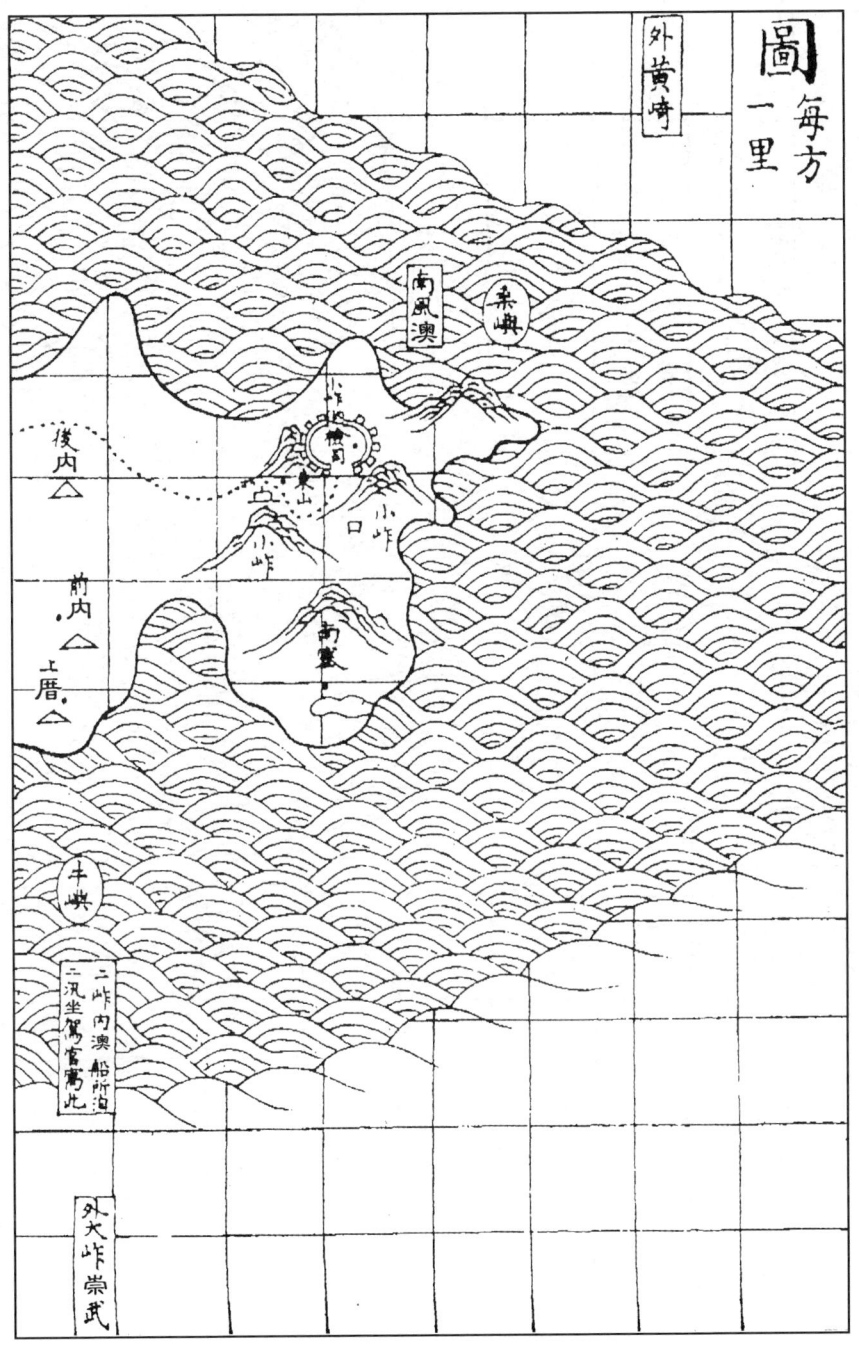

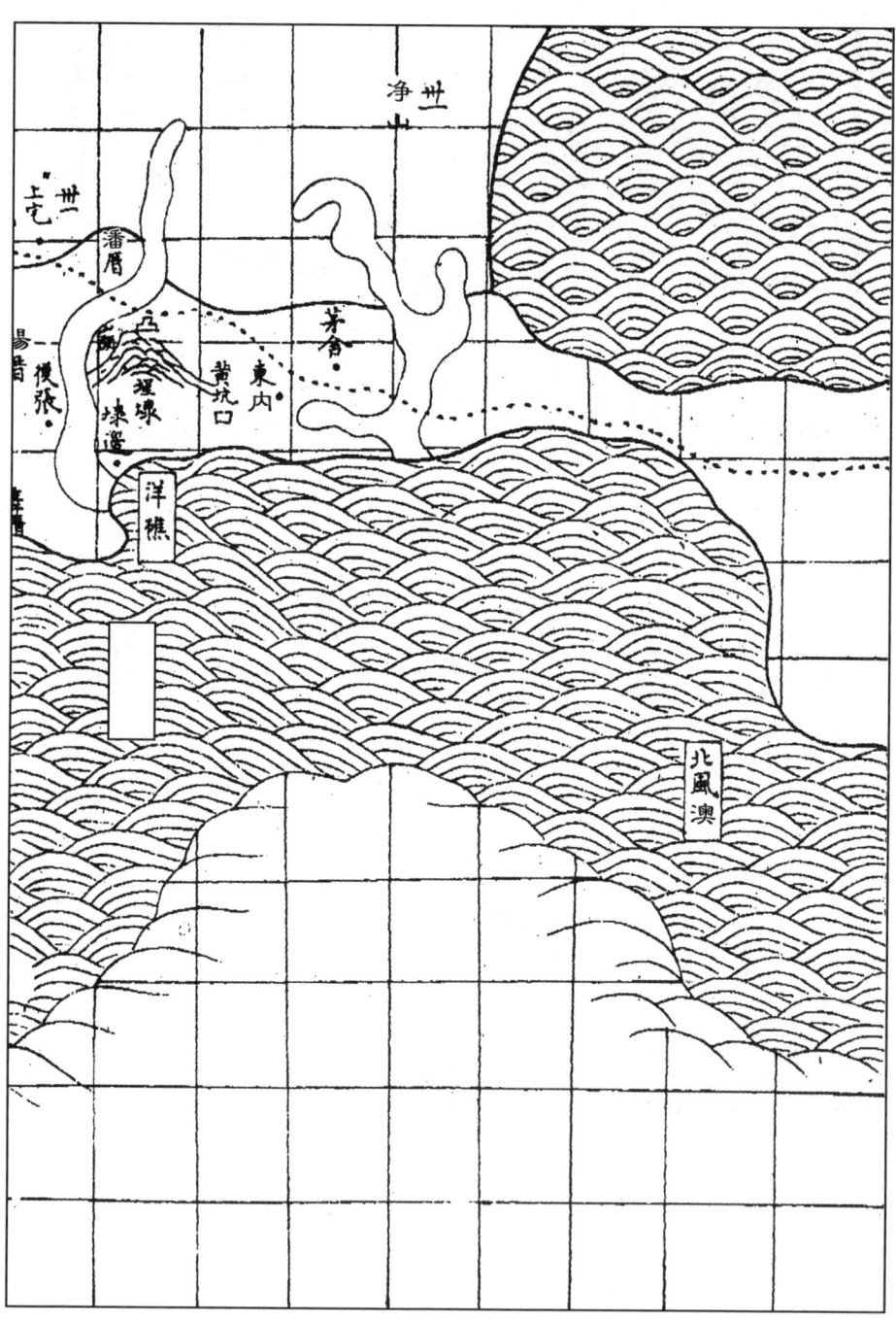

惠安政書八 三十都

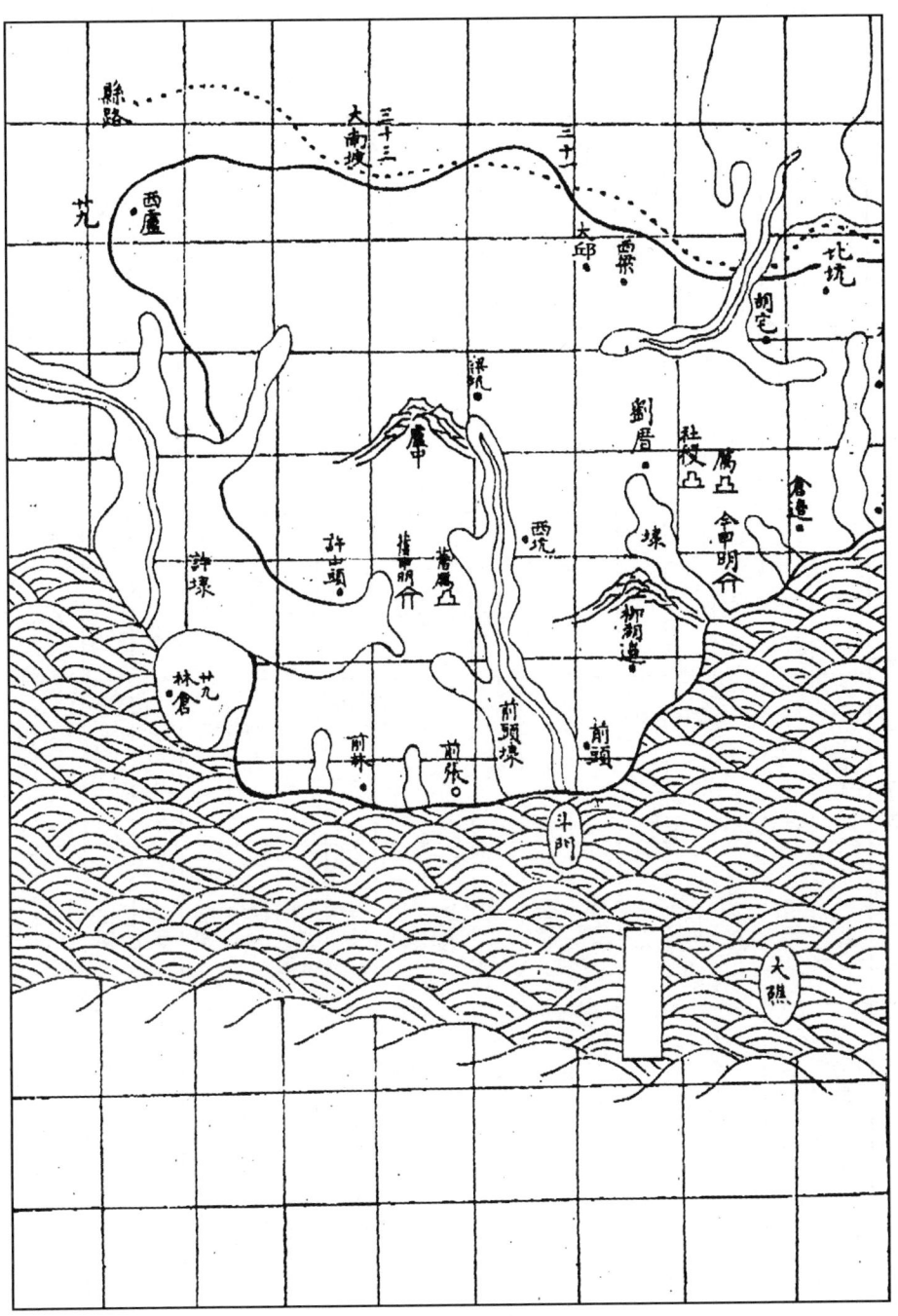

表

铺二	村二十七	坛三	亭二	学六	堡四	墩二
黄坑	東內					
	柳湖邊			柳湖		
	西坑					
	前頭					
	前張					
	前林					
	許山頭	舊厲	舊申明	許山		
	西盧				盧中	
	梁坑					
	大邱			大邱		
	西梁					
	劉厝	社稷 厲	申明			
	倉邊					
	胡宅					
	北坑					
	潘厝					
	楊厝					

（續表一）

鋪二	村二十七	壇三	亭二	學六	堡四	墩二
	後張					埕嶼
	辜厝					
	埭邊			埭邊		
	茅舍			黃坑		小岞
小岞	小岞					
	東山					
	後內			後內	後內	
	前內				前內	
	上厝				上厝	
巡檢司	南塞					

	戶	民	軍	匠	弓兵
總	一百五十七	七十六	六十八	四	九
里長	十	四	五	一	
正管	一百	六十二	三十七	三	八
帶管	一十四	九	九		
絶	三十	一	二十		一

（續表二）

	口	男	成	不	婦女	大	小	絕
總	一千二十	四百七十一	二百七十	二百零二	五百一十四	三百七十七	一百三十七	三十四
民	四百六十七	二百二十六	一百三十一	九十五	二百四十	一百七十	七十	大一
軍	四百四十六	一百九十八	一百一十三	八十五	二百一十六	一百六十三	五十三	不十一大四小十三
匠	五十二	二十五	一十四	一十一	二十三	二十一	六	
弓兵	五十五	三十三	二十	一十一	二十一	二十三	八	小一

	田	地	山	池塘	蕩	埕	滬	總
官民	四十一頃四畝八分	三十五頃八十畝六分	二畝二分	八分	二十三所		七所	七十六頃八十七畝六分八釐
官	一頃七十畝二分八釐	八畝五分	一畝		四所半			
官租	一頃四十畝四分六釐	五畝九分	一畝		一所			
職	十五畝二釐							
學					二所半			
原沒	一分							
今沒	九畝	二畝六分						

（續表三）

	田	地	山	池塘	總	蕩	埕	滬
民	三十九頃三十三畝八分	三十五頃三十七畝二畝一分	一畝二分	八分	七十五頃三十七畝九分	十八所半		七所
屯	二頃三十二畝五分五釐	三頃五畝五分五釐	三頃五畝五分		五頃三十九畝二分			
福右衛後所	一頃七十畝七分	二頃一十八畝四分			三頃八十九畝一分			
崇武	六十三畝八分五釐	八十七畝八分五釐			一頃五十畝			

以上實地田，土

	田	地	山	池塘	總	蕩	埕	滬
官民	三十九頃四十八畝七分八釐	三十六頃四十畝五分九釐	二十六畝	三畝三分	七十五頃九十二畝六分七釐	三十二所	半所	五所半
官	一頃八十九畝一分四釐九釐	三十八畝一分九釐	六畝五分		二頃三十四畝一分七釐	二所半		
官租	一頃一十九畝五分	二十八畝二分五釐	六畝			半所		
職	一十三畝八分							
學						二所		

301

（續表四）

	田	地	山	池塘	總	蕩	埕	滬
廠寺	二畝六分一釐	八分五釐						
原沒	一十三畝七釐							
今沒	四十畝	九畝一分九釐	五分					
民	三十七頃二十九畝三分	三十六頃四分	一十九畝五分	三畝三分	七十二頃五十八畝五分	一十八所半	半所	五所半

以上在冊田、土

	正耗米	正米	耗米	夏稅鈔	秋租鈔
官民	四百三十六石一斗三升六合九勺	四百八石七斗九升九合	二十七石三斗三升七合九勺	六錠一百一十三文	九錠三貫五百三十六文
官	三十七石二斗六升六合	三十五石九斗四合	一石二斗五升六合六勺	六百三十一文	二錠三貫五百三十六文
官租	九石二斗七升六合五勺	八石九斗四升三合二勺	三斗一升三合七勺	四百二十四文	二貫五百三十六文
職	九石九斗九升八合一勺	九石六斗六升一勺	三斗三升八合一勺	四十一文	
學	二石七升	二石	七升	十六文	二錠

(續表五)

	正耗米	正　米	耗　米	夏稅鈔	秋租鈔
廢寺	七斗二合四勺	六斗七升八合六勺	二升三合八勺	九文	六文
原沒	四石九斗一升五合八勺	四石七斗四升九合六勺	一斗六升六合二勺	四十一文	
今沒	一十石一斗九升七合八勺	九石八斗五升三合	三斗四升四合八勺	一百文	
民	三百九十八石九斗七升六合二勺	三百七十一石八升七合五勺	二十六石一斗一合三勺	五錠四貫四百八十二文	七錠一貫
浮糧	四斗八升二合八勺				
新增	五石一斗七升六合三勺				
漁					
洪武	一十三石五斗五升				
永樂	四十一石七斗				
嘉靖	五十二石五升				
萬曆	九十七石八斗				

三 十 一 都

　　方五六里，黄崎盤其左角，小岞跨其左股，雖境土褊小，而形勝雄它都矣。蓋自南坡趨海而北折，東爲净山，鋭而秀，亦名曰"尖"，奕以鳳山、樓山，蓋都之冠冕焉。長湖帶之，南滙於海，據上游居者，鷄犬相聞也。净山之西張坑，張氏世居。獅山蹯峙，龍潭、鹿崎二水樛流其側，北滙於海，地靈攸鍾，爰有襄惠②，爲世仰止，山增而高矣。

　　惟西塘潮淤沙壓已久，奏而蠲者無幾，即張坑蓄洩得宜，歲入不及它都三之一。洋埭多蕪，或不足糞其田，故佃者負賦亦不下數石，地瘠糧浮，幸户口頗蕃也。

　　東隙大海，有二堡，圮矣。如張坑有之，二者左右援，諸附離者，不汔可少安乎？

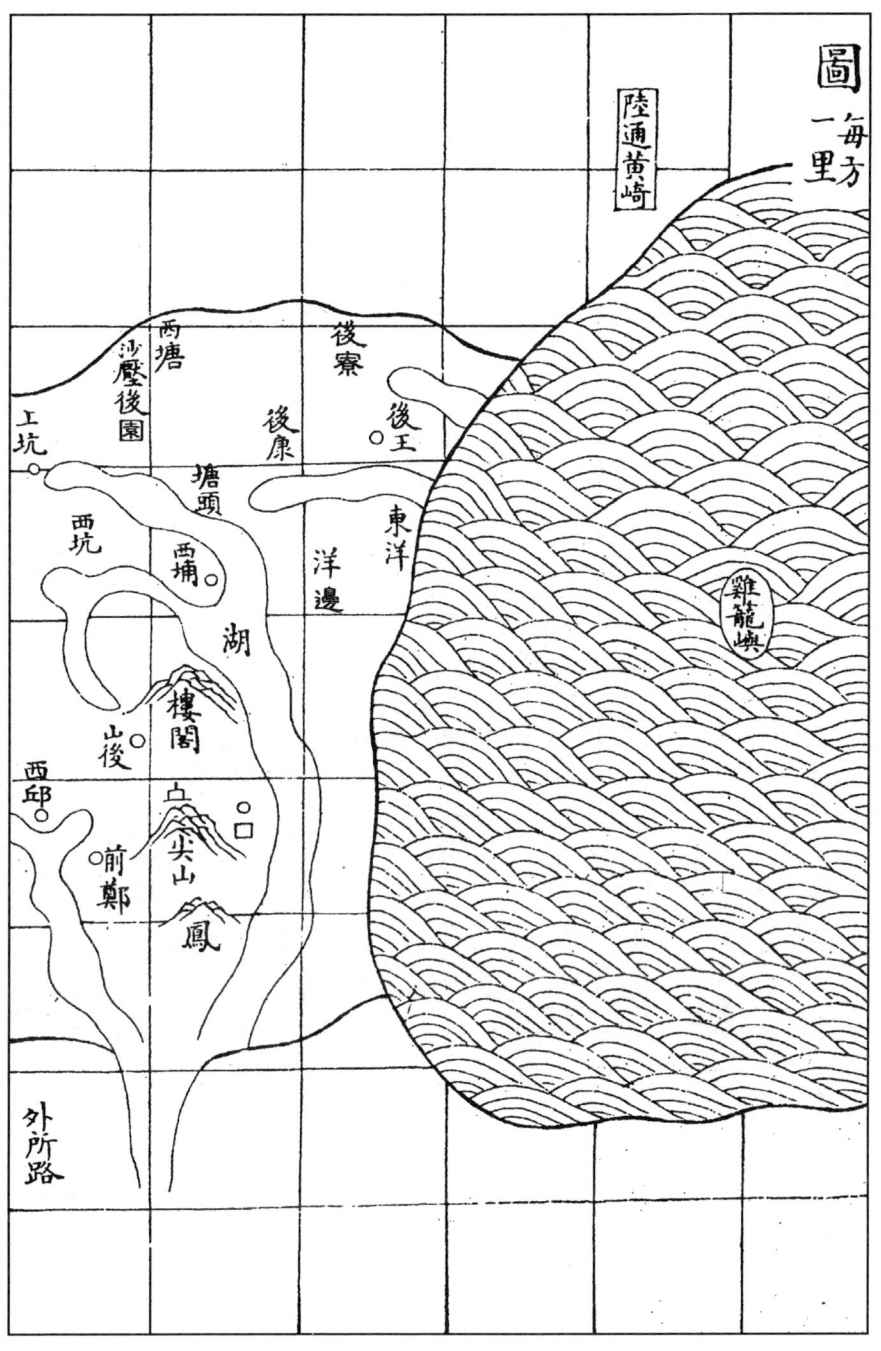

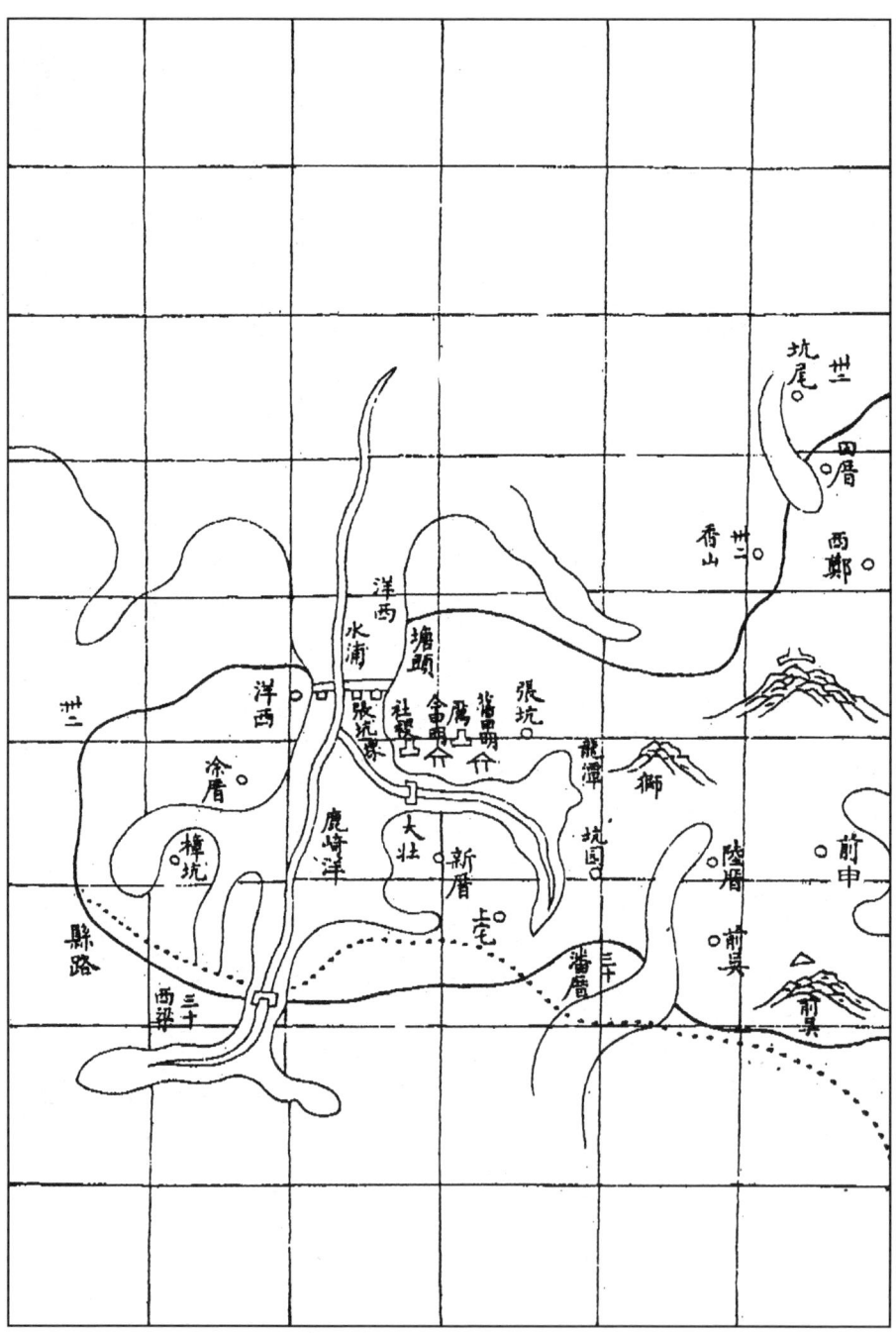

惠安政書八 三十一都

表

鋪一	村二十八	壇二	亭二	學三	堡二	墩一
山前	山前					
	樟坑					
	塗厝			養正		
	洋西					
	塘頭					
	張坑	社稷	舊申明			
	新厝	厲	今申明	仁宅		
	上宅					
	坑園					
	陸厝					
	西丘					
	前吳				前吳	
	前申					
	前鄭					
	山後				樓閣	尖山
	西坑					
	西鄭					

（續表一）

鋪一	村二十八	壇二	亭二	學三	堡二	墩一
	田厝					
	上坑			文山		
	西浦					
	後園					
	塘頭					
	後康					
	西塘					
	後寮					
	後王					
	東洋					
	洋邊					

	戶	民	軍	匠
總	一百四十八	九十八	四十九	七
里長	十	三	四	三
正管	一百	七十六	二十一	三
帶管	一十三	七	一十三	一
絕	二十六	一十三	一十二	

（續表二）

總	口	男	成	不	婦女	大	小	絕
總	九百八十二	四百一十八	二百四十六	一百七十二	五百三十八	四百零八	一百三十	二十七
民	五百二十二	二百三十一	一百四十一	九十一	二百六十七	一百九十八	六十九	不一大七小四
軍	三百三十一	一百二十九	六十九	六十	一百八十九	一百四十八	四十一	不七小六
匠	一百四十	五十七	三十六	二十一	八十二	六十二	三十一	不一

	田	地	山	池塘	蕩	埕	滷	水門
官民	三十五頃七十一畝四分二釐	三十四頃四畝六分四釐			半所	一所	半所	
官	五十七畝二分二釐	四畝四釐			半所			
官租	一十六畝二分六釐	二畝一分七釐				一所		
職	八畝五分八釐							
學	一分八釐							
原沒								
今沒	三十一畝九分六釐	一畝八分七釐						

（續表三）

	田	地	山	池塘	總	蕩	埕	地	滬	水門
民	三十五頃一十畝一分	三十四頃六十分			六十九頃六十四畝六分				半所	
屯 福右衛後所	二頃六十一畝二分二釐	四頃一畝三分八釐			六頃六十二畝六分					
崇武	二頃二十八畝六分二釐	三頃七十三畝九分八釐			六頃一畝六分					
	三十二畝六分	二十七畝四分			六十畝					

以上實地田土

	田	地	山	池塘	總	蕩	埕	地	滬	水門
官民	七十二頃九十九畝七分九釐	三十九頃五十畝二分一釐	一十八畝二釐	五分	一百一十二頃六十八畝五分二釐	五所	二所	二所	一所	一十六間
官	九頃二十六畝九分九釐	一頃八十六畝五分一釐	二畝二釐		一十頃八十七畝五分二釐	二所	二所			
官租	六頃一十四畝一分九釐	七頃九十畝八分	七分八釐			半所				
職	一十四畝七分六釐	一分								
學	三畝一分	三畝				一所 未				

惠安政書八 三十一都

（續表四）

	田	地	山	池塘	蕩	埕	地	滬	水門
廢寺	一頃六十五畝九分三釐	五十三畝六分							
原沒	九畝二分三釐								
今沒	一頃二十畝七分一釐五	二十五畝一分一釐	一畝二分四釐						
	六十三頃七十二畝八分	三十七頃九十一畝七分	十六畝	五分					
民									

以上在册田、土

	正耗米	正米	耗米	夏稅鈔	秋租鈔
官民	六百十三石八斗一升八合	六百四十二石三斗七升四合七勺	四十石六斗四升三合三勺	八錠三貫七百七十四文	五錠二貫七百九十六文
官	一百三十三石七斗四升四合五勺	一百二十九石二斗二升二合七勺	四石五斗二升二合一勺八勺	三貫九文	三錠三貫四十六文
官租	四十二石四斗一升二合二勺	四十石九斗七升七合	一石四斗三升四合二勺	二貫一十六文	一錠二貫六百二十一文
曠	二十石六斗九升三合六勺	十石三斗二升七合	三斗六升一合二勺六勺	四十四文	

一百一頃十一畝 | | | | | 三所 | 二所 | 三所 | 一所 | 一十六間

（續表五）

	正耗米	正　米	耗　米	夏稅鈔	秋租鈔
學	二石六斗五升二合	二石五斗六升二合四勺	八斗九合六勺	二十五文	二錠
廢寺	四十四石五斗一升四合五勺	四十三石九合二勺	一石五斗五合三勺	六百三文	四百三十五文
原沒	三石四斗三升九合九勺	三石三斗二升六合九勺	一斗一升三合	二十八文	
今沒	三十石一斗三升八合三勺	二十九石一斗一升七合二勺	一石一升九合一勺	二百九十三文	
民	五百四十九石七升五勺	五百一十三石一斗五升	三十五石九斗二升五合	八錠七百六十五文	一錠四貫七百五十文
浮糧	二十六石八斗七升六合九勺				
新增	二石八斗二升六合五勺				
漁					
洪武					
永樂	七石三斗五升				
嘉靖	四石二斗				
萬曆	二十四石四斗				

三 十 二 都

　　兹北爲峰尾司，又北南日寨；南爲小岞司，又南崇武所，屯戍之險，馭島夷者備矣。以兹爲賊所出入聚散，尤險於它澳，置司馬。都南北不能五里，肩臂皆患海寇，所恃礁嶼最多耳。左右袤餘二十里，自香山東北僅一路達司，出海中將十里，狹而勢長，則孤危矣。

　　司北山曰黄崎，有斥候，又加設於馬山，因以加墩名。其聚香山旁亦有堡，爲防守計頗密。然其田瘠鹵，非網罟舟楫則困。蓋自王棣洋中貫，而東西維稍殊，雖山均南坡，分而北上，洋東則荒，西稍夷衍，夾以東溝，原隰之故不改，陂塘之蹟具存，當跳出沙土，不使數敗，斯可矣。

　　第各海澨，賦不盡蠲，終歲勤動，無不疲敝。然青山以孝子名，西坑以義士著，亦有五世同居，其謠俗不可以濱海棄也。

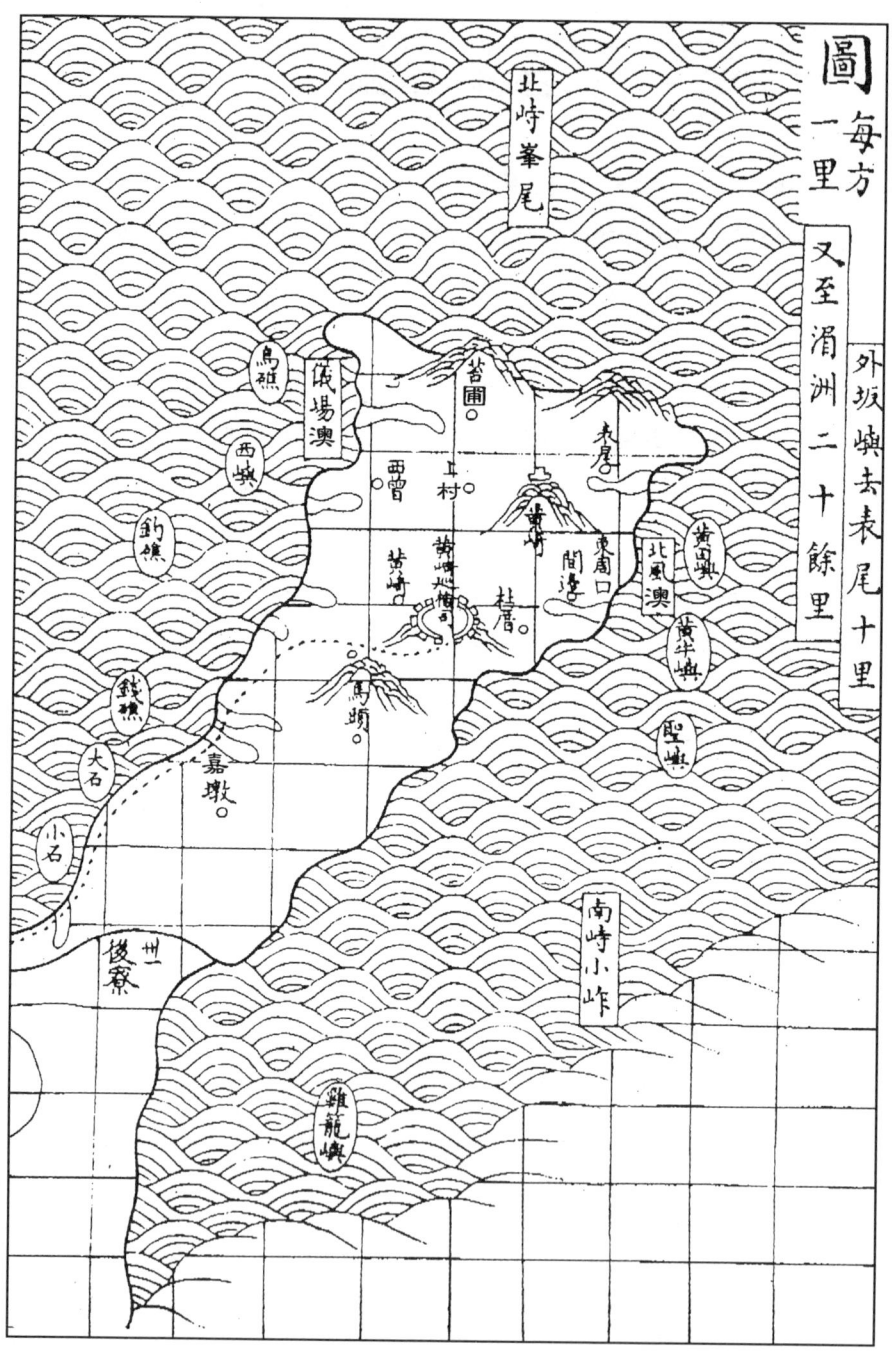

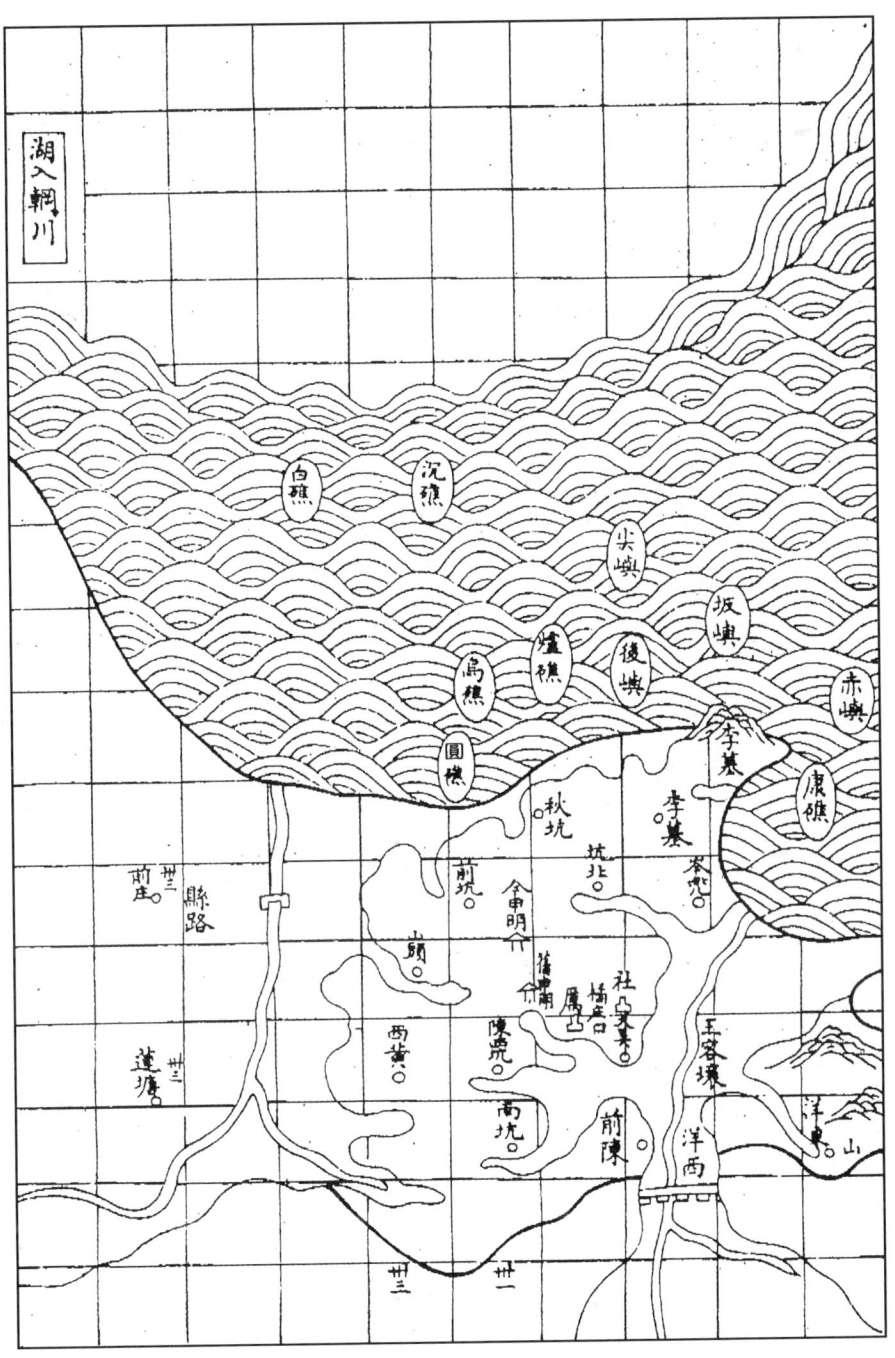

表

铺二	村二十一	坛二	亭二	学十	堡一	墩二
橘莊	大吳	社稷	舊申明	大吳		
	西黃	厲		臥龍		
	山頭					
	前坑			前坑		
	秋坑					
	李墓			務山		
	岑兜			左江		
	坑北			坑北		
	陳西坑		申明			
	南坑					
	洋東			香山	香山	
	前陳			洋西		
	坑尾					
東周	間邊					
	嘉墩			嘉墩		馬頭
	黃崎					黃崎
	西曾					

惠安政書八 三十二都

（續表一）

	戶	村二十一	壇二	亭二	學十	堡一	墩二	鋪二
總	一百三十二							
里長	六十一	杜厝						
正管	五十	上村			上村			
帶管	二	嵒園						
絕	十二	表尾						

	口	男	成	不	婦女	大	小	絕
總	一千五十四	四百八十四	二百八十	二百	五百五十八	四百三十七	一百二十一	十二
民	二百七十三	一百二十八	六十五	六十一	一百四十三	一百零六	三十七	不二
軍	五百六十二	二百五十八	一百五十八	一百	二百九十五	二百三十五	六十	不七小二
匠	一百六十七	七十三	四十六	二十七	九十三	七十五	一十八	不一
弓兵	三十四	一十八	一十一	七	十六	一十二	四	
鋪兵	一十八	七	四	三	一十一	九	三	

（續表二）

	田	地	山	池塘	總	蕩	埕	渡	滬	水門
官民	三十二頃九十二畝八分七釐	四十四頃五十八畝	一畝三分		七十七頃五十二畝一分七釐	十二所半	五所	一所	五所半	十五間六
官	二頃四畝三分四釐③	七十五畝七分	六分		二頃八十畝六分八釐	三所	一所	一所		二間
官租	一頃三十六畝六分二釐	三十二畝三分					一所			
職	一十畝二分									
學	一畝五分					一所				
廢寺			六分							
今没	五十六畝六分二釐	四十三畝六分	七分			一所				
民	三十頃八十八畝四分九釐	四十三頃八十三畝三分			七十四頃七十一畝四分九釐④	九所	四所	一所	五所	三十二間
屯	一頃四十一畝三分八釐	四頃三十八畝五十二釐			五頃九十八畝四分					
福右衛後所	一頃六十畝七分八釐	三頃四十二畝六分二釐			四頃四十九畝四分					五十四間

（續表三）

	田	地	山	池塘	總	蕩	埕	渡	滬	水門
崇武	三十四畝六分	一頃二十五畝四分		一頃五十畝						
以上實田地土										
官民	三十二頃五十二畝八分三釐	四十四頃四十畝八分	一十八畝六分		七十七頃一十二畝一分七釐三毫	七所半	五所	一所	四所	二十三間
官	二頃六十八畝八分三釐	九畝二分	一十畝一分		三頃六十九畝一分三釐	一所	一所			
官租	一頃二十九畝二分三釐	四十九畝八分	九畝五分	五分		半所				
職	一十一畝九分四釐									
學	四分八釐									
廢寺	一畝五分					一所				
原沒	五畝四分									
今沒	一頃二十畝二分五釐	四十畝四分	六分							

（續表四）

	田	地	山	池塘	總	蕩	埕	渡	滬	水門
民	二十九頃八十四畝	四十三頃五十四畝六分	八畝五分	五分	七十三頃四十三畝六分	六所半	四所	一所	四所	二十三間

以上在册田、土

	正耗米	正米	耗米	夏稅鈔	秋租鈔
官民	四百五十八石五斗二升五合	四百三十三石四斗二升八合	二十八石一斗九升六合六勺	六錠三百三十一文	六錠三貫一百九十七文
官	五十六石九斗七升五合四勺	五十五石七斗四升八合八勺	一石九斗二合六勺	八百九十三文	二錠四十七文
官租	一十一石五斗六升六合九勺	一十一石一斗七升五合二勺	三斗九升二合六勺	五百一十三文	一錠四十七文
職	八石六斗五升五勺	八石三斗五升七合九勺	二斗九升二合	三十六文	
學	三石二斗三合三勺	八升七合五抄	三合五抄	一錠	
廳寺	四斗二合七勺	三斗九升五抄	一升三合六勺五抄		

320

（續表五）

	正耗米	正　米	耗　米	夏稅鈔	秋租鈔
民 原没	一石九斗五升六合一勺	一石八斗九升	六升六合一勺	一十六文	
民 今设	三十三石二斗七升三合一勺⑤	三十二石二斗四升八勺	二石一斗二升六合一勺	三百二十二文	
民	四百二石五斗四升九合六勺	三百七十五石二斗八升	二十六石二斗六升九合六勺	五錠四貫四百四十三文	四錠三貫一百五十文
浮糧					
新增	三石二斗三升四合三勺				
漁					
洪武	五十三石七斗				
永樂	七十石四斗				
嘉靖	五十五石八斗				
萬曆	七十一石三斗五升				

三 十 三 都

兹與二都、三十四都比壤,其氣習亦不甚異。自靈瑞歷普惠院麓,中爲長坡,有山曰武嶼,陰至海隅及前莊、後曾,左右溪陽滙三湖,北合東溝⑥,將入海有鷄冠山堡,亦一隅保障也。

自青龍洞北距塔山,邑屋里區甚稠而地儉,溪源不長,南莊埭之田、祖龍壩之水,其利賴亦多矣。

概都埭居多,雖屬廣衍,無陝隘可守。而湖田若潦,埭田苦旱,並海有湖没沙壓,故民以瘠,惟俗强悍耳。然西赴縣郭,北馳輞川,南下崇武,東道黄崎、小岞,幸明⑦無事,與四鄰同其思輯,有山海之變,則爲旁午湊集之區,故營土砦,練土著,保境之策亦不可廢也。

惠安政書八 三十三都

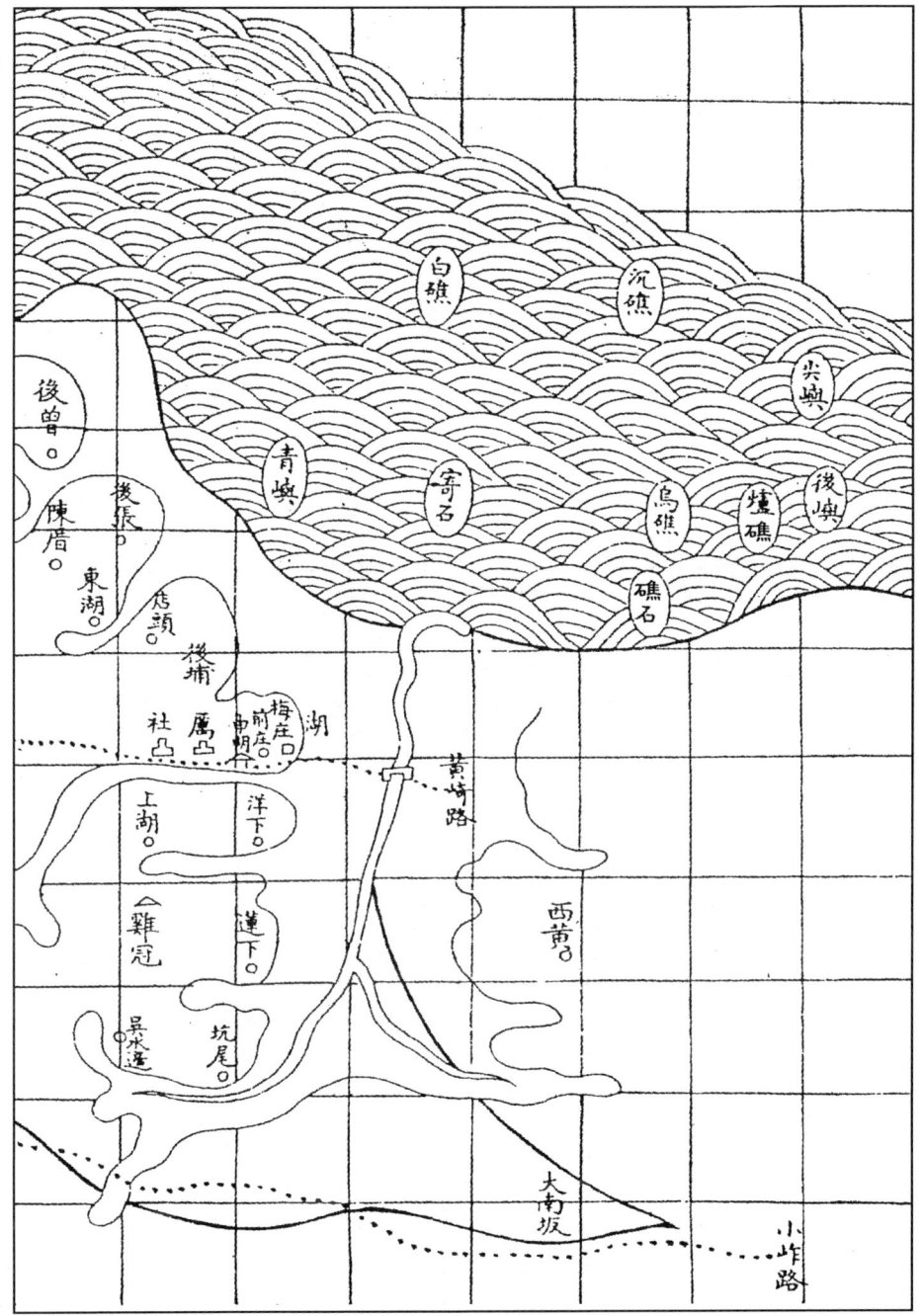

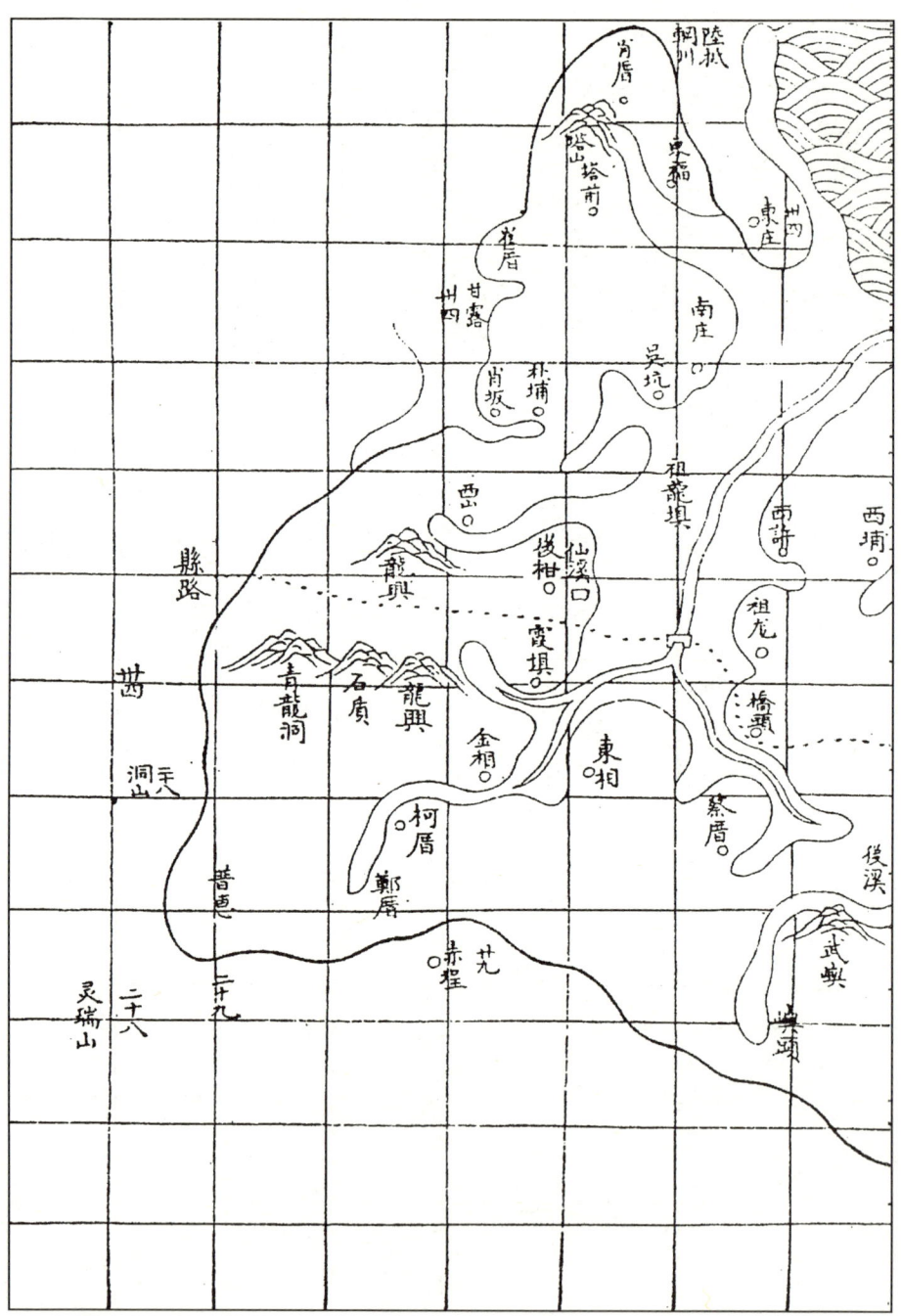

表

鋪二	村三十五	壇二	亭一	塋三	堡一
梅莊	前莊	社稷	申明		
	坑尾	厲			
	吳水邊				雞冠
	蓮塘				
	上湖			漁湖	
	洋下			洋下	
	後埔				
	店頭				
	埔珠				
	蔡厝				
	後溪				
	嶼頭				
	東湖				
仙溪	橋頭				
	後柑				
	鄭厝				
	金相				
	霞堀			霞山	

（續表一）

鋪二	村三十五	壇二	亭一	學三	堡一
	東山				
	柯厝				
	西山				
	吳坑				
	祖龍				
	西許				
	西埔				
	陳厝				
	後張				
	後曾				
	南莊				
	東福				
	崔厝				
	塔前				
	肖坂				
	朴埔				
	肖厝				

（續表二）

	戶	民	軍	匠	絕
總	一百二十四	八十五	三十八	一	
里長	十	三	七		
正管	一百	七十六	二十三	一	
帶管	五	六	三		
絕			五		

	口	男	女	成	不	大	小	絕
總	九百零七	四百三十三	四百六十六	二百五十九	一百七十四	三百三十九	一百二十七	八
民	四百八十三	二百三十二	二百五十一	一百四十三	九十	一百八十一	六十九	
軍	四百一十六	一百九十六	二百一十二	一百二十一	八十三	一百五十五	五十七	
匠	八	四	四	三	一	三	一	不四小四

	田	地	山	池塘	總
官民	七十二頃六十五畝五釐	五十三頃七十八畝九釐	三十九畝三分	六分	一百二十六頃八十三畝四釐
官	六頃六十一畝四分五釐	六十三畝九釐	一畝一分		七頃二十五畝六分四釐
官租	三頃三畝八分三釐	一十畝一分	一畝一分		

(續表三)

	田	地	山	池塘	總
職	二十三畝九分三釐				
學	三畝八分三釐				
廢寺	三十六畝四分				
原没	九畝一分六釐				
今没	二頃八十四畝二分四釐				
民	六十六頃三畝六分	五十三頃一十四畝五畝	三十八畝二分	六分	一百一十九頃五十七畝四分
以上實田地、土					
官民	四十四頃六十三畝六釐	三十三頃四十三畝六分二釐九毫	三十二畝二分	一畝六分	七十八頃四十一畝七釐八分九毫
官	三頃九十二畝六釐	三十八畝三分二釐九毫	七分		
官租	一頃九十七畝八分二釐	二十一畝七分二釐九毫	七分		四頃三十一畝八分九毫
職	二十畝七分一釐				

（續表四）

	田	地	山	池塘	總
學	二畝三分九釐				
廢寺	四畝三分	二畝五分			
原沒	七畝五分七釐				
今沒	一頃五十九畝二分七釐	一十四畝一分			
民	四十頃七十二畝三分	三十三頃五畝三分	三十一畝五分	一畝六分	七十四頃一十畝七分

以上在册田、土

	正耗米	正米	耗米	夏稅鈔	秋租鈔
官民	四百六十四石六斗八升三合五勺	四百五十四石八斗三升九合	三十五石七斗三升二合一勺	五錠四百二十一文	五十一文
官租	六十八石二斗一升一合	六十五石九斗四合二勺三抄	二石三斗六合七勺三抄	一貫九十三文	五十一文
	一十二石九斗七升七合九勺	一十二石五斗五升九勺	四斗三升八合九勺	六百三十七文	三十六文
職	一十五石四合四勺	一十四石四斗九升七合	五斗七合四勺	六十二文	

(續表五)

	正耗米	正　米	耗　米	夏稅鈔	秋租鈔
學	四斗四升八合七勺	四斗三升三合五勺	一升五合二勺	七文	
廢寺	一石一斗五升七合二勺	一石一斗一升八合七抄	三升九合一勺三抄	一十八文	
原没	二石七升四合二合二勺	二石六斗四升九合五勺	九升二合七勺	二十三文	
今没	三十五石八斗八升六勺	三十四石六斗六升七合二勺	一石二斗一升三合四勺	三百四十六文	
民	三百六十六石四斗七升二合五勺四勺	三百五十七石七十斗三升五合斗三升五合	二十五石九斗三升七合五勺	五錠四貫六百四十三文	
浮糧	二石五斗六升五合四勺				
新增					
漁					
洪武					一十五文
永樂					
嘉靖					
萬曆	三石五斗五升				

三十四都

距縣五六里。

縣自大帽西馳而南，東繞城山至洞山，環揖縣治之前。由洞山北入爲上柑山，至峰崎。其東爲古山，抵輞川，對峙縣之東隅。水出縣左右，凡十都。在菱溪、洋溪內者，各由溪達埭，滙峰崎江（港），出輞川橋入海，實惟縣之咽喉，堪輿家目其山爲捍門云。夫其去縣近而地北⑧末者，山川源委然也，故其氣所鍾者阜矣。

是以地狹人稠，圖分上下，無［田］足耕。坑雖瘠亢亦佃⑨，其有四埭，僅走馬通溪，東莊接祖龍壩者甚微，下莊、新河不達它源，乃旁築官埭、新埭，環五都之壩。余繕之，爲通其源，蓋亦僅僅焉爾。

大概闔都海殖多矣，竿嶼之殖，別爲一區。漁有市利，帆檣輳入，輞川尤爲浩穰，而河泊所置焉。

近以兵燹，江贄卿勸父老、子弟築城，周七百餘丈，斯獨爲縣巨鎮。碩無它戍，人不相攝，萬一賊乘爲穴，北都薪米不至，曠日與縣相持，此坐困之術也，故稍緩急，宜遣尉史以督，祈望守之。

惠安政書

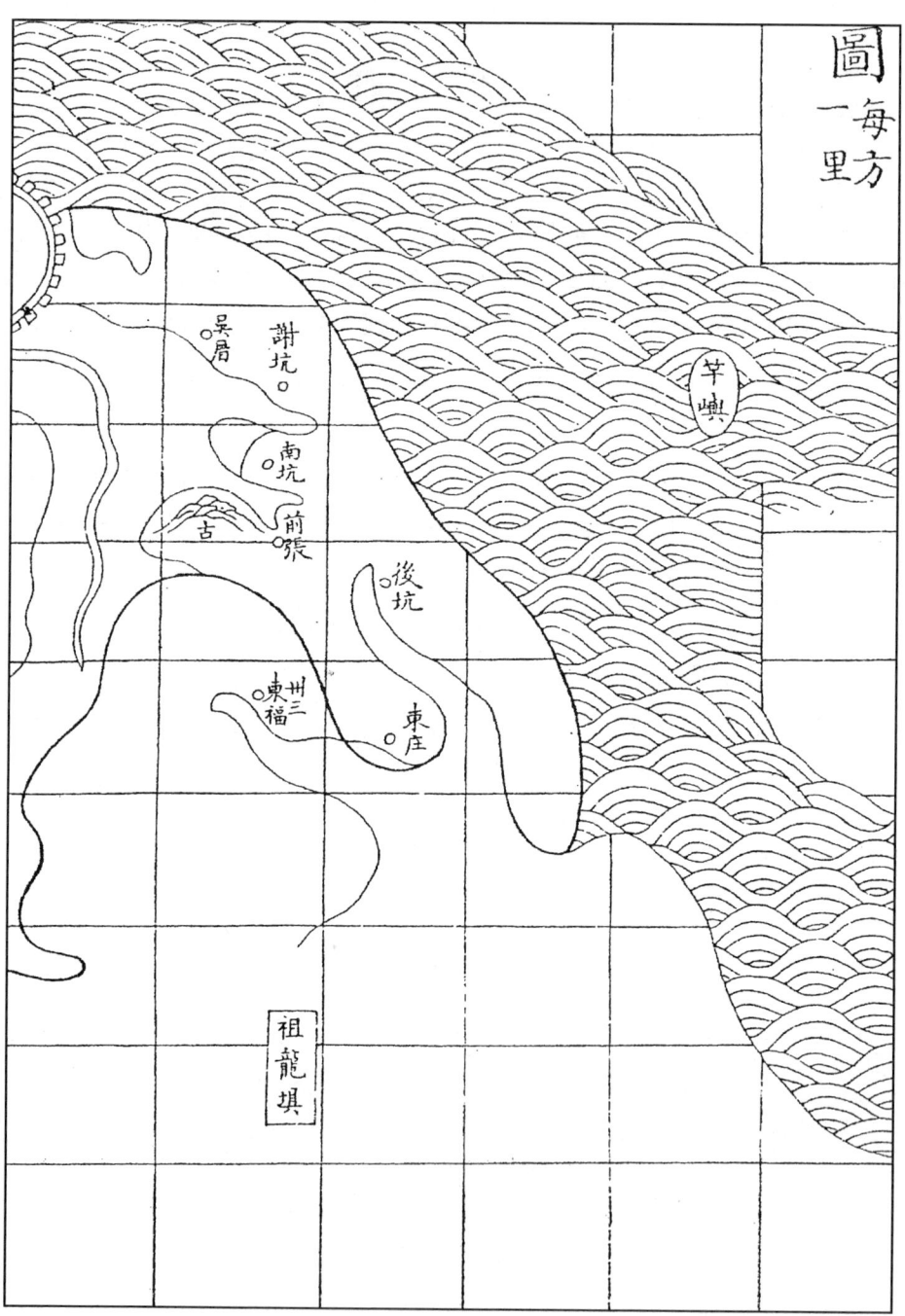

惠安政書八 三十四都

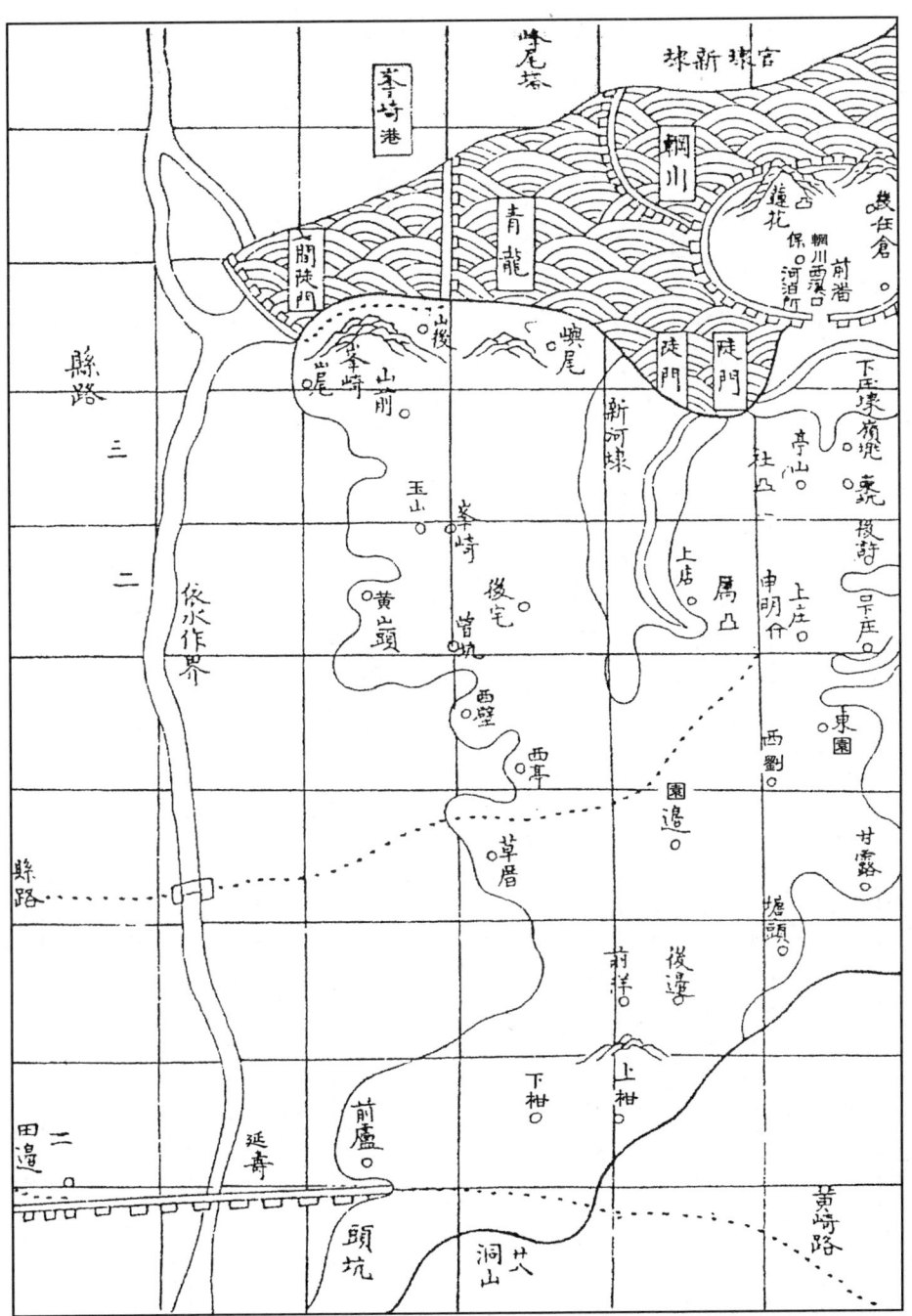

表

鋪三	村三十八	壇三	亭一	學三	墩一
玉山	峯崎			峯山	
	曾坑				
	後宅				
	嶼尾				
	山後				
	山尾				
	山前				
	黃山頭				
	西壁				
	西亭				
	草厝				
	園邊				
	西樓				
	東園				
玉井併	前洋			平溪	
	後潘				
	塘頭				

惠安政書八 三十四都

（續表一）

鋪三	村三十八	壇二	亭一	學三	墩一
	甘露				
	上柑				
	下柑				
西溪	前盧				
	頭坑				
日昇併	前潘				
望沙併	後任			煙山	後任
	中心保				
下莊	下莊				
	上莊		申明		
	南坑				
	吳晉				
	謝坑				
	前張				
	後許				
	東坑				
	嶺兜				

河泊所

（續表二）

鋪二	村三十八	壇二	亭二	學三	墩一
	亭山	社稷			
	上店	厲			
	後坑				
	東莊				

一圖

戶	民	軍	匠	
總	一百四十	七十九	四十九	一十二
里長	十	四	五	一
正管	一百	六十	三十	一十
帶管	一十四	一十一	三	一
絕	一十六	四	一十二	

口	男	成	不	婦女	大	小	絕
總	一千二百十五	四百七十九	二百七十五	二百零四	五百三十二	四百零五	一百二十七	一十四
民	三百八十三	一百九十	一百零四	八十六	一百九十	一百四十五	四十五	大二
軍	四百八十七	二百一十七	一百二十六	九十一	二百五十九	一百九十六	六十三	不八三
匠	一百五十五	七十三	四十五	二十七	八十三	六十四	一十九	三

（續表三）

	田	地	山	林	池塘	總	蕩	埕	渡	滬	水門	地
官民	六十六頃二十七畝五分三釐	五十一頃九十畝九分八釐	六十六畝一分一釐		三畝一分	一百一十八頃七十七畝二釐	二十四所一分六釐七毫	一所	二所	一所	七十一間半	二所
官	一十一頃十三畝九分三釐	二頃七十畝六分八釐	一十三畝九分一釐			一十四頃七十四畝五分二釐	一所半	一所	二所		二十一間	
官租	六頃五十七畝六分四釐	二頃六十畝六分一釐	一十二畝九分一釐					一所				
職	二十三畝九分七釐											
廢寺	三十六畝二分七釐											
原沒	一頃七十七畝七分七釐											
今沒	二頃六十九畝一分六釐	一十六畝六釐	一畝				一所半					
民	五十四頃六十三畝六分	四十九頃一十四畝三分	五十二畝二分		三畝一分	一百四頃十三畝二分	二十三所六分六釐七毫		二所	一所	五十九間半	二所

（續表四）

	田	地	山	林	池塘	總	蕩	埕	渡	滬	水門	地
屯 福右衛後所	二頃三十三畝八分	二頃八十六畝二分				四頃二十畝一分						
崇武	一頃一分	二頃				三頃一分						
	三十三畝七分	八十六畝三分				一頃二十畝						

以上實地田,土

	田	地	山	林	池塘	總	蕩	埕	渡	滬	水門	地
官民	五十三頃一十三畝八分一釐三毫	三十一頃五十畝七分二釐二毫	八十二畝九分	五分九釐	二畝	八十四頃五十五畝二釐三毫	三所		三所	三所	二十間	
官	六頃四十畝七十五釐二毫	二頃一十五畝三分二釐	二十四畝六分	五分九釐		九頃一十四畝五分二釐三毫			二所			
官租	二頃四十畝三分	一頃六十一畝二分八釐	二十一畝八分五釐									
職	一十二畝七分六釐二毫											
學	一畝五分八釐											

338

(續表五)

	田	地	山	林	池塘	總	蕩	埕	渡	滬	水門	地
廢寺	一十八畝四分一釐一毫	四釐										
原設	九十四畝五分九釐		六分五釐									
今沒	三頃六畝三分七釐	五十四畝	二畝一分									
民	四十五頃三十九畝八分	二十九頃三十一畝四分	五十八畝三分	五分九釐	二畝	七十五頃四十畝五分		三所	二所	一所	二十間	

以上在冊田、土

	正耗米	正　米	耗　米	夏稅鈔	秋租鈔
官民	五百五十六石六斗五合九勺	五百二十五石三斗一合一勺	三十一石三斗四升一合八勺	六錠二貫三百九十三文	三錠二貫一百二十三文
官	一百四十八石七斗四升四合一勺二勺①	一百四十四石三斗三升六合一勺	四石六斗五升一合六勺	二貫一百八十九文	二錠一百二十文
官租	二十三石一斗一升八合	二十二石三斗三升六合五勺	七斗八升一合五勺	一貫七十九文	一百一十五文
職	九石二斗四升六合	八石九斗三升三合七勺	三斗一升二合三勺	三十七文	

(續表六)

	正耗米	正米	耗米	夏稅鈔	秋租鈔			
學	二斗九升六合五勺	二斗八升六合五勺	一升	四文				
廢寺	四石九斗五升四合四勺	四石七斗八升六合八勺	一斗六升七合六勺	五十文	五文			
原沒	三十四石一斗六升五合二勺	三十三石四斗四合六勺	八斗二升六勺	二百八十四文				
今沒	七十六石八斗六升二合一勺	七十四石三斗二升九升八合	二石五斗六升四合二勺	七百三十五文	二錠			
民	四百七石九斗一升七合	三百八十一石二斗二升五合八升五合	二斗六石六升五合七勺	六錠二百四十文	一錠一貫文			
浮糧								
新增	二石一斗六合三勺							
漁								
洪武	三十一石三斗					舊冊概言三十四都,故書於此		
永樂	一百九十五石四斗八升					舊冊概言三十四都,故書於此		
嘉靖	一百二十一石五斗							
萬曆	三十一石三斗							

340

（續表七）

三圖

	戶	民	軍	匠
總	一百五十一	七十七	六十五	八
里長	十	一	九	
正管	一百	五十八	三十四	八
幫管	二十三	十五	八	
絕	一十七	三	一十四	

	口	男	女	大	小	絕
總	九百六十	四百七十	四百八十二	三百八十	一百十二	一十八
民	三百一十六	一百五十六	一百五十六	一百二十	三十六	不二大一
軍	五百六十三	二百六十三	二百八十五	二百二十九	五十六	不八大五小四
匠	八十二	四十一	四十一	三十一	一十	

	田	地	山	林	池塘	總	蕩	湮	水	門
官民	五十四頃六十四畝五分六釐三毫	二十三頃七十一畝三分二釐	八十五畝九分	三畝六分	一畝五分	八十九頃二十六畝八分八釐三毫	三所	半所	九間	

(續表八)

		田	地	山	林	池塘	總	蕩	滷	水門
官	官租	一十二頃一十二畝六釐三毫	三頃一十四畝六分三釐	二十畝八分	三畝六分		一十四頃五十一畝八釐三毫	一所		六間
	職	七頃三十七畝八分三釐六毫	一頃六十三畝八分九釐	一十五畝八分六釐						
	學	一十四畝八分七釐								
	廢寺	三畝七分		一畝						
	原沒	一十畝八分三釐七毫	八畝二分							
	今沒	六十八畝四分九釐	四十二頃五畝分三釐	三畝九分四釐	三畝六分			一所	半所	六間
民		三頃七十六畝三分三釐	三十一頃五十六畝七分	六十五畝一分		一畝五分	七十四頃七十五畝八分	二所		三間
		四十二頃五十二畝五分								

以上在册田、土

惠安政書八　三十四都

（續表九）

	正耗米	正米	耗米	夏稅鈔	秋租鈔
官民	五百八十二石二斗四升三合六勺	五百四十九石八斗八升九合八勺五抄	三十二石三斗五升六合七勺五抄	六錠三貫六百四十文	三貫九百八十七文
官	一百八十一石四斗三升三勺	一百七十五石二斗九升五合八勺五抄	六石一斗三升五合四勺五抄	三貫七百三十三文	二百三十七文
官租	五十二石九斗三升三合	五十一石一斗四升三合	一石七斗九升	二貫五百十七文	一百八十一文
職	一十石七斗七升三合	一十石四斗三升四合	三斗六升四合三勺	四十五文	
學	六斗九升四合一勺	六斗七升一合	二升三合五勺	一十一文	
廢寺	二石九斗一升三合六勺	二石八斗一升五合五勺	九升八合五勺	五十文	五十六文
原沒	二十四石八斗一升三合五勺	二十三石九斗七升三合一勺五抄	八斗三升九合	二百五文	
今沒	八十九石三斗二升一勺三勺	八十六石二斗九升一勺五抄	三石二升一合五抄	八百六十五文	

(續表十)

	正耗米	正米	耗米	夏稅鈔	秋租鈔			
民	四百石八斗一升一合三勺	三百七十四石五斗九升	二十六石二斗二升一合三勺	五錠四貫九百一十一文	三貫七百五十文			
浮糧	五石六斗二升二合							
新增	三石一斗四升六合二勺							
漁								
洪武								
永樂								
嘉靖	七十五石三斗							
萬曆	四十七石九斗五升							

344

【校記】

① "李執政":李文會,南宋建炎進士,後因媚大奸臣秦檜而得官拜端明殿學士、僉書樞密院事兼參知政事。

② "襄惠":張岳,明正德進士,累官至右都御史,卒贈太子少保,諡襄惠。

③ "二頃四畝三分八釐":底本原作"二頃三十六畝六釐",據一九八七年版本改。

④ "七十四頃七十一畝四分九釐":底本原作"十四頃七十一畝四分九釐",依總數及一九八七年版本改。

⑤ 此總和有誤。

⑥ 一九八七年版本在"東溝"之下加一"橋"字。

⑦ "明":一九八七年版本作"時"。

⑧ "北":一九八七年版本作"比"。

⑨ "甸":一九八七年版本作"旬"。

⑩ 此總和有誤。

⑪ 此總和有誤。

⑫ 此總和有誤。

惠安政書九

鄉約篇

惟皇制治建府,置縣畫鄉,分里以奠民庶,乃立耆老,以佐令敷政教。國家之法,十户爲甲,甲有首;一百一十户爲里,里有長,統以縣、府、布政使司而達于部。又於里中選高年有德、衆所推服者充耆老,或三人,或五人,或十人,居申明亭,與里、甲聽一里之訟,不但果決是非,而以勸民爲善。是即漢之三老,得與縣令並立以事相教者,厥任重矣。法廢,各里亭盡堙没,縣令徒存,所謂老人率闒茸輩,不過督辦勘委,以取刀錐之利,拜揖送迎,事官長爲儀耳,有司遂蔑視之。嘉靖間,部檄天下舉行鄉約,大抵增損王文成公之教,有約贊、知約等名,其說甚具,實與申明之意無異,直所行稍殊耳。

知縣寡昧,參列聖之典,從簡易之規,創亭以爲約所,推擇耆老爲約正副,餘咸屬之。邑中長者,初引避不就,蓋其習見近日,亦懼有司之蔑之也。招以諭文,加以束帛,明知知縣願與共治之心,乃肯來會,置酒設禮,與之更始。嗟夫!張敞、鮑宣,漢之三老也,孰敢蔑諸?

以十有九章聽民訟:一曰户婚,二曰里土,三曰鬥毆,四曰争占,五曰失火,六曰竊盜,七曰罵詈,八曰錢債,九曰賭博,十曰擅食園林瓜果,十有一曰私宰耕牛,十有二曰棄毀器物、稼穡,十有三曰畜産咬殺人,十有四曰卑幼私擅用財,十有五曰褻瀆神明,十有六曰子孫違犯教令,十有七曰師巫邪術,十有八曰六畜踐食禾稼,十有九曰均分水利。姦盜、詐僞、人命重事,方許赴官陳告。户婚、田土一切小事,務由本管里甲、老人理斷。不由者,不問虛實,皆杖六十發回。官吏不即杖斷,稽留作弊,詐取財物,處以重罪。里甲、老人不能决斷,致令赴官紊煩者，亦杖六十，仍着果斷。循情作弊，顛倒是非，依出入人罪律論。已經老人、里甲處置停當，頑民不服，展轉告官，捏詞誣陷，正身處以極刑，家遷化外。官吏不察所以，一概受理，一體罪之。

凡老人、里甲於申明亭議決，坐先老人，次里長，次甲首，論齒序坐。如里長長於老人，坐於老人之上。事干別里，須會該里老人、里甲。本里有難決事，或親戚、子弟有犯，須會東西南北四鄰里，分老人、里甲公同議決，許用竹篦、荆條量情決打，不許拘集。自來陳告，方許辨①理，聞風勾引者杖六十，有贓者以贓論。

臣按高皇帝爲民之心至矣，至矣！蓋耆老、里甲於鄉里人，室廬相近，田土相鄰，周知其平日是非善惡。長吏自遠方來至，一旦坐政事堂，求情於尺牘之間，智僞千變，極意揣摩，似評往史，安能悉中？重以隸卒呵於其旁，箠楚羅於其前，視其長吏猶鬼神之不可睨，十語九忘，口未出而汗交頤，何如反覆於鄉里之間，若子弟於父兄然，得以盡其詞説。又況不肖之吏，恣爲暴虐，自以解官，挺身去耳，無有顧慮。耆老、里甲，其鄉里長久人也，即有不平，何敢相遠？且一被逮，往復歲時，它無論，道途飲食費已不貲，萬一觸忤，扑擊交下，孰與保家產、全膚體，爭於陌頭、釋於閭尾者哉？是以知縣欽遵聖制，一切小事付諸耆老。愚民訾訾，或動浮言，微察耆老常有惕然之意，豈法可行於昔而不可行於今乎？抑誠之未至也？凡我父老，尚共勉旃！

以"六諭"道萬民：一曰孝順父母，二曰尊敬長上，三曰和睦鄉里，四曰教訓子孫，五曰各安生理，六曰毋作非爲。諸臣多有解，不錄。聖謨洋洋，嘉言孔彰，何解爲？

以"四禮"齊萬民：一曰冠，二曰婚，三曰喪，四曰祭。知縣嘗上書于朝曰：國家制禮，達乎庶人，俗吏以刀筆筐筥②爲事，廢而不問，三加不舉，六禮不修。遣女滿車，葬死殫家，設席肆筵，椎牛擊鼓，旟幢蔽道，緇黄盈室，括髮持衰，納婦誕子，甚至於水火爲棺槨，此弑父之罪也。遣祖禰，略報祀，爲出門之祭；祈名岳，媚淫鬼，男女雜亂，晝夜奔馳，千里而赴之。常人琢器雕題，匹庶曳綺履錦。

酒館歌樓，上切（徹）雲漢，乃有設容貌倚市門，非君子所忍覯也，無禮甚矣！請責守令，重民四教：冠、婚、喪、祭，禁其靡麗邪僻。今謬爲令，豈敢忽諸？蓋"六諭"所以道民，"四禮"則其事也。《朱子家禮》，成祖已列于學官，瓊山丘氏又著爲儀，户有之，故不錄，而揭其條件于篇。

冠 四 條

凡冠禮，士大夫延賓行於家，鄉人行於鄉校，以教讀爲賓。衣服之美惡，酒食之豐儉，以上、中、下户爲差。下户不可越中，中不可越上。三等之户，以田産厚薄爲差。十頃以上者爲上户，五頃至九頃者爲中户，一頃至四頃者爲下户。商賈之家較其所積準是爲差，無財産者通爲一等。

凡子弟未冠者，不得以字行；冠而字之，毋犯古聖賢及先世之諱。

凡謝賓束帛，不必如古人之數，上户絹一疋，中户布一疋，下户帕一方。

凡月朔，各鄉教讀以子弟之始冠者見有司，有司誨以成人之道。

婚 十 二 條

凡婚禮，古有問名、納采、納吉、納徵、請期、親迎六節。今隨俗，惟行納采、納徵、請期、迎親。

凡男女婚嫁，以時男子未及十六、女子未及十四成婚者，謂之先時；男子二十五以上、女子二十以上未成婚者，謂之過時。先時者夭，過時者病，皆不能順陰陽以保太和，宜時諭之。

凡納采，用酒牲、果品，隨俗。上户通計所費銀不過三兩，中户不過二兩，下户不過一兩。

凡納采、納徵、請期具書如女氏，女氏復書，禮也。於初定時，書尤不可無者。律云："雖無昏書，曾受聘財亦是。"但兩家父母及媒妁或有死亡，雖受聘財，卒無可據，以此悔親者衆。以後必以禮具書，無而訟者不聽。

凡納徵，用釵、幣、酒牲，隨俗。上户通計所費銀不過十五兩，中户不過十兩，下户不過五兩。送禮之人，毋得多與銀錢，惟待酒飯。

凡請期，不分上、中、下户，惟遣使通書而已，禮物不用。

凡親迎奠雁，不必酌酒加幣。亦有不奠雁而飲酒者，皆所當革。若婚以次日見女之父母設燕者，聽。

凡婚禮，不得用樂，有不親迎而用鼓吹、雜劇者，尤宜痛革。賀婚非禮，宜更爲助禮物隨宜。

凡女服飾隨俗，但不可違禁。上户通計所費銀不過三十兩，資粧器物半之；中户不過二十兩，資粧器物半之；下户不過十兩，資粧器物半之。上户從者，女一人，男一人；中户以下，女一人，無勿强。

凡婦見舅姑用幣，餘皆不用，明義分也。鄉俗，見諸親有帛，婦不見外姓，別男女也。鄉俗，見異姓諸親及鄉黨③，今悉正之，惟見同姓尊長。

凡三等人户之下聘，用酒一壜、鵝二隻、布二疋、茶一合，婦荆釵布裙見舅姑而已。貧不能具者，約正率閭里科少錢助之，勿令失時。

凡媒妁爲人議婚，須通二家之情，待其許諾，毋得欺詐。但求成事，以貽他日之悔，事發罪之。謝禮，上户不過一兩，中户五錢，下户一錢。溺陰陽年月而不成婚及論財者，罪其父母。

喪　八　條

凡居喪，以哀戚襄事爲主，不許匿喪成婚。吊賓至，不許用幣，不許設酒食；惟自遠至者，爲具素食，令無服人待之，不用酒。孝子不許易凶爲吉，赴人酒席。鄉俗，旬七會飲及葬於山會飲，皆深爲害義，犯者有罪。

凡喪，不得作佛事，不得用樂，及送殯不得用鼓吹、雜劇、楮幡、楮鬼等，違者罪之。

凡居喪，始惟食粥蔬素，不得飲酒食肉。寢處於内，禫而後飲醴酒食乾肉④。有能用禮者,衆共覈實,以憑旌獎。

凡停柩逾年不葬,及溺於風水,兄弟相推不葬者,各行戒諭,違者罪之。

凡致奠,上户用豬、羊各一,所費銀不過三兩;中户用豬一,所費不過二兩;下户用牲五,所費不過一兩。不能具者,炙雞絮酒盡哀亦可。僭用牛者罪之。

凡三等人户之下,葬用薄棺,不許焚屍。貧不能葬,約正率閭里科少錢助之,毋令暴露。

凡火化者,忍心害理,宜送官嚴懲,子孫依律死罪,工人重治。瓦棺毋鬻於市。

凡葬埋,宜依旅瘞之禮,左昭右穆,不得淆亂。其强佔他人墳地,送官懲治。

祭 五 條

凡祭禮,所以報本追遠,不可不重。近世多不行四時之祭,惟於忘⑤日設祭。前期不齊,臨祭無儀,祭畢請客飲酒,皆非禮也。今宜悉遵《朱子家禮》,上户立祠,中户以下就正寢,設韜櫝奉祀,歲時朔望如禮。

凡庶人祭其先,禮也。宜如式製爲木主,不許事觀音菩薩等神像。以前事者,即毀;私藏事之,發覺治罪。

凡祖禰逮事者,忌日有終身之喪。是日素服,不飲酒食肉,居宿於内。曾祖以上不逮事者,服淺淡衣,禮視祖禰逮事者爲殺。

凡時祭,屬吉禮。上户有祭田者,祭畢胙於教讀及約正副。

凡有疾病,惟禱于祠堂里社,不許設醮禳星,聽信巫覡,違者罪之。

知縣曰:"吾民幸生聖世,上遵'六諭',下行'四禮',足稱良矣。振德者,長民職也,申以四事:一曰明倫,二曰禁邪,三曰務本,四曰節用,瑣科條之,願聽毋忽。"

明 倫 五 條

一、孝順父母,乃高皇帝口授吾民第一義,欲盡斯道,宜如《孝經》。《孝經》曰："用天之道，因地之利，謹身節用，以養父母。"此庶人之孝也，蓋分之能爲者如此。嗟夫！父母之德豈有極哉？吾父退齋府君，老儒也，生不肖孤以爲晚，未嘗易教。年十歲授古文《尚書》，十二授《詩》，十四授《易》，十五教觀宋儒之書，使從事聖賢之學。見吾不以伯氏之喪而有妻，又不飲酒，喜矣。母方夫人，見吾端居而嘆，問："兒何爲？"對以"欲生益於時，死傳於後耳"。母曰："汝父言天地十二萬九千六百年而終，即孔子孰傳之？強爲善耳。"又吾常喜道壞麻折檻事，母曰："吾死不願汝有此也。孔子如清風明月，汝如烏風黑雨，雷劐劃聲。"悲夫，父母愛子之心一也！即爾父母何異於是？吾不幸年十七而喪父，二十二母又喪，即今受朝廷恩，妻、子皆得食民之食，不能一一及于黃泉之下，此曾子所以北鄉而涕泣也。故曰"往而不可還者，親也；至而不可加者，孝也。子欲養而親不待也，木欲直而風不待也，傷哉！既不能養，又不能立身揚名後世，以爲父母光顯，尚何面目立百姓之上哉"？爾輩當以爲鑒。親在愛日，不幸而沒，將爲善，思貽父母令名必果；將爲不善，思貽父母羞辱必不果。毋效吾終身之悔可也。

一、創家者必立宗法，大宗一，統小宗四。別子爲祖，以嫡承嫡，百代不絕，是曰大宗。大宗之庶子，皆爲小宗。小宗有四五世則遷，己身庶也，宗禰宗；己父庶也，宗祖宗；己祖庶也，宗曾祖宗；己曾祖庶也，宗高祖宗；己高祖庶也，則遷而惟宗大宗，大宗絕則族人以支子後之。凡祭，主於宗子，其餘庶子雖富且貴皆不敢祭，惟以上牲祭於宗子之家。宗子死，族中雖無服者亦齊衰三月。祭畢而合族以食期，而齊衰者一年四會。大功以下，世降一等，異居者必同。財有餘則歸之宗，不足則資之宗族。大事繁則立司貨、司書各一人。宗子愚幼，則立家相以攝之，各修族譜，以敦親睦。或有骨肉爭訟者，衆共罰之。若肯同居共爨者，衆相褒勸。

一、孔子宰中都，制爲別塗之教。蓋禮始於閨門，男女必有別，妻妾必有序，宮室必辨外內。男子毋得晝寢于內，婦女毋得逾閾行市，雖奴婢亦必勤遵禮度。其有貞節，衆共歌揚，以爲閨門之助，聞于有司。

一、曾子問曰："取女有吉日,而女死,如之何?"孔子曰："婿齊衰而吊,既葬而除之。夫死,亦如之。"蓋既婚媾,將期百年,豈願有此,誠痛之矣!今男女未婚而死,必索聘財,至於相訟,一何薄也。又女已嫁,常庸奴,其夫亡,抵他人,官以法合之,則至決絕而死。嗟夫!宋人之女,嫁而夫有惡疾,竟不改也,即庸,不猶愈於疾乎?又夫死不嫁,從一而終者也。燕有貞,鳶有烈,何以人而不如鳥乎?高皇帝以眾人待人,能秉斯義,則表其閭,載于令甲,不能免喪而嫁又多乎哉,實兩年耳。今愚婦夫死未寒,輒歸別室,朝尚括髮,夕即畫眉,忍矣,忍矣。環而視之,欲以此婦爲利,又嘗數輩,此皆無行義之尤者也。昔孔子爲政,而公慎氏出其妻,蓋正以待之也。幸得備位,爲邑表率,不能宣明教化,視事期月,其風未變,重使父母⑥受其耻,咎在知縣。各宜戒諭,犯者如法。

一、吾民甘其食,美其服,安其俗,樂其業。田廬妻子,雖有强暴立于其旁,莫敢睨者,非君恩哉!是故民者出粟米、絲麻,作器皿、通貨,賄以事其上者也,豈必服官守職而後能盡君臣之道?力農奉公,供輸以時,庶人之義盡矣。如是,又何箠楚之加?

禁邪七條

一、惠安廣輪僅八十里,淫祠至五百五十有一,噫,何多也!頭會箕斂,釃酒椎牛,迎親⑦慶誕,設齋建醮,或至舞鬼棹舟樂神,會首不能具,則出息以充之。爲位頭者世而袖手⑧,蚕食其内;病不得藥,死不得葬,甚至男女麗雜,有不可道者矣。知縣傷之,下令墜毁,遵裕陵改建社學二百二十有一。然聞民尚移像私寢,或言予出城門鬼還廟宇者。甚惑,父老諭之。

一、禁止師巫邪術,律有條矣。今愚民自稱師長、火居道士及師公、師婆、聖子、神姐之類,大開壇場,假畫地獄,私造科書,僞傳佛語⑨,摇惑四民,通交婦女;或燒香而施茶,或降神而跳鬼,設齋則糜費銀錢,建醮則喧騰閭巷,暗捐民財,明違國法;甚至妖言怪術,蠱毒採生,興鬼道以亂皇風,奪民心以妨正教。不知死生有命，富貴在天，且如師巫之家亦有災禍，鬼神憑藉何不救之？若言免禍求福，盡假其功，則是貧者盡死，富者長生。此理甚明，人所易曉。皇上崇祀真儒，大啓文教，淫祠既毀，邪説當除，凡我四民，毋仍舊習。禁約之後，師長等及無牒僧道、各項邪術之人赴縣自首，歸還原籍，别以治生，違者如律。

一、王制：用器不中度，不粥於市；布帛精粗不中數、幅廣狹不中量，不粥於市；五穀不時，果實未熟，不粥於市；木不中伐，不粥於市；魚鱉不中殺，不粥於市。故孔子爲政，器不彫僞，百姓遵用。韓延壽者，賣偶車馬下里僞物者，棄之市道。今後我民有賣鬼面諸淫巧物與斗斛秤尺不如較勘、市而二其價者，并罪之。

一、邇來風俗好訟，蓋聞亂後生理未遂，人性漸澆，或撼無証之詞，或舉已結之牘，或窺上意，或復私仇，銖兩必争，睚眦必報，一旦被逮，其喪倍尋。陰險詭詐者，殺身之藥；貪婪凶虐者，滅家之斧。强梁者不得其死，教唆者必逢其後（禍），可不畏哉！上失其道，民散久矣，余甚自愧。今與民約，凡有父子、兄弟、夫婦不相親睦及争財異業，以至飲酒、博弈、鬥鄰、駡里、淫盜、誑騙等項，以每月朔望兩日相會亭中自陳，或族長、族人⑩代陳。小事不平，父老同衆勸戒；事關大惡，明言責救。如有不從，乃聞于縣；若城中，則予躬往，不勸責者有咎。

一、知縣兒時嘗與人弈，先大人瞰之以爲賭也，撻之二十，今中夜思至輒氣絶。蓋父母于子恒慮其賭，賭則窮，[窮]則盜，小人犯刑，君子滅義，靡不爲矣。知縣視爾小民，猶[先]大人視不肖孤也。戒之哉！戒之哉！不戒治以律。父老不教戒、甲總不覺舉，連坐。雖不賭財物，而鋪牌、演戲、弈棋、雙陸、玩好骨董，學習彈唱琵琶、三弦、羌管、番笛、廣收花石，獵養禽鳥，作諸無益者，一并罪之。

一、民間酒店，假以賣酒爲名，實乃淫人取利，大傷風化，犯者重罪。

一、籖明毀鄉校，子産止之，譬諸防水，蓋士傳言，庶人謗，固爲政之資也。然高皇帝於投匿告人者罪之特重，至於絞，見者將送入官，杖八十，被告言者不坐，豈非聖⑪讒説殄行哉？近來此風尤盛，爾鄉先達張大夫曰："道不可得見矣，長民者謹勿以魯而之齊哉！"余懼其至齊也，戒之！戒之！犯者緝獲，如律不赦。

務本三條

一、先王之教其民也，行不出彝倫之外，士不出畎畝之間。《漢書》曰："餘子遣入序室。"所謂餘子者，父在則子餘，兄在則弟餘，故天下生員皆名"子弟"。其職在入孝、出弟，而所以教之者，尤莫切於出作入息之期也。後世分教養為二：一登講堂，永耻民事；有父兄荷蓑立（笠），而子弟衣輕裘；見達官貴人，[雖]惡人必竦然起敬，見胼手胝足，雖至親而赧然愧之者。是雖冠服如士人，其孝友之實曾不如塗之人矣。肅皇帝敕入學生徒，必求子弟曾知稼穡，有孝弟實行者取之；篤實父老以耕讀為事者量加賞犒，以廣子弟孝友務本之心。至於興水利以便農民，招農民以辟土地，責有司舉行，真與周室比隆矣。予忝為民父母，不敢素飡，常行阡陌，勞問勤苦。崇福荒田已分有力者墾，官埭、新埭變為滄海，亦召好義者築之，可以作乂。又效召信臣為民作均水約束，開西洋故道，使六、七兩都咸得灌溉之利。餘以次行，恐不能盡之也。凡我父老宜常勸督，服勞田畝，子弟亦宜聰聽長者之言。或有某田未墾、某水宜疏，悉來白予，不憚黎面。

一、聞民有私譴者曰"吾自三月至六月粒米入口者死"，言皆食麥。而他邑亦嗤我為"人麥籠"，謂麥貯籠中，猶淵明瓶中粟也，然則吾民厥惟艱哉！張襄惠曰："吾邑廣輪之數止八九十里，然且包山林並原隰，可耕之田不能三之一，斥鹵者幾半。上承會、府，下引漳、潮之衝，并日以馳不足也。"三復其言而悲之。地瘠他邑，而賦又不可獨後，可奈何？吾民勉之！又聞李大夫言："列市吾土，皆他郡縣人也。錢盡外出，能得外錢獨糊布耳。"然麻乃買於他所，利減其半；又島夷亂後，家無杼軸，為縿賣之，利又減半。今後不種麻，與以縿賣者同里布之罰。

一、邑無深溪大澤之注，東南諸郡常病旱，人勤稼穡，桔槔之聲達于晝夜。

旱月,涓滴之水以死守之,往往鬥訟,比平苗則槁矣。以後須敦讓畔之風,彼此兼利,强者罪之。

節 用 二 條

一、四民之家,有千金之產者,有一金之產者。儉者以一金而有餘,奢者以千金而不足。如聘婦則虛張儀物,嫁女則多耀資粧,喪葬則金投于酒肉之池,祠醮則財赴於緇黄之壑,鬥勝則假借爲真,設酒則以無爲有,是皆不能行"四禮"所致也。夫"四禮"者,至易至簡,易知易行,不惟能反淳風,而亦可省濫費。所有"四禮"條件,各宜遵行,違者許人首告治罪。

一、凡一年之用,置簿開算。糧役之外,所有若干以十分均之,留三分爲水旱之備,一分爲祭祀之需,六分分十二月之用,若閏則分十三月之用。取一月合用之數約爲三十分,日用其一。凡茶飯魚肉、賓客酒漿、子孫紙筆束脩及奴僕等費,皆取諸其間,可餘而不可盡,用至七分爲得中,不及五分爲太嗇。其所餘者,別置簿收,以爲冬夏裘葛、修葺牆屋、醫藥喪葬及吊喪問病、時節饋遺,毋得侵過次日之用。一日侵過,無時可補,此窘匱之漸也。宜加節嗇,免致于求親舊出息通借,以招恥辱。若速客置酒,當知會數而禮勤,物薄而情厚之義,酒或七行,或十行,量洪者不過十二行;果止五品,殽五品,羹三品,割截二品,器用瓷、漆。雖親戚上客,一以爲準。其有過用多品者,共罰之。

月吉,乃屬民而讀法,書其善者、惡者,老人以木鐸徇于路,望亦如之。

凡民間須要講讀《大誥》、律令、敕諭,老人手榜及見丁著業牌面,沿門輪遞,務要通曉法意,有司時加提督。

每鄉每里各置木鐸於本里内,選年老或殘疾不能生理之人,或瞽目者令小兒牽引,持鐸徇行本里,令直言叫唤"孝順父母"六句,使衆聞之,勸其爲善,毋犯刑憲。其持鐸之人,秋成之時本鄉本里内衆人隨其多寡資助糧食。

臣按京縣高皇帝時月朔尹引耆老等赴御前聽宣諭,君臣一體,誠三代之盛也。今設聖諭牌一置于亭中,儼天顏之在上焉。城中兩圖,知縣引耆老等跪聽如儀。各都耆老率衆行禮兼講《家禮》條件,以《家禮》乃文皇帝所頒禮,亦法也。又國朝旌善亭榜書民之善惡,即《周禮》屬民讀法,考其德行道藝而勸之,糾其過惡而戒之之意,而近行鄉約,置記善記過簿亦此意也。今日登簿,積之不已則登于亭,可不畏哉!可不勸哉!又"教民榜"慮鄉村散遠,則一甲內置木鐸一,易爲傳曉,以便民也。各都遠者,或一二十里,可悉會乎?故以鐸傳之,不使奔赴。又榜中每月六次,今止朔望,從省也。

　　儀節,凡會者登名于籍,每月值月二人,自朔至望一人值之,自望至朔一人值之。至期值月設聖諭牌于⑫堂北,誥律案于堂南,上置誥律、敕諭,老人手榜"四禮"條件。擊鼓集衆者三,城中則縣官先拜。耆老率衆北向跪贊宣聖諭,值月立聖諭東,宣畢,僉曰"諾"。贊:俯伏、興,五拜三叩頭。分班老人持鐸出徇於路,必司贊讀誥律。教讀二人,北面,一讀《大誥》、敕諭,每人手榜各一條;一讀令三條,或五條。略爲解諭,即撤牌位,皆坐。教讀正坐,稍東,南向;耆老坐堂東,西向;會中年尊者坐堂西,南向;餘以齒爲序,東西相向,以北爲上。教讀逐一講解"四禮"條件。城中則縣官正坐,耆老旁列,教讀北面講禮。於是有善者衆推之,有過者值月糾之,詢其實狀無異詞,乃命值月書之。善即遵"六諭"行"四禮"者,過反⑬是。過而能改,後會改書。如無可措(指),不必吹毛,以至忿争。訟者平之,相揖而退。

【校記】

　　①"辨":一九八七年版本作"辯"。

　　②"筐筐":一九八七年版本作"筐篋",當從。

　　③"鄉黨":一九八七年版本只有"黨"字,無"鄉"字。

　　④"乾肉":一九八七年版本作"幹肉",誤。

　　⑤"忘":一九八七年版本校注作"望"。疑爲"忌"字之誤。

　　⑥"父母":一九八七年版本作"父老"。

　　⑦"迎親":一九八七年版本作"迎新"。

⑧"袖首":一九八七年版本作"袖手"。
⑨"佛語":一九八七年版本作"佛曲"。
⑩"族人":一九八七年版本作"鄰人"。
⑪"聖":一九八七年版本校注作"疾"。按:"朕聖讒説殄行",見《書·舜典》。
⑫"于":一九八七年版本作"子"。
⑬"反":一九八七年版本作"歹"。

惠安政書十

里 社 篇

惟皇制治,建府置縣,畫鄉分里,以奠民庶,乃立社稷以教民事鬼神。

社,土人(神)也;稷,穀神也。民非穀不養,非土則穀無所殖,是以聖王修之,所從來尚矣。我高皇帝即位,尤敬鬼神之祀,立大社稷,統天下司、府、州、縣。縣有社稷,統各里,里各有社稷,具洪武禮制。又懼民不知報,作《大誥》以戒諭之,敬而不黷,故神降之嘉生。今有司惟祀縣社稷,各里多廢,乃立淫宇,一里至數十區,藉而名之曰"土穀之神"。家爲巫史,享祀無度。

夫國制壇而不屋,天子爲百神宗,祀典不載,孰敢冒而享之乎?故余毀之盡,立里社如故。嗚呼!民有候禳禬祭之事,亦不患無所矣。兆社壇于里,辨方,正位,因其樹而封之。

按洪武禮制,每里一百戶內立壇一所,祀五土、五穀之神。州、縣壇制,東西二丈五尺,南北如之,高三尺,用營造尺。四出,陛各三級;壇下,前十二丈,或九丈五尺,東、西、

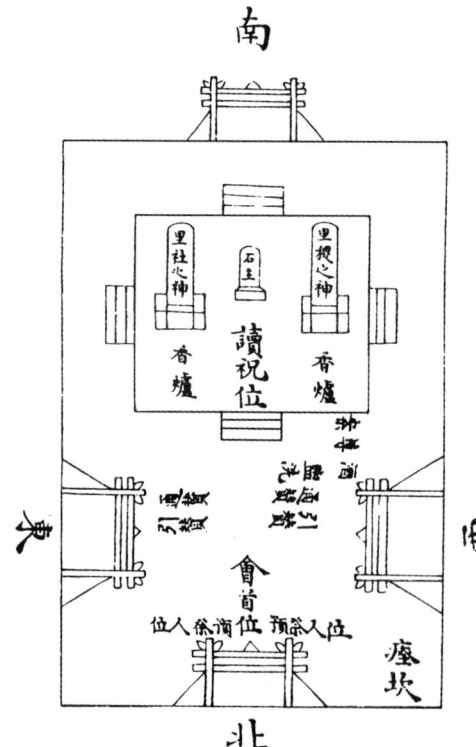

南各五丈。今不能然，宜因地而廣狹之。壇廣則一丈二尺，狹則六尺，以法地數，壇前不過六丈可也。繚以周垣，四門紅之。北門入，地狹，隨宜一門，常扃鑰之。石主，長二尺五寸，方一尺，埋於壇南正中，去壇二尺五寸，上露圓尖，餘入土中。神牌二，以木爲之，高二尺二寸，闊四寸五分，厚九分；座高四寸五分，闊八寸五分，厚四寸五分，硃漆青書。祭設于壇，乘以几，祭畢藏之。几高一尺九寸，廣一尺九寸，長二尺三寸。壇前懸鼓，以備集衆行事，社祝守之。

以二祭禮神：一曰"祈"，二曰"報"。仲春社日行祈禮，宿眠滌濯①，省牲鑊，三獻，祝，瘞，乃燕而誓。每歲輪一户爲會首現役里長。主壇事，遇社大統曆社日。先期率辦祭物羊一、豕一，酒果、香燭隨宜。前祭一日，會首及預祭之人各齊。會首先遣執事者掃除，爲瘞坎于西北隅深取容物。會首洗滌厨房、鑊器，以浄室爲饌所。至晚宰牲，執事者取毛血與祭器置于饌所。器用瓷瓦。祭日未明，執事者于厨烹牲。設神位于壇上，五土居東，五穀居西；設讀祝位于壇上居中；設會首拜位於壇下，俱南向；設預祭人位於其後，引禮及諸執事人位又於其後。執事者實祭物于器，解牲體置於二俎，置酒于尊，書祝于版。

祭物既備，執事者各舉于神位前，燃香明燭，會首以下各常服盥手就拜位。執事者尊中取酒立于五土神位之左，通贊唱：鞠躬，拜，興，拜，興，平身。會首以下皆鞠躬，拜，興，拜，興，平身。唱：瘞毛血。執事者取毛血瘞于坎中，引禮引會首詣五土神位前，唱：跪。會首詣五土神位前跪，舉盃，執壺者斟酒。引禮唱：三祭酒。會首三祭酒訖。引禮唱：俯伏，興，平身。執壺者詣五穀神位左，引禮引會首詣五穀神位前，唱：跪。會首詣五穀神位前跪，舉盃，執壺者斟酒。引禮唱：三祭酒。會首三祭酒訖。引禮唱：俯伏，興，平身。會首俯伏，興，平身。引禮唱：詣讀祝位。讀祝者取祝立于讀祝位之左，會首詣讀祝位。引禮唱：跪。會首跪。唱：讀祝。讀祝者跪讀訖，興，置祝于案。引禮唱：俯伏，興，平身。會首俯伏，興，平身。引禮唱：復位。會首復位。通贊唱：鞠躬，拜，興，拜，興，平身。會首以下皆鞠躬，拜，興，拜，興，平身。執事者撤祭物。讀祝者取祭文焚瘞于坎。禮畢，會飲。先令一人讀《抑强扶弱之誓》，其詞曰："凡我同里之人，各遵守禮法，毋恃力凌弱。違者先共制之，然後經官。或貧無可贍，周給其家，三年不立，不使與會。其婚姻喪葬有乏，隨力相助。如不從令及犯姦、盜、詐偽一切非爲之人，並不許入會。"讀誓詞畢，長幼以次就坐，盡歡而退，務在恭敬神明、和睦鄉里，以厚風俗。

祝　　文

維年月日，泉州府惠安縣某鄉某里某人等謹致祭于五土之神、五穀之神，曰：惟神參贊造化，發育萬物。凡我庶民，悉賴生植。時維仲春，東作方興。謹具牲醴，恭伸祈告。伏願雨暘時若，五穀豐登，官賦足供，民食充裕。神其鑒知，尚享！

仲秋社日，行報禮如春，亦用大統曆。社日祝詞改"東作方興"爲"歲事有成"，改"祈告"爲"報祭"。祭器用牲桶二、鍋五、牲匣二、祝板一、酒尊三，各連幕酒勺一、瓷盞六、瓷碟十二、香爐一、盥盤一、帨巾一。祭品豐儉隨宜。人不過出銀二分，貧者半分，極貧者勿強，仍令與會。

凡春秋二祭，當遵古人祈年報賽之禮，務在精誠，不許裝神舞鬼以爲盛會，違者罪之。

以六號事神：一曰告，二曰禱，三曰誓，四曰罰，五曰禳，六曰會。有事則告，凡立鄉約、延教讀、編保甲等，皆告于社。民自他境來，初預鄉約、保甲者謂之入社，亦以告，告畢即書姓名于籍。其有過，罰而不悛者逐之出社，亦以告之，告畢，約正會衆，於籍除名。

凡告社祝，鳴缺約衆皆至，立于壇前，社祝唱跪，約正以下皆跪。社祝亢聲告曰：某年月日，約正某等爲某事敢告于神。惟神聰明正直，好善惡惡，凡食此土之穀者，孰不昭鑒？尚冀默相，以底成功。使善者受福，惡者受殃，無作神羞。告畢，約正以下皆再拜而出。

有求則禱。凡民有水火、盜賊、疾癘、刑獄等事，必禱于社。其繫一鄉福祥、痛苦者，約正令教讀爲文，付社祝行禱禮。凡禱雨，先一日齋戒，約正等禁鄉內屠宰。黎明帥約衆詣社取齊，社祝伐鼓十二聲，用牲于社。唱：鞠躬，再拜，平身。約正以下皆鞠躬，再拜，平身。約正詣讀祝位跪，社祝讀祝文曰：惟某月日，鄉約正某等敢禱時雨于五土之神、五穀之神。皇皇上天，照臨下土，集地之靈，神降甘雨，庶物群生，咸得其所。惟神俯從民願，某等不勝瞻望哀懇之至！祝畢，唱：鞠躬，再拜，平身，約正以下皆再拜而出。次早禱亦如之，惟不用牲，必得雨乃止。若雨多，求止雨，則鳴鼓百聲，用牲于社。祝曰："雨已太多，五穀不和，人民失養，傷如之何？社靈社靈，幸爲止雨，調燮陰陽，蔭民所苦。"禮亦如之，謝得雨及止雨，俱用牲于社。

有疑則誓。父老聽一鄉之訟，如户婚、田土、財貨交易等不肯輸服，與凡疑難之事，皆要質于社而誓之。凡誓，鳴鼓七聲，社祝唱跪，誓者皆跪。社祝宣誓詞曰："某人爲某事，若有某情敬誓于神，甘受天殃，惟神其照察之。"誓畢，誓者三頓首而退。

有過則罰。凡鄉約内有違"六諭"、悖"四禮"，糾而不悛，及社學、保甲諸人有犯者，約正等會衆，以其人拱立于社，伐鼓十聲，社祝唱跪，犯者跪。亢聲攻之曰："某有某過，不悛，告罰于神，尚冀自今改於其德，神降之休。"犯者對曰："某不肖，少失教，以辱先人，以爲族黨羞，神將降殃，昭受大戮。今聞過，願脩身改之。"再拜而退。既罰，復不悛，約衆告于神，逐之出社，除名于籍。若不肯罰與事情重者，約正等聞于有司。不聞，發覺連坐。

有患則禳。淫祠既廢，修齋、念經、咒水、書符，師巫之徒終不可化者，難以誅戮，皆分遣各社充社夫。每遇水旱、癘疫爲人患害之時，使之行禳禮。鬼有所歸，乃不爲厲。

遵洪武禮制，每里一百户内立壇一所，祭無祀鬼神。歲三祭：春清明，秋七月十五日，冬十月一日。祭物、牲酒隨俗。其輪會首及祭畢會飲、讀誓等儀如里社。

祭　　文

惠安縣某鄉某里里長某，承本縣官裁旨，該欽奉皇帝聖旨：普天之下，后土之上，無不有人，無不有鬼神。人鬼之道，幽明雖殊，其理則一。故天下之廣，兆民之眾，必立君以主之。君總其大，又設官分職於府、州、縣，以各長之。各府、州、縣又於每一百户内設一里長，以綱領之。上下之職，綱紀不紊，此治人之法如此。天子祭天地神祇及天下山川；王國各府、州、縣祭境内山川及祀典神祇；庶民祭其祖先及里社土、穀之神。上下之禮，各有等第，此事神之道如此。

尚念宣室②之中，無祀鬼神，昔爲生民，未知何故而没？其間有遭兵刃而横傷者，有死于水火、盗賊者，有被人取財而逼死者，有被人强奪妻妾而死者，有遭刑禍而負屈死者，有天災流行而疫死者，有爲猛虎、毒蟲所害者，有爲饑餓凍死者，有因戰鬥而殞身者，有因危急而自縊者，有因墻屋傾頹而壓死者，有死後無子孫者。此等鬼魂，或終于前代，或没于近世，或兵戈擾攘流移于他鄉，或人烟斷絶久缺其祭祀。姓名泯没於一時，祀典無聞而不載。此等孤魂死無所依，精魄未散，結爲陰靈，或倚草附木，或作爲妖怪悲號于星月之下，呻吟于風雨之時，凡遇人間節令，心思陽世，魂杳杳以無歸；身墜沉淪，意懸懸而望祭。興言及此，憐其慘悽，故敕天下有司依時享祭。

在京都有泰厲之祭，在各縣有邑厲之祭，在各府、州有郡厲之祭，在各縣有邑厲之祭，在一里又各有鄉厲之祭。期於神依人而血食，人敬神而知禮，仍命本處城隍以主此祭。欽奉如此，今某等不敢有違，謹設壇于本里，以三月清明日、七月十五日、十月一日。率領某人等百家聯絡于此，置備羹飯肴物祭于本里。無祀鬼神等眾靈，其不昧依期來享。

凡我一里之中、百家之内，倘有忤逆不孝、不敬六親者，有姦盗詐僞、不畏公法者，有拗曲作直欺壓良善者，有躲避差徭靠損貧户者。似此頑惡奸邪不良之徒，神必報于城隍，發露其事，使遭官府，輕則笞决杖斷，不得號爲良民；重則徒流絞斬，不得生還鄉里。若事未發露，必遭陰譴，使居家並染瘟疫，六畜、田、蠶不利。如有孝順父母，和睦親族，畏懼官府，遵守禮法，不作非爲，良善正直之人，神必達之城隍，陰加護佑，使其家道安和，農事順序，父母妻子保守鄉里。如此，則鬼神有鑒察之明，我民無諂諛之祭，靈其無私，永垂昭格。尚享！

祭告城隍文

惠安縣某鄉某里里長某率領人民某等，聯名謹具狀，告于本縣城隍之神。

今來某等，承奉縣官裁旨，遵依上司所行，爲祭祀本鄉無祀鬼神事。欽奉皇帝聖旨："普天之下，后土之上，無不有人，無不有鬼神。人鬼之道，幽明雖殊，其理則一。今國家治民事神已有定制，尚念冥冥之中，有等不在祀典之神，不得血食之鬼，魂無依，私顯靈怪，悲號于星月之下，呻吟于風雨之時，憐其慘悽，故敕天下有司依時享祭。鄉村里社一年三祭，仍命禮請本處城隍以主此祭，鎮控壇場，鑒察諸鬼等類。其中果有生爲良善，誤遭刑禍，死于無辜者，神必達于所司，使之還生中國，來享太平之福；如有生爲凶惡，身死刑憲，雖獲善終，出于僥倖者，神必屏之四裔。善惡之報，神必無私。"欽奉如此。今某等不敢有違，欽依于某年某月某日就本里設壇，謹備羹飯肴物祭享于本鄉無祀鬼神等衆。然幽明異境，人力難爲，必資神力，庶得感通。今特虔誠告于神，先期分遣諸將，遍歷所在，招集本里鬼靈等衆，至日悉赴壇所受祭。神當欽承敕命，鎮控壇場，鑒察善惡，無私昭報。爲此謹具狀，告本縣城隍之神，俯垂昭鑒！謹具狀[③]。

祭厲日俱行儺禮；或十月不儺，移于臘月，謂之大儺。儺用狂夫一人，蒙熊皮，黃金四目，鬼面，玄衣朱裳，執戈揚盾；又編茅葦爲長鞭，黃冠一人執之。擇童子年十歲以上、十二以下十二人，或二十四人，皆赤幘執桃木，而噪入各人家室逐疫，鳴鞭而出。各家或用醋炭以送疫。若臘月大儺，黃冠倡，童子和曰"甲作食殃，胇胃食虎，雄伯食魅"句，"騰簡食不祥"句，"攬諸食咎"句，"伯奇食夢"句，"強梁、祖明共食，磔死寄生"句，"委隨食觀"句，"錯斷食巨"句，"窮奇、騰根共食蠱"句，"凡使十二神追惡凶"句，"赫汝軀，拉汝幹，節解汝肉，抽汝肺腸，汝不急去，後者爲糧"。此乃古禮，雖孔子所不敢廢也。後世此禮廢絶，每逢灾疾，乃至禳星告斗，作諸無益，其傷民財甚矣。故今合時制於古，以便民從俗。

亢旱請雨，略倣董仲舒法，約正以下齋戒三日，以水日雩祭于社。而請雨行禮如禱儀，以土④爲龍，身皆黑而尾白，長九尺；使丈夫八人、小兒八人，皆衣黑衣。丈夫舁龍，小兒歡呼曰："烏龍頭，白龍尾，小童求雨天公喜。"自北而南，又自南而北，乃歸于社息焉。復取五蝦蟆，其中而閉之。及雨，則詣社行謝禮，用牲；若雨不止及大水，則縈朱繩于社，伐鼓攻之。雨止水消，謝如得雨儀。有慶則會春秋祭畢，行會飲禮，已見前。正月元夕爲歲始，臘月大儺爲歲終，亦許會飲于社。教讀製《相戒》之詞，以見無已太康之義；或令童生歌《七月》之詩一闋，或習士相見禮，或行投壺禮，或行鄉射禮，務在雍容揖遜，敦崇古雅，須用歌詠勸酬，使人觀感。不得酣唱邪曲⑤、演戲雜劇，以導子弟未萌之欲。

【校記】

① "濯"：一九八七年版本作"翟"。
② "宣室"：一九八七年版本作"冥冥"。
③ "謹具狀"：一九八七年版本作"謹狀"。
④ "土"：一九八七年版本作"上"。
⑤ "邪曲"：一九八七年版本作"邪典"。

惠安政書十一

社　學　篇

惟皇制治，建府置縣，畫鄉分里，以奠民庶，乃立社學以養蒙歛賢才。

社學者，一社之學也。百又十戶爲里，里必有社，故學於里中者名"社學"云。自庠序教廢，民之子弟皆不復教於里，而輒入其縣、州、府學。其童子事家不習，未知室家長幼之節，而業已學先聖之道，講朝廷君臣之禮矣。猶築千仞之臺，而基不先，顛覆是懼，何高可升？洪武八年，詔有司立社學矣。顧時有司倚以爲奸，民有餘子，不遣入學，父子二人相與業作，朝夕之謀是急，反句攝而迫驅之，往往以貨爲取舍。民之見收如重役然，愁苦之氣鬱而上聞。高皇帝爲是焉憂，又值天造初，直發艱哉之嘆而止。今觀《大誥》，所以罪責不肖之吏至嚴重矣。

正統元年，既設提學之官，又仰念高皇帝之憂之嗟也，於是詔天下縣里設一學如故。累朝因之。敕提學官，必有司督焉。嗚呼！已致其廢，莫任其興，有司之罪奚逭？夫里一學足矣。所在不拘，則又見於《教民榜》，豈非期便民耶？

惠安近雖以三十里爲邑，然至邃谷，詩書之聲不絕，每選學官子弟①，抱藝就有司而試者不下千人，蓋斌斌盛也！俗故尚鬼，淫宇至五百餘，學者或與鬼並坐而誦，非所以止慝反經而登於先王之道也。故毀之盡，擇其宜爲學者葺之，凡二百一十有二。隨里居疎密而多寡其數，便民第於各都標一大者爲大館云。

前期臘月，父老擇宜教讀者聞［於］有司。有司試之，選其學者行者，開歲正月父老率錢具禮遣書聘之，屆期乃恭迎之。

嗚呼！吾觀惠安鄉學，而嘆俗之無節也。聞某所有子弟，則竊竊焉夙具以要之，奪者倍其具，計不可奪而出於勢，勢有力者亦當挾以爲市。故一生而睨者幾師，一館而分者幾人，父兄無適從，子弟廢學，至有毀面囚首門於有司之庭。吁！可痛也。天生四民，各食其職，業已屈首受書，欲工無技，欲商無貲，求升斗於口舌之間，豈曰不可？然工商者固重利謀也，所業之謂何而因以爲利？夫《詩》、《書》所載，孰非禮讓之道，仁義之談哉？不以教人是不忠也，述而爲教是自叛也。吾見其口欲言而忸怩，汗淫淫而至踵矣。且身之所教爲尤甚，何則？青藍之勢然也。愛子愛弟，期待何如？情欲未開，而遽教以爭奪，其若異日何？知縣自傷無狀，不能改化，不忍再覿其事，著爲迎師之禮，父老其敬行之。爭者、挾者，罰無貰。

前歲臘月，父老會各鄉長老，隨鄉里大小，子弟多寡，居止遠近，度宜開館幾所，請師幾人，與各父兄從容議定，皆由心願。然後開某社學，弟子若干名，序其年齒、鄉里、父兄、籍貫；請師某，何邑人，并其年齒、鄉里、籍貫，書爲一册，送縣會考。子弟無故不入學者，罰其父兄。所請教讀，必學行兼備，端重有威，生員儒士，不用罷吏及非儒流出身之官，或丁憂生員與因行止被黜者，其四方流寓，蹤跡無常，尤當精擇。俟縣選中，父老率錢，每名無過三十文，多則絹一疋，侑以羊酒；少則布一疋，侑以鵝酒。具書曰："某頓首某先生執事：仄聞先生學行醇懿，里閈跂仰之日久矣。古者士大夫居鄉，則尊以爲父師，子弟從之，而孝、弟、忠、信之俗成焉。今率某鄉子弟受命，願先生之惠教之也，敬具不腆之儀，因執事者以聞。"擇子弟能將命者齎赴其家，再拜以請。教讀辭，復再拜固請，諾，乃復命。屆期，父老會各父兄躬請其家，再拜迎之。退，乃盛服候於社學門外，諸生候而前。至門，讓，主人入而右，教讀入而左。至階，讓，主人降②自東階，教讀升自西階。至堂，讓，主人東向，教讀西向，行再拜禮。師席南向，主人各前布席。席定，諸生行四拜禮，以次獻茶、具飯畢，辭而退，就館入便室。

前期，齒列諸生門內東西壁間，質明，咸至序兩階下，父老以下入誓戒。辭出，乃開館。

館堂設先師位，父老同各父兄入，與教讀上蓆，行四拜禮，畢，值月亢聲致辭曰：“凡與此會者，以孝、弟、忠、信爲本。其不順於父母，不友於兄弟，不睦於宗族，不誠於朋友，言行相反，文過遂非者不在此位。”教讀拱手應曰："諾。"值月復亢聲致辭曰："凡與此會者，以立教、明倫、敬身爲本。其聞善不相告，聞惡不相警，禮俗不相交，患難不相恤，陽善陰惡，二三其德者不在此位。"父老以下拱手應曰："諾。"相與揖遜而出。先生就坐，諸生以次，執事贊禮，乃升堂侍教。其未冠者，從俗總角；已冠者，平頭巾。絹布直領，不許紵絲紗羅，出入不許騶從輿焉。侍於先生，雖富貴，冬毋爐，夏毋扇，坐以齒。

施教以六行、六事、六藝，而日敬敷之，一曰早學，二曰午學，三曰晚學。日輪篤實老成者二人，平旦坐左右塾以序出入，食後復至，日夕亦如之。

六行：一曰孝，二曰弟，三曰謹，四曰信，五曰愛衆，六曰親仁。六事：一曰洒，二曰掃，三曰應，四曰對，五曰進，六曰退。六藝：一曰禮，二曰樂，三曰射，四曰御，五曰書，六曰數。凡古樂雖不作矣，猶存十一於千百。凡學必置樂器，備八音，略如釋奠之數。朔望或擊魯薛鼓之半，以習投壺；或擊魯薛鼓之全，以習射儀；或倣釋奠之篇，以舞勺；或倣干戚之制，以舞象；或習鼓琴；或習吹笙；或審音於言，如宮舌居中、商口開張之類；或審音於聽，如凡聽宮如牛鳴窾中，凡聽商如離群羊之類；或調聲詩，以比琴瑟；或講律呂大指，皆是。御則南方無之，即令③北方士人亦不有事，止將"鳴和鸞"、"逐水曲"之類講明可也。平旦，施早學之教，誦書正句讀。凡館堂，設雲板。平旦，教讀出就位，擊雲板三聲，生入立兩階下。命洒掃畢，復降階立原位，觀其執事恭謹者録之，怠忽者教而責之。次輪贊禮者二人，先升堂正揖，分班立先生之前，唱：序立。諸生以序兩班升堂正立。唱：揖。分班圜揖就位，静聲端立良久，以觀德容。執事者擊雲板，命以次序坐，務使從容嚴静。良久，擊雲板，命十人一班依齒序出，就先生位前正立。量其少長，以《小學》直白教之，使力行於身。如曰君子，則教之曰："能學成好人，便爲君子；不學成好人，便爲小人。"其溫清④定省之類，亦教之曰："汝能如此，以禮待汝；不能如此，痛責不恕。"他如職分所能知能行者皆倣此。令其口誦，以上口爲節，乃命復位。誦讀貴熟不貴多，如資性能記千字以上者只讀六七百字，不得盡其聰明。年小者只教一二句而止，或教《孝經》、《三字經》，不許用《千字文》、《千家姓》、《幼學詩》等書。以次讀《大學》、《中庸》、《論語》、《孟子》，然後治經句，讀少差，必一一正之。退食，擊雲板，各以班出揖而退。出館後，察其有疾行先長，或傲慢鄉里者，責而教之。

食後，施午學之教歌詩，習書數。凡復午學，升堂如平旦儀。就位立，聽雲板命坐，不必作對句，用顏魯公字體點畫，照《洪武正韻》楷書《詩經·鹿鳴》、《菁莪》、《關雎》、《四牡》、《伐木》、《棠棣》、《蓼莪》、《采繁》、《采蘋》、《南山有臺》、《緇衣》、《淇奧》，抑諸篇有關係可歌者各一篇；或古體律詩、絕句情性正音律和者各二篇，毋用"金榜、富貴"等語。亦十人一班，教以六書法，如象形、諧聲之類。若年小則教認字，先其易者，或書。早學，口誦者示之，各寫做書顏字⑤一章，令端坐直筆正書，務寬緩整肅而有壯氣，其有傾欹粗弱者責而教之。先生評品既畢，領回就位，將所書"風"、"雅"及古體律詩、絕句正音各讀成誦。退食，擊雲板如早學儀。自後五日一次歌詩，免寫字，令善歌者為唱，與眾同歌。既成聲，每班十人歌于先生之前，用鐘鼓，其餘笙簫、琴瑟之類，以漸教而和之。未升歌者，俱端坐靜聽，歌畢者復位。其聲容溫雅和平者賞之，躁俗悲淫者責而教之。或五日一次學算數，亦免寫字。年稍長者，教以《九章算法》；年小者，以四方上下，自一至十，或自甲至癸，或自子至亥等教之。

午後，施晚學之教，溫書、習禮儀。

凡復晚學，如儀就位。良久，擊雲板，命習禮。每班十人，出先生位前，東西向立。東先出位，北面立，長東，少西，揖，拜⑥。拜畢，復位。西揖拜如儀。退，先生坐觀，其容體恭敬舒遲者賞之，鄙倍者責而教之。如有善拜揖者免習，仍教以子事父母禮，如定省之類。習禮畢，各復位，溫習早學所讀書。自後五日一次，教以古人嘉言善行一章，如"黃香⑦扇枕"、"陸績懷橘"之類。直白說之，令其靜嘿諦聽。抵暮，擊雲板，值日者撤先生書席，如儀揖退。

諸生夜歸，仍在燈下講誦當日所教，即以所教之事事親事長，處事接物。先生與各父兄時常訪察，如有徒能講誦，不能力行者責而教之。若冠禮、婚禮、祭禮、射禮、鄉飲酒禮、士相見禮、投壺禮，皆用彩色繪于壁爲圖指示之。

月吉，設先師位，質明教讀帥諸生行禮，習禮樂，乃休沐。望亦如之。凡不帥教者，月終聞于父老。拜先師畢，撤神位。拜先生，分班相揖而退。食後至館，肄習諸禮；或聽審音樂，養其耳目、血脈。務使溫醇恭敬，不至拘迫，彼必樂從，而無嬉戲、逃避之事矣。畢，放假，教之靜坐以求放心。

若四時之祭及高、曾祖、考忌日，預期給假；無故而逃學者，一次罰書二百遍，二次撻罰紙十張，三次撻罰紙如前，仍罰父兄。過失小者，先生宜端坐相對，終日不與之語，以冀其改乃止。其好酒、博弈、逸遊、驕縱，或不帥教而悖逆非毀及干⑧犯彝倫者重治之。月終，通將逃學有過姓名聞于父老，甚者以聞有司。

左右塾日（月）考教讀善惡，聞于父老。因讀法而獎戒之，大者聞于縣，治妄言者。教讀一方師表，非鮮小矣。以身爲本，冠毋免，衣毋袒，毋苟顰笑，毋奴其顏，毋婢其膝，毋趨事有司，下同臺隸。其有口聖賢、行狗彘，考試則傳遞者，詞訟則教唆者，倚師生之分索之不從而告官者，因悁悁之忿匿名毀訕變黑白者，有一于兹，不惟不能化人而反賊人之子，坐左右塾者察之，以聞父老。小則因讀法而劓戒之，大則聞于縣而罪斥之。誣捏容隱並罪。善有大小，必揚必覈，大者縣，小者亭。

歲暮罷館，隆待師之禮。罷館，父老與各父兄帥子弟拜送，申待師之敬，束脩隨俗加厚。若待不以禮，不承權輿者，父老痛責之，書于過籍，甚者聞于縣。教讀自告言者不聽。其或前期，教讀醵金置酒高會，裁尺牘進各父兄，令各書贐錢，此乃市儈評物價者，知縣不忍覩，犯者罪之。立大館，帥子弟之試有司者，而祇教之興以三物：一曰性行，二曰經義，三曰才能。選學官弟子則以名聞。知縣嘗上書于朝曰：“臣聞天下之人，未有無所屬者也。今日社學，即使有賢守令，法皆見⑨之於行，事皆出之於實，亦不過一二學究率領三五豎子誦篇章句讀之言，習拜揖唯諾之節而已。其稍學文業舉者，即哑然耻與其列，故天下之人猶有無所屬者。夫以欲動情勝之年，重以科舉文字之習，下不聞父師、少師之誨，而應對進退之儀已荒；上未列祭菜鼓篋之儒，而紛華盛麗之心先靡，此孔子所以惡速成也。臣欲修建社學，擇諸生經明行修者爲師，驅前二者屬之。雖彼各安其居，各便其師，有不可强要使朔望於此行禮而受説焉。應對進退之間，既得以董其不度；紛華盛麗之心，亦得以潜消默化。知乎朝廷立教之意，與乎聖賢爲學之方，有不專在於科舉者，選補弟子就取而擇之，不屬於社學者不試。"今謬爲令，建學立師，篇章句讀，與乎學文業舉既皆驅而屬之矣。猶慮散涣無統，且有出於所驅之外，故都擇立大館師一，知縣具書幣請起之。凡欲就有司試者，朔望皆習⑩行禮受説。選補學官弟子，不由大館大試⑪。其有性行雅飭、經義純正、才能超異者，特以名聞。儀列于左：大館師，不必皆設館者，一言聽受，終身之師也。其設館者，且夕朔望各如其儀，又按子夏門人問交子張。然則各社學遣子弟詣大館受説，亦猶行古之道也。朔望前期，設先師位。質明先生先至，立先師位前，西向，父老坐左右塾。序入，擊雲板玉⑫聲，冠者、童子以次入，立兩階下。兩生升堂，四拜先師，四拜先生，分立。唱：四拜，先生、弟子皆拜。唱：撤神位。唱：布席，一生正几，先生南面坐。唱：舉案，兩生舉先生前。唱：登歌者就位。分立兩楹之下，擊鐘鼓者皆上。唱：進書，一生捧《小學》置于案上。唱：諸生皆上，由兩階上，重班立先生左右，北上，毋越毋譁。唱：請教，先生講《立教》一章。唱：歌詩，唱：進茶，唱：請益，先生講《明倫》一章。唱：歌詩，唱：進茶，唱：請益，先生講《敬身》一章。唱：歌詩，唱：進茶。唱：謝教，諸生以次降階。唱：四拜，唱：撤案。少休，或令諸生講書，或與習禮審樂。乃罷，以次序出。察其容貌比禮，節奏比樂，言辭舒朗、義理暢達者書之。比選補弟子員以三物興之，與衆舉之。

【校記】

①"子弟"：一九八七年版本作"弟子"。

②"降"：一九八七年版本作"升"。

③"令"：一九八七年版本作"今"。

④"清"：一九八七年版本作"清"。

⑤"顔字"：底本原作"顔子"，據一九八七年版本改。

⑥"拜"：一九八七年版本作"再拜"。

⑦ "黄香"：一九八七年版本誤作"黄春"。

⑧ "干"：底本原作"于"，據一九八七年版本改。

⑨ "見"：一九八七年版本作"出"。

⑩ "習"：一九八七年版本作"集"。

⑪ "大試"：一九八七年版本作"不試"。

⑫ "玉"：一九八七年版本校注疑作"五"。

惠安政書十二

保　甲　篇

惟皇制［治］，建府置縣，畫鄉分里，以奠民庶，乃立保甲以幾奸禦亂疏。

國朝以里甲任民，推擇齒德以爲耆老。里中有盜，戍卒、罪人逋逃及惡人不能捕者，里甲老人集衆擒之，具《教民榜》。蓋時衛所以防大寇，巡司兵以緝細奸，間有如所云。不過老人、里長帥甲首追胥申明亭外，未聞巡警鋪；里長、甲首外，未聞總小甲也。總小甲立，有司祇以徒役煩之①，亦不能任盜賊，故又變爲保甲。夫甲一耳，里變爲鋪，鋪變爲總，非所謂三保甲哉？故予於鄉約之衆甲而編之，即以責之巡警，而統於保長。分鋪而隸，不拘十甲一保之名，則庶乎簡徑易遵哉！

保甲之職，耆老掌邑中及各都之政令戒禁，稽其萬民之衆寡、六畜、田賦，辦其施舍與其可任者以作役事。總甲司之，以嚴扞御；保長統之，社首帥之，聽于耆老。

國初，因都分里，徙②不出鄉。厥後民無恒宇，不特甲首分裂四潰，里長亦徙他都。惟歲趨役可按籍求，里中則不相攝，故不得不隨地甲之，勢也。總甲得其職，則保甲可以不立；保甲立，而總甲終不能罷。使保長爲總甲，則又赧然羞之，蓋所執者猥瑣故耳。今姑存總甲，而責保長以扞御之事。

都必有鋪，鋪有多寡；鋪必有甲，甲有多寡。鋪立總甲一人，小甲一人，保長一人，保副一人。都立耆老一人，社首一人。總甲主偵諜小事，若有羽檄之警，保長副乃會其仆，以旗鼓兵革保於境上。社首者，一社之首，邑故有其號，以帥各鋪。保長乃以二物聯都邑之民而作之，一曰牌，二曰册。牌之式二，曰各家，曰十家。册之式三，曰約，曰鋪，曰保，隨衆寡而登之，正在有司。

各家牌懸于門。式具于左：

惠安縣某坊都某鋪

一、户某。係某坊都里長，或里長某下甲首，軍、民、匠、竈等籍，或某衛所某官下舍餘，或某總小旗下軍餘。若僧道亦做此。其寓居人則必具原籍原鄉，此寓居人與寄住客異。

一、男子幾丁。內分老、壯、幼三等。

某，官吏。某，作何生理。某，在某處買賣。某，生員。某，童生。某，有何手藝。某，現當某役。某。有何殘疾。

一、婦女幾口。無則不開。

一、田若干畝，該糧若干石斗。

一、房屋、門面幾間。或自置買，或典賃某人居住。

一、寄住客某。係某府州縣人，某年月日來家典住，或寄歇，作何生理，或在某衙門充某役，或爲人傭工，陸續開填。

一、牛若干頭。

一、馬若干匹。以上三條無則不開。

十家牌輪于甲。式具于後：

惠安縣某坊都某鋪

某某籍

某某籍

某某籍

某某籍

某某籍

某某籍

某某籍

某某籍

某某籍

某某籍或不能齊，多寡一家不妨。

左甲尾某

右甲頭某

牌皆書令告各家，務要訓行"六諭"，舉行"四禮"：父慈子孝、兄愛弟敬、夫和婦隨、長惠幼順，小心以奉官法，勤力以辦國課，恭儉以守家業，謙和以處鄉里。心要平恕，毋輕起忿爭；事要含忍，毋輒興詞訟。見善互相勸勉，有惡互相懲戒。務興禮讓之俗，以成敦厚之風。吾愧德政未敷，徒以言教，父老、子弟其勉體之。輪牌人每日告諭各家一次。

職掌有現丁著業牌面，沿門輪遞，有司令不奉行。右二牌者，主（王）文成公鎮虔時作也，令家各置一牌，十家聯為一牌。甲內故有不良之人，具聞于官，官為置舍舊圖新簿，第記姓名，不念舊惡，改乃削之。境內竊盜，即令縱跡不聞者，治同甲之罪。每日輪家值牌，日夕持牌，察十家之出入以告諭之。止其訟，解其爭，不聽者聞官責治。凡有誣告，罪坐同甲。善乎文成公之言曰："十家牌式，其法甚約，其治甚廣，盜賊可息，詞訟可簡。因是而修之，補其偏而救其弊，則賦役可均；因是而修之，連其伍而制其什，則外侮可禦；因是而修之，警其薄而勸其厚，則風俗可淳；因是而修之，道以德而訓以學，則禮學可興。"故令舉之。又十家牌，原不立首，以防脅制侵擾之弊。後虞鄉村盜賊，增立保長統領，平時各甲詞訟悉照牌諭；保長無諭③，今皆遵之。或謂不督，孰傳牌者予烏乎知？事發，值牌有罪。

約冊，耆老掌之，登萬民之眾寡、老幼、貴賤，而周知其數，以教德行道藝而聽其治。凡用眾庶，察其不平與疾苦者。

余觀往保甲冊，少者一丁為戶，多止二三，謾以應有司督責耳。嗟夫！爾民有家，男女長幼，下至奚童，有一不知者乎？余為民父母，一夫一婦尚不知其居里族姓，況知其情，何以在上？且爾之疑，不過謂造版籍將舉而役我，萬一有海上之警，又將驅我於戎行。嗟夫！所不與百姓同心者，有如日爾，其餘信無。老幼、貴賤咸登之，蓋無事時囑而讀法，則綱紀有條，可以周知其孝順、尊敬、和睦、教訓，安生理、作非為與否。一旦有事，什伍之法可起。夫人莫不顧其室廬、妻、子，官不爲甲，爾民不自相率扞禦乎？此但因民情而聯之，而況余不竭作，不遠成，而行之不苟也。

凡册所載必與牌相符，其序如之。或數村一甲，或一村釐爲二三，以衆寡爲差。寓居者鱗次其中，他縣、他都居民無問買屋、賃屋未附籍者皆謂寓居，已附者准土著論。牌内寄住客乃典賃主人近室暫居，附於主人，不另立户。其有出居外都而户籍在本都者，別爲一甲，以附於末。各以其都爲次，止書丁口、田畜。彼都詳之。又睦鄰者當先睦族，以甲爲聯，鄰居通矣。族安能皆比居也，不有散而當聚之乎？然均一姓也，而族分焉。族姓不別則宗道亂，故於姓一而各爲族者別之。姓以族多少爲次，族以丁多少爲次，蓋便稽閲，此非序門第也。其間各書職員生業，而門第在其中矣。族法先依昭穆世次，以丁在而世先者爲一世，次而下至世未繼而止。世長于族而年尤長者固以年長註之，年長於族而世非長者亦以年長註之。不拘世次，蓋必在各世之首矣，亦序昭穆中而寓序齒意也。然一族中以世長者書之，以年長者書之，以爲族人宗，爲其年其世而已。至各書其職業，則賢者、貴者咸在。又有事于公家，而係于國籍者，其里之長書之，其甲之首書之，餘寄寓孤獨不遺，則燦然而宗道備矣。式具于左：

某都

耆老一人，社首一人，保長幾人，保副幾人，總甲幾人，小甲幾人。鋪幾，甲幾，村幾，家幾，丁幾，老幾，壯幾，幼幾。別甲，都幾，村幾，家幾，丁幾，老幾，壯幾，幼幾，姓幾，族幾。耆老某，社首某。

某鋪在某村，巡至某村、某村止，共若干村。

保長一人，保副一人，總甲一人，小甲二人。甲幾，村幾，家幾，丁幾，老幾，壯幾，幼幾。

保長某，保副某，總甲某，小甲某某。

第一甲

村幾，家幾，丁幾，老幾，壯幾，幼幾。

某村

第一家某。或本地，或寓居并籍貫等俱如牌開。

男子幾丁，老、壯、幼并職業、殘疾等俱如牌開。婦女幾口，田、屋、寄住、牛、馬。以上俱如牌開。

第二家某。如前。

某村若一村滿甲者，不必過村。

第三家如前，至第十家止。

第二甲如前，盡甲而止。

某鋪如前，盡鋪而止。

別甲此出寓外都者，隨多寡書之，不拘十家爲甲之例。

都幾，村幾，家幾，丁幾，老幾，壯幾，幼幾。

某都某村

一家某。原某里長、甲首，某戶丁，或自爲戶出寓。

男、婦。老、壯、幼并職業、殘疾等俱照彼都牌册開具。田、屋、牛、馬等不開，彼都詳之。

某都某村

一家某。如前，盡家而止。

姓族

趙姓幾族

一族。某戶團居某村，散居某某村，里長幾戶，甲首幾戶，共戶丁幾多。

一世趙甲，某甲里長、農、工等。趙乙。某甲甲首、商賈等。

二世趙丙，本族年長、鄉官。趙丁。生員等。

三世趙戊。出居某都。

一族。如前。

一世趙己，本族年長、某甲里長、甲首、農、工等。二世、三世。如前。

一族。某戶某甲里長、甲首，或戶丁畸零，盡族而止。

一世、二世、三世。如前。

錢姓幾族盡姓而止。

一族。如前，盡族而止。

一世、二世、三世。如前。

鋪册，總甲司之。以約册舍其貴者、賢者、服公事者、老者、幼者、疾者，以起徒役。歲役，不過一日夜聚橐而巡之，禦相翔者幾不時，不物者禁箕歛，汝則有常刑。

按：巡警者，行巡戒警④云爾。今惟城中不廢，各都則否。歲第應役于公，城中以車馬輻輳最苛，如往庭燎、幄次、畚版、繕梁、治道、竹木等皆責辦于鋪，甚至官府以事至于境上擊鮮具湌，故總甲箕歛細民歲有常，余始禁之。嗚呼！巡警能舉其職，烏用保甲？而第以役苦之，何也？故據鄉約册，凡有職役之人與夫老幼、殘疾皆免，籍其壯者。城中每鋪，夜五人巡警如故；各都、各鋪亦隨地方，近者五人，遠者十人。巡警或登樓而望，或沿鄉以巡。不行者，罪在總甲。官府行都飲食自具，竹木等平價。若其它役不可已者，以序而當，歲役不得過一日，總甲科歛重罪。城中役煩，各鋪人丁多寡不同，故余彙而爲一。更夫自隨其鋪，各都簡僻，有經年無事者，亦各隨鋪可也。式具于左：

某鋪

總甲某，小甲某某。

某村幾，家幾，壯丁幾。

更夫，每夜五人或十人，周而復始。雜役。年役一日。僻鄉役不到者，次年役起。

某村

某，輪過即註名下，曰某月某夜輪過。某，輪過即註名下，曰某月某日輪過某役。

某，如前。某。如前。

某村

某。如前。

某。如前。

約册，有盡免者，難依其甲，但隨村列之，盡數而止。

保册，保長統之，社首帥之，以鋪册三而用之。有警以旗鼓、戈戟待于境上，息則止。禁侵暴，汝則有常刑。

成周之兵，止于伍兩。今軍已養於民，又有弓兵、機兵，又行保甲，百姓不知其意，得無盰盰不樂乎！夫保甲者，豈誠荷戈遠門，若兵也哉？寇至扞禦，乃有家者之必然，何爲不樂？故余因其情而簡其法，以鋪册三壯丁共當一夫，登于保册。無事，巡警如故；有警，社首、保長統帥册內夫家更迭而出，或據險而守，或乘便而擊，或以偵賊等役。册內不籍其名，止云某某某三家出夫一名，某某某等三家出夫二名，某某二家出夫一名，某某二家出夫三名，某一家出夫一名，或二三名之類。羡者附之，歸于以三當一，一出而兩休耳。蓋有常數無常人，各推其家之壯者爲兵。不惟三代之法則然，名不定于官府，亦所以使其樂從也。保長第統鄉夫禦寇，無事時不相統，爲一都或數保長乃以社首帥之，平居亦不相攝，敢侵暴者重治之。在城不入保册，有事盡乘城耳。式具于左：

某鋪

保長某，保副某，總甲某，小甲某某。

甲幾，村幾，家幾，夫幾。

第一甲一村。如二三村，次第書之。

某村

某某某三家，共出鄉夫一名。

某某某三家，共出鄉夫二名。

某某二家，共出鄉夫一名。

某某二家，共出鄉夫三名。以下隨多寡書之。

第二甲二村。盡甲而止。

某村

某一家，出鄉夫一名。

某村

某一家，出鄉夫三名。以下隨多寡書之。

右三家出夫一名，則一家一丁可知也。三家出夫二名，則各二丁。二家出夫一名，必一家一，而一家二也。二家出夫三名，必一家五，而一家四；或一家二,而一家七;或一家八,而一家一也。二家出夫一[名],必其三丁;一家出夫三名,必九丁可知也。餘各以意推之。凡甲以夫論,不以家。甲可過村,夫不可過,恐其不便。若有羨丁,以四當一;即不足,以五當二可也。兵法不可無統,如約甲則不能,蓋彼家丁有多寡耳。今自爲甲,保册,保長執之,社首但帥保長。凡册各具其事于縣,乃以八⑤事糾在社之民而勸懲之:

一曰遵戒諭。見前。以下多本兵憲喬公挈令。

二曰嚴譏察。盜賊之生,無論强竊,皆聚巖林僻處,兼以豪族淵藪,家甲以不與己忍之,甚有闌出相通。今要互相譏察,凡有蹤跡不明、異言異服者,即行首連,得實,與獲盜同賞;否者,事發連坐。其賭博、教唆、造言生事等并察之。

三曰謹巡邏。城中鋪輪五人,各都鋪遠者又加五人,每夜擊柝傳更。一更三點閉閭禁行,五更三點放行,遇非常則呵止之。鄉閭曠野暴客,非數人能制,馳報望樓,擊鼓警衆。

四曰聯守望。城郭、坊巷、鄉村,各於要地置鼓一面。若鄉村相去稍遠者,仍建高樓置鼓其上,遇警即登樓擊鼓。一巷擊鼓,各巷應之;一村擊鼓,各村應之。但聞鼓擊,各甲各執器械齊出應援,俱聽保長調度。有後期不出者,保長公同各甲告官重治。其或屯守必於綰轂之處,蓋守此地,則内盡可無虞矣。不得以舍此成彼爲辭,如有恃强撓衆者罪。

五曰時操練。遇警,社首、保長帥壯丁以操習之,事息則止。不聽操練,與社首、保長因而侵擾者各罪。衣甲、戈戟乃守家所有者,自備之。

六曰均勞費。貴人巨室,盜所垂涎,宜屬家衆以爲民望,及資器械、膏火等費,不得自便,獨苦細民,抗者有法。

七曰禁侵暴。社首、保長等,愚懦不足與計事,雄俊者往往倚以爲奸。今宜變更助令爲治,有以自效,不敢相負。侵漁小民者,考案眞法。令亦帥先衆僚,毋令求盜等與其事,有撟符者,以告治之。

八曰治奸讒。境中盜賊、閭里輕俠惡保長等發其根株窟穴,每以報復虛喝。豪傑大姓據執(勢)自尊,與愚民不用命者,亦各挾持長短,謗議蜂起。故保長等以家爲念，畏縮不事，阻墮公法。今有如此，必重治之。

保甲，古之遺法。明道令晉城，量鄉里遠近爲保伍，使之力役相助，患難相恤，奸僞無所容；孤煢老疾者，責親黨使無失所，行旅出於其途，疾病皆有所養，即此；及臨川督民操練，使自備衣甲、器械，天下始騷然矣。故今以鄉約爲主，雖或操練以備盜賊，而以不擾行之。若夫寬假以圖成效，則惟在委任哉。

【校記】

① "役煩之"：一九八七年版本作"煩役之"。

② "徙"：一九八七年版本作"徒"。

③ "諭"：一九八七年版本作"與"。

④ "戒警"：底本原作"警警"，據一九八七年版本改。

⑤ "八"：一九八七年版本作"入"。

校 點 後 記

《惠安政書》十二篇，輯自明代葉春及編著的《石洞集》。

葉春及（一五三二——一五九五），字化甫，號絅齋，又號石洞、羅浮山人，祖籍廣東歸善（今廣東省惠州市惠陽縣），世居惠州府城（今廣東省惠州市區）。明嘉靖三十一年（一五五二），葉春及參加鄉試，得中解元。之後，六上春官不第。隆慶元年（一五六七），他撰寫了三萬餘言的《上皇帝應詔書》，即論時政二十五篇，被認爲"唐諫議大夫復出"。隆慶二年二月第六次落第後，被選爲福建閩清縣教諭，開始踏上仕途。後歷任福建惠安縣知縣、廣西賓州（今廣西省賓陽縣）知州、湖北鄖陽府（今湖北省鄖縣）同知、户部員外郎、江西司郎中，"時與其侄司馬夢熊及海中丞瑞聲望高於嶺表"。《大清一統志》稱贊他爲官"剛方廉介，位雖不達，時論重之"。

在葉春及的仕途中，任期最長、政績最顯著、影響最大，當是他擔任惠安知縣之時。明隆慶四年，葉春及由閩清教諭遷知惠安縣，萬曆二年（一五七四）離任，前後五年。他"視民如子，而幽隱必周；守法如山，而豪右不避"，政績斐然。據清嘉慶《惠安縣志》記載，其在惠安縣的主要政績："採風謡，詢疾苦，清宿弊，均徭役，革羨餘，毁淫祠，開鸕鷀壩以通水利，減入寺租田，定官催徵納規則。著《惠安政書》，纖悉曲盡，八郡傳以爲式。""五年邑大治"，"治績爲當時第一"。清代著名文學家朱彝尊在《明詩綜》中贊頌說："絅齋令惠安，幾與東漢時廉吏姑臧（今甘肅武威）令孔奮、山東萊蕪令范丹媲美高潔。"

由於葉春及勤政愛民，治理有方，深受惠安人民的愛戴。因此，明萬曆二年初，朝廷任命他爲廣西賓州知州，催之上任，惠安軍民一再乞留，甚至上京請求。"離任日（九月五日）惟敝衣一篋，父老送出郊者累千人"，事後還爲之"勒石紀績於南北郊"。萬曆八年,入祀名宦祠。

葉春及對惠安也懷有深厚的感情,將它當成第二故鄉。快離任時,他琢石爲匣,以藏鬚髮(四十二根),埋於惠安城西下廖(今惠安縣螺陽鎮下廖村)的蓮花山頂,並刻銘於石以作留念。

葉春及工詩文,"文章高古,有良史風"。著有《石洞詩格律》、《崇文權書》、《石洞集》等。《石洞集》收入《四庫全書》。

《石洞集》十八卷,其中有《惠安政書》五卷十二篇,係葉春及於明隆慶五年至萬曆元年在惠安知縣任上撰寫的。明清史專家、廈門大學傅衣凌教授對此書評價曰:"《惠安政書》……分五卷十二篇,有圖有文,舉凡山川形勢,道路交通,地方利病,民間生業,以及風土民情,無不纖悉備載,是葉氏任惠安知縣時所親自調查並參考當時文獻所撰成的,爲惠安地方志上一很重要的原始資料。"

《惠安政書》有多種版本,今以上海古籍出版社影印出版的《石洞集》四庫本爲底本進行點校,參考福建省地方志編纂委員會主編、福建人民出版社一九八七年出版的《惠安政書》(以下簡稱"一九八七年版")。一九八七年版是傅衣凌教授於一九八〇年赴美講學,回國途經日本時,在東京大學山根幸夫教授的幫助下,從東洋文庫復印回來(康熙壬申孟春曾孫倫重刻本),由惠安縣志辦公室整理出版。

《惠安政書》四庫本的錯別字頗多,現徑自改正;有的字繁體與簡化並用。志文及圖表中有不少地名的用字,與當地方言的稱呼雖發音相同或相近,但不切合原意,則對照清嘉慶《惠安縣志》和惠安縣地名辦公室編印的《惠安地名錄》予以更正;有的地名後來被雅化,則用舊稱。四庫本表中有些數字與一九八七年版不相符,有的是前者遺漏或錯誤,據後者補上和更正;明顯是後者錯的,不予加注。若兩者皆錯,能判斷出來的,則徑自改正;不能者,予以加注。遺憾的是,兩種版本中的地圖上有些地名字跡漫漶不清,難以互校,而且所畫地圖準確度也不是很高,無法查對。另者,此書原分五卷,今依原篇目釐爲十二篇,不分卷。

  鑒於四庫本和一九八七年版本都並非原始版本，差錯不少，尤其是表中一些數字無從查對，可能還會存在一些差錯，敬請批評指正。

編　者
二〇二〇年五月

泉南雜誌

目　　錄

泉南雜誌卷上 …………………………………… 389
泉南雜誌卷下 …………………………………… 403
附錄一 …………………………………………… 417
　陳懋仁傳 ……………………………………… 417
附錄二 …………………………………………… 418
　四庫全書總目提要 …………………………… 418
　　泉南雜誌提要 ……………………………… 418

校點後記 ………………………………………… 419

泉南雜誌卷上

泉州有浯江，郡志云：晉南渡時，衣冠士族避地於此，故又名"晉江"。余謂江既以晉得名，何當時人文遺事，無一可稱，豈簡册逸而無徵，即避地事亦傳聞耶？《晉書·地理志》：武帝太康三年，置晉安郡，統八縣，晉安一也。然則武帝已舉"晉"名其縣，或不待元帝在建業，而始以"晉"名其江也。《載記》：苻堅封慕容垂泉州侯。此"泉州"乃漢昭帝改燕國爲廣陽郡，統縣十之一，今畿輔潞縣地，非閩之泉州也。閩泉乃隋文帝以豐州改，今晉江則唐玄宗以南安分置。

泉之人文，至唐貞元中，始得歐陽公詹，按《唐書》，公與韓文公、李觀、李絳、崔群、王涯、馮宿、庾承宣聯第，皆天下選，時稱"龍虎榜"。是科知貢舉陸宣公也。自公之後，名賢繩繩，逮我明文章德業之盛，不特凌往代已也。

萬安橋，乃宋蔡忠惠公所造，世謂洛陽橋是也。落成，公自爲記曰："泉州萬安渡石橋，始造於皇祐五年四月庚寅，以嘉祐四年十二月辛未訖功。絫址於淵，釃水爲四十七道，梁空以行。其長三千六百尺，廣丈有五尺，翼以扶欄，如其長之數而兩之。糜金錢一千四百萬，求諸施者。渡實支海，去舟而徒，易危而安，民莫不利。職其事者，盧錫、王實、許忠、浮圖義波、宗善等十有五人。既成，太守莆陽蔡襄爲之合樂讌飲而落之。明年秋，蒙召還京，道繇是出，因記所作，勒於岸左。"公自書大方尺，分勒二石，今在公祠。蓋公之功在百世，大矣！而記僅一百五十三言，可見古人不肯擅美如此。又聞之父老云，先時二石爲倭載去，後見江間發光，探之得後一石。其前一石乃後人復模，故前石不如後石之瑩潤，打碑聲時與江濤競響也。俗傳公造此橋，限以濤勢，不能絫址，乃檄江神，得一"醋"字。公云：廿一日酉時爲之。今公記中無是說也。王遵巖曰：豈其駕長江之洪流，馮虛以搆，實其役有足駭人者，昧者驚焉，而言之異。亦以賢者之所爲，興事起利，人樂其成而賴其功，故托於神以美之耶！又，宋釋太初謂前記多三字，至今傳其言也。

盤光橋，自洛陽橋東接鳳嶼，嶼在江中央，上多腴田稠民居。舊有石路，潮落路出，行者病之。宋寶祐中，僧道詢募貲作石橋，長四百餘丈，廣一丈六尺，此（比）蔡端明所造洛陽橋長多四百餘尺，闊多一尺。世知"洛陽"而不知"盤光"者，蓋以人重也。雖然，貴賤異等，若道詢一行腳耳，無藉勢位，而功力過之，則其名胡可泯泯？且洛陽橋尚有百五十三字之記，此獨無之，意當時道詢不欲居其功以垂後名耶？抑本有記而歲遠湮廢也？

《淳化閣帖》十卷，宋季南狩，遺於泉州。已而石刻湮地中，久之時出光怪，櫪馬驚怖。發之，即是帖也。故泉人名其帖曰"馬蹄真跡"。余按，沈源《釋文序》云：是帖納郡庠，歲遠剝蝕，其後莊少師氏復摹以傳。則今帖非馬蹄真跡，乃莊氏摹刻也。其石先屬張氏，後以其半質錢於族，祕匿不返，至於搆訟，於是各翻木刻足之，分爲兩部。今所傳者既非宋遺，而莊模亦皆割裂，遞更遞失矣。惟蔡沙塘憲副家所藏七塊，完好不剝，蔡其寶之，甚爲難得。欲得莊刻之全，與蔡之所藏，必求數家而合之，然不易也。又按，沈源所云莊少師者，不知何名。考泉郡志，有莊夏者，登淳熙八年進士，歷官侍郎，封永春縣開國男，卒贈少師，有文名。他莊無仕少師者，故知是帖復摹，乃莊夏也。

泉州察院堂左，有宋太宗戒石銘碑，乃黃山谷作擘窠大書。其下有高宗行書跋語云："近得黃庭堅所書太宗皇帝御製戒石銘，恭味旨意，是使民于今不厭宋德也。因思朕異時所歷郡縣，其戒石多置欄檻，植以草花，爲守爲令者，鮮有知戒石之所謂也，可令摹勒庭堅所書，頒降天下，非惟刻諸庭石，且令置之座右，爲晨夕之念，豈曰小補之哉？"跋後有一"伍"字，乃高宗御押也。又其下有小楷書，呂頤浩題疏云："臣等竊惟太祖皇帝武定天下，而太宗皇帝文以撫之，是時剝五字。民赤子，新去湯火，哀矜剝。乃發大訓，垂諸庭石，如雲漢在天，爲光昭回。其施在下，則爲露爲雨，民涵斯澤，豈其有極！而吏更歲久，或不知誦斯文矣。皇帝撥亂愛民，規橅祖宗，乃六月癸巳詔以黃庭堅所書刻之石，將以墨本賜天下,使日見而知戒焉。嗚呼！此盛德大業之本,豈特讀《正(貞)觀政要》而太息哉！臣等才駑,不足以佐萬分,而知贊且勵,蓋不獨郡邑之吏,洗然於茲賜也。謹昧死書於左方。紹興二年七月癸酉,端明殿學士、左朝議大夫、簽書樞密院事、權參知政事臣權邦彥,左通議大夫、參知政事、福建、江南西路、荆湖南北路宣撫使臣孟庾,左通奉大夫、守尚書右僕射、同中書門下平章事、兼知樞密院事臣剥二字。特進尚書左僕射、同中書門下平章事、兼知樞密院事、都督江淮荆浙諸軍事臣呂頤剥一字。[浩]謹題。"按,是銘非太宗御製也。《四川通志》孟昶著官箴云:"朕念赤子,旰食宵衣。託之令長,撫養安綏。政在三異,道在五絲。驅雞爲理,留犢爲規。寬猛得所,風俗可移。無令侵剥,無使瘡痍。下民易虐,上天難欺。賦興是切,軍國是資。朕之爵賞,固不踰時。爾俸爾禄,民膏民脂。爲民父母,罔不仁慈。勉爾爲戒,體朕深思。"太宗第取"下民易虐,上天難欺,爾俸爾禄,民膏民脂"四句,移後二句居前以爲銘,便自簡當意完,而無累澀之氣。

又有高宗御書"籍田碑"云:"朕惟兵興已來,田畝多荒,故不憚卑躬,與民休息。今疆場罷警,流徙復業,朕親耕耤田,以先黎庶,三推復進,勞賜耆老,嘉與世俗,躋與富厚。昔漢文帝頻年下詔,首推農事之本,至於上下給足,減免田租,光于史册,朕心庶幾焉。咨爾中外,當體至懷,故兹詔諭,想宜知悉。"其下有小楷書牒云:"泉州,紹興十六年九月十九日,準行在尚書禮部符,準屯田關四月八日準紹興十六年四月六日敕中書門下省臣寮劄子奏,欲望聖慈勅令郡邑,以近降御筆耤田手詔,模刻立石於聽事所,如戒石之銘,俾朝夕省觀,罔敢墜失,庶有以廣聖志,承天庥,蒙屢豐年,興嗣歲之應,天下幸甚！取進止。四月六日,三省同奉聖旨,依奏牒州施行。本州今恭奉聖旨模刻立石於聽事所者,紹興十七年三月□日立。左從政郎、司法參軍、權察推臣曾汪,右從事郎、節度推官臣余麟,右承議郎、簽書節度判官廳公事、賜緋魚袋臣方周弼,右承議郎、添差通判軍州、主管學事兼管内勸農事、借緋魚袋臣王鑄,右承議郎、通判軍州、主管學事兼管内勸農事、賜緋魚袋臣韓習,左朝散大夫、知軍州事、主管學事兼管内勸農使、賜紫金魚袋臣陳康伯。"此碑在戒石銘碑之右,石俱精瑩,燁燁有神氣。

衛西榕樹,幹大如一間屋,枝上有纜,纜垂下者謂是根也。其高參天,枝葉蔭可三十餘丈。相傳韓少卿國華爲郡,誕魏公日,樹杪爲吐烟靄。又云,榕樹千年者,其上生伽楠香。

德化縣白甆,即今市中博山佛像之類是也。其坯(坏)土産程寺後山中,穴而伐之,緶而出之,碓極細滑,淘去石渣,飛澄數過,傾石井中,以漉其水,乃摶填爲器。石爲洪鈞,足推而轉之,薄則苦窳,厚則錠裂,土性然也。初似貴,今流播多,不甚重矣。或謂開窰時,其下多藏白瓷,恐傷地脈,復掩之。

閩之遠海近番處,有燕名"金絲"者,首尾似燕而甚小,毛如金絲,臨卵育子時,群飛近汐沙泥有石處,啄蠶螺食。有詢海商聞之土番云,蠶螺背上肉有兩肋,如楓蠶絲,堅潔而白,食之可補虛損、已勞痢。故此燕食之,肉化而肋不化,并津液嘔出,結爲小窩,附石上。久之與小雛鼓翼而飛,海人依時拾之,故曰"燕窩"也。

泉郡荔枝,雖鬱爲林麓,然不若福、興兩郡之盛。絳囊翠葉,明秀可愛。蔡端明所謂殼薄而平,瓤厚而瑩;膜如桃花紅,核如丁香母;剝之凝如水精,食之消如絳雪。誠哉!《荔譜》四十二種。垂五百餘年,品目雖存,漫不可據。今惟五月熟者,曰"火山",肉薄而酸;六月熟者,曰"早紅",曰"桂林",曰"白蜜",曰"狀元紅",曰"金鐘",俱稱佳品;七月熟者,味甘酸,曰"山荔枝",蠲渴補髓,多啖無傷。韓偓荔枝詩云:"封開玉籠雞冠濕,葉襯金盤鶴頂鮮。想得佳人微啓齒,翠釵先取一雙懸。"又:"巧裁霞片裏神漿,崖蜜天然有異香。應是仙人金掌露,結成冰液蒨羅囊。"可謂形容之妙矣。蔡端明曰:"荔枝之於天下,唯閩粵、南粵、巴蜀有之。漢初,南粵王尉佗以之備方物,於是始通中國。司馬相如賦上林云答遝離支,蓋夸言之,無有是也。東京交阯七郡貢生荔支,十里一置,五里一候,晝夜奔騰,有毒蟲猛獸之害,臨武長唐羌上書言狀,和帝詔太官省之。魏文帝有西域蒲陶之比,世譏其謬論,豈當時南北斷隔,所擬出於傳聞耶?唐天寶中,妃子尤愛嗜,涪州歲命驛致,時之詞人多所稱詠。張九齡賦之以託意。白居易刺忠州，既形於詩，又圖而序之，雖髣髴顔色，而甘滋之勝莫能著也。洛陽取於嶺南，長安來於巴蜀，雖曰鮮獻，而傳置之速，腐爛之餘，色、香、味之存者亡幾矣。是生荔枝，中國未始見之也。九齡、居易雖見新實，驗今之廣南州郡，與夔梓之間所出，大率早熟，肌肉薄而味甘酸，其精好者，僅比東閩之下等，是二人者，亦未始遇夫真荔枝者也。閩中惟四郡有之，福州最多，而興化軍最爲奇特，泉、漳時亦知名，列品雖高，而家（寂）寥無紀。將尤異之物昔所未有乎？蓋亦有之，而未始遇乎人也。予家莆陽，再臨泉、福二郡十年，往還道由鄉國，每得其尤者，命工寫生，萃集既多，因而題目以爲倡始。夫以一木之實，生於海濱巖險之遠，而能名徹上京，外被夷狄，重於當世，是亦有足貴者。其於果品卓然第一，然性畏高寒，不堪移殖，而又道理遼絶，曾不得班於盧橘江橙之右，少發光采。此所以爲之嘆惜而不可不述也。"

荔枝才已，龍眼始行。殼黃瓤白，核壯肉薄。《本草》謂之荔枝奴，信然。蓋荔枝飽啖之餘，不堪咀嚼，如膏粱子，居常釀臊，一旦家落，餔薄糜便不適口。

紅柑，福橘之次者也。

橄欖，青澀，能消酒止渴。《藥性賦》所謂"泉州橄欖能消酒"是矣。《本草》一名諫果，謂其始苦澀而回甘，猶忠言逆耳，世亂乃思之也。其俗取與子薑和核搗碎，醋拌充蔬。

甘蔗，幹小而長，居民磨以煮糖，泛海售焉。其地爲稻利薄，蔗利厚，往往有改稻田種蔗者，故稻米益乏，皆仰給於浙直海販。涖茲土者，當設法禁之，驟似不情，惠後甚溥。

清源山茶，青翠芳馨，超軼天池之上。南安縣英山茶，精者可亞虎丘，惜所產不若清源之多也。閩地氣暖，桃李冬花，故茶較吳中差早。

紅梅，百葉，一花三子，曰品字梅。紫梗疏條，非復霜皮鐵幹可偶。

芙蓉，有產於山者，余廨後手插一枝，未半載，扶疏出牆，名曰木芙蓉。花最繁盛，不下數百，大如甌，其色有朝紅暮白者，此則粉紅一色耳。

九節蘭，花易植，不若吳中所欽，靜宇中雖若棋列，亦不甚香。

余廨東所植茉莉，其高及檐。嘗於暑夜設木榻坐其下，清芬郁烈，可沾眉髮。其地易生，如吳中插槿也。按《本草》時珍曰：嵇含《草木狀》作"末利"，《洛陽名園記》作"抹厲"，佛經作"抹利"，《王龜齡集》作"沒利"，《洪邁集》作"末麗"。蓋"末利"本番語，無正字，隨人意會而已。末利原出波斯國，移植南海，其性畏寒，不宜中土，弱莖繁枝，綠葉團尖，初夏開小白花，重瓣無蕊，花皆夜開。《丹鉛總錄》曰：《晉書》都人簪奈花，即今末利花也。

西施舌，殼似蛤而長，外色若水蚌殼，內色如孔翠，肉白似乳，形酷肖舌，闊約大指，長及二寸，味極鮮美，無可與方。舌本有數肉條如鬚，然是其飲處。

北方謂泥磚曰土坯（坯）。晉江有介屬，亦曰土坯（坯），綠殼白尾，其旁有毛。

草魚，清脆頗隃諸肴。然其形酷似病痘小兒臂指所切，不堪寓目。

龍虱，如牛糞上蟲，似黑而薄，劈食之，小有風味。

鱟魚，碧血，海中介魚也。似蟹足十有二，長六七寸，漁者醢其肉，居人以其殼作水杓。《穆天子傳》：黑羊白血。以鱟況之，則亦可信。

蝦，有長一二尺者，名龍蝦，肉實有味，人家掏空其殼，如船燈掛佛前。

鬭魚，大如指，長二三寸，花身紅尾，善鬭。人家盆畜之，俗呼爲"丁斑魚"。張世南《遊宦紀聞》云：三山溪中產小魚，里中兒豢之，角勝爲博戲。信然。

牡蠣，麗石而生，肉各爲房，剖房取肉，故曰"蠣房"。泉無石灰，燒蠣爲之，堅白細膩，經久不脫。

蚶，大而肥，鮮美特異。《海物志》名"天臠"，《爾雅》名"魁陸"，《本草》名"瓦壟子"。《雜俎》云：鼎俎之味有蚶醬。

黿，一名石鱗。肉紫，斑如纈錦，生溪澗高潔處。其大如雞，得亦不易，厥俗兼皮食之。有見餉者，余令人縱之野中，左右瞪眸不轉曰：此難得之珍味也。

泉州海錯，品類最多。余嘗欲就其所見，記錄一帙，以廣好事，會奔命未遑也。五代陳致雍作記，謂雍家於晉安，目觀海族日有多品，而考其名實不同者，則華人之言異也。是故荒餘之產，職方不入，郭璞未詳，張華不載，沈瑩《臨海記》、顏之推《稽聖賦》、崔豹《古今注》、《交州異物紀》、《嶺表錄異》、《山海經》、東方《異物》等記，及諸家博物之例，物同而名異者，集在此卷，就其方言而正之，曰《海物異名記》。

泉南富家，田不過五頃至十頃，極矣。爲山多而巨姓繁耳。土人藏穀不藏米，爲易蛀也。又米多石屑，米戶應官，簸颺數四，非經旬不得，甚而婦女手擇之。余每齧石屑，則默然勿令知，不欲難其所難也。

造白沙糖法，用甘蔗汁，煮黑糖，烹煉成白，劈鴨卵攪之，使渣滓上浮。按《老學庵筆記》云：聞人茂德言，沙糖，中國本無之。唐太宗時，外國國貢至，問其使人此何物，云甘蔗汁煎。用其法煎成，與外國等。自此中國方有沙糖。茂德乃宋勅局勘定官，余郡人也。

蟻有數種，能螫人，廚中饌案，以四木桶盛水，灌案腳於中，夏雨夜入臥牀，雖帷帳周密，俱所不免，多至一二升，最爲寢食之害。蓋蟻爲濕熱相蒸所致，故居宇須疏風放水，稍亦可除。白蟻尤能運土蝕木，令棟易橈。

乾清、坤寧二宮告成，需石陳設，滇中以奇石四十八塊製皆佳名，標奇以進。時歲己亥三月，余給事水衡，目覽手抄，附列篇左：

春雲出谷、泰山喬嶽、神龍雲雨、天地交泰、各大五尺一寸。玉韞山光、大五尺。河洛獻瑞、玄嶂雲收、江漢朝宗、奇峰疊出、海山朝旭、各大四尺一寸。錦雲碧漢、虹臨華渚、雪溪春水、群峰獻秀、麟趾呈祥、龍翔鳳舞、各大四尺。一碧萬頃、雪巖春霽、雲霞海曙、各大三尺。萬山春曉、春山烟雨、百川霖雨、各大三寸尺五。溪山烟靄、大三尺一寸。壽山福海、雲漢麗天、各大三尺六寸。湖光山色、函關紫氣、春山烟雨、卿雲絢彩、雲霞海曙、雲霞出海、各大三尺五分。龍飛碧漢、各大四尺八寸。山水人物、屏石八塊、山川出雲、各大三尺九寸五分。烟波春曉、大三尺四寸。白雪春融、大三尺三寸。雲龍出海、槎泛斗牛、各大三尺五寸。春雲出谷、海晏河清、振衣千仞。各大二尺九寸。

太守東山張公檄余盤德化縣倉穀，盤少正額一千八百一石，查出不入册穀價銀二百九十三兩五錢。又，司李李公檄余盤府倉穀，盤少正額四百九十八石。夫各處倉穀缺額者多矣，查盤止取倉收文具耳，未有倒廒籌較，報欠數多如今日者。有之自兩公所命，而余實始之。蓋泉庾所儲晚稻也，多擊則穀破，少擊則芒留，兩者皆可引蛀，況漸以積之，最易爲末，倉蠹藉口，甚有侵漁，安得出陳易貯早稻，使民髓不爲消竭也。

東山公蒞泉甫五月，以簡惠得士民心。去郡日，號泣遮留者數千人，徒步會城，乞留不遂。先是有吏欲自潤，假公旨令余追未完贖鍰補庫。余疑非公意，密白之公。公駭曰："貧百姓愛我如此，我反累之耶？微公言幾爲奸吏所蔽。"公亟示蠲之。

泉俗最重堪輿，雖以己地營葬，鄰家必嚴不相容。一日，有宦裔黃生乞地於東山公，公以其狀屬余曰："黃司農昔在南曹司帑，棄千金而不取，致死無以爲殮，今櫬歸四年，猶貧無葬地，清官安可爲乎？所乞二山果閒曠，或天留以埋玉，未可知也。該司躬蒞一勘，庶賢大夫有馬鬣，亦有司表墓之遺思也。"余往勘所乞之山，緊迫三墳，適當其上，三氏子孫所必爭，非寢丘可比。且巖阿峻折，靈軔有崎嶇之危，若臨穴鬭沮，英魄虛入土之安，要須無競，始利窀穸。公然余言，黃亦亟止。少焉，三氏之族百許人轟闐余廨，余出成案視之，乃謝而退。

泉之東門外，有官山，周數里，爲貧家葬瓦棺處。葬如棋布，無著腳地。然而科第標木，森立其間，往往有之，此豈當時重堪輿、邀地脈者耶？良由祖父無產可營，於德無損，子孫憑藉雖少，外慕自絕，惟知讀書自立故耳。又聞之巨室至十餘年未葬其親者，以爲難得善地；既葬而子孫日見式微，此豈當時不重堪輿、不邀地脈者耶？亦由祖父居積豐饒，豆瓜自種，子孫多財益過，不復好修，外釁相仍故耳。余故曰，能盡天理，則地脈可邀，泉山之標，作善之報也。

安溪縣伐一巨木，充册封琉球海船桅木，藩臬檄余復勘，其責甚重。余以民尺量長十丈一尺六寸，頭圍一丈一尺；至八丈五尺處，圍三尺七寸；九丈處，圍二尺九寸。復以官尺較定。若於內斲去浮皮，爲數益窄，蓋桅尾不及三尺，而望斗之下，必連鑿數孔，以繫桅掛風帆紖繚，所繫甚重，不知幾千鈞，能任與否？請從定式。已而，聞用寧化一木，其必大於此者。先是，安溪山中出一大木，運至漳界，一蹴而斷。余意必病木，木理不堅致之耳，不然，千年巨材，豈一蹴可斷？天若不令苟全于陸，以貽危海上也者。國命非常，故木神效職如此。

泉城火燴盛行。市販苦于資養，向緣法不究弊，雖禁弗戢。當事者謂坐皋須贓，而不知燴銀在鑪，炙手難獲，適生搶奪屬階耳。余乃辨傾紋、傾燴兩種，瓷罐迥然各異。傾紋銀者直出，繡色而乾，傾燴銀者光潤帶黃而濕。取罐比查，奸可立見。議出而人芟機種，積尚頗革。火燴，低假銀也。

鷺鶿洲田，本海沙漲出，因莖户欺隱，没爲學田，民佃輸賦，以資膏燭，頗爲有力所侵，幾致激變。監司檄余監穫，以綏農人。因思不日歸耕，如淵明于下潠田舍穫釋鑱詠歌，翛然自適，無復作風塵面目，看人眉頰也。

德化九仙山有瀑布泉，自雲際下，宋主簿柳驥詩有"天插一泉聲漱玉，地高六月夜凝霜"之句。

余廨西甚饒隙地，綜事之暇，蓬首散帶，率童僕種蔬於中，所茹有餘，尚可分給貧隸。息力樹下，見清源山縈烟斜照中，如《湘中別記》所謂"碧紗籠罩翠微"，蔚爲佳境。因念我家仲子攜妻灌園，陶淵明"採菊東籬下，悠然見南山"時，於此俱可想見。顧余事官鞅掌，委形踽踽，然而時得二趣者，聊欲覓閒情於勞鹿、簡清事於塵汙耳。

清源山在郡北三里許，高數千仞。未至絶巘數百武，有泉自石罅流出，積於砥石凹處，甘冽獨勝他泉。好事者攀躋汲之，冬夏不減。其東有妙覺巖，石上刻"第一山"，是米元章行書。

南臺峭拔摩空，在清源山之右。臺南有砥石，嘉靖十三年，譚鎧以鄉舉司李泉州，建思樂亭於其上。鎧有惠政，善聲律，樂於山水間，户部侍郎顧珀爲之記。泉志，鎧爲崇德人，吾郡志爲桐鄉人。

《遂昌雜録》言，慧光庵尼無著，爲張循王九世女孫，以陋故不嫁，而挾嫁資，故優裕。《清源文獻·姓氏》言，尼無著，平江府資壽妙聰禪師，爲丞相蘇頌女，年三十許，厭世浮休，脱去緣飾，咨參諸老。余按二説不同，因考蘇頌爲泉州同安人，移徙潤州，相哲宗，龍圖閣學士紳之子也。紳葬丹陽，遂居焉。丹陽去平江不遠，則無著爲頌之女厭世無疑，非陋而挾貲者。不然，王公貴家女，苟非有道，安肯以陋自退？無著嘗有偈云："一葉扁舟泛渺茫，呈橈舞棹別宮商。雲山海月都拋却，贏得莊周蝶夢長。"履素遺榮，清空可誦，挾貲者無此言。

唐設泉州錄事參軍事一人，掌政違失，涖符印；司功參軍事一人，掌租調、官廨、庖廚、倉庫；司户參軍事二人，掌户籍計帳、道路過所、蠲符、雜徭、逋負、良賤芻藁、逆旅、婚姻、田訟、旌別孝弟；司田參軍事一人，掌園宅、口分、永業及蔭田；司兵參軍事一人，掌武官選、兵甲器仗、門禁管鑰、軍防烽堠、傳驛田獵；司法參軍事二人，掌鞫獄麗法、督盜賊、知贓賄没入；司士參軍事一人，掌津梁、舟車、宅舍、工藝；參軍事四，掌出使導贊。宋設諸曹錄事參軍一員，掌州院庶務、糾諸曹稽違；司户參軍一員，掌户籍賦役、倉庫納受；司法參軍一員，掌議法斷刑；司理參軍一員，掌獄訟鞫勘之事。元則以推官二員，專治刑獄，而以諸參軍爲經歷、知事、照磨各一員，提控案牘一員。明因之，經歷掌文書出入，知事佐經歷理司事，照磨主磨勘照刷；設檢校，佐照磨理所事，而權日以微；提控案牘，則又屬之藩司矣。

泉志言宋真覺大師，名添志，姓陳氏，永春人，故通直珹伯兄也。初住南安雲華巖，後遊京師，元祐元年奉陳太后懿旨，詔入内祝遂寧王壽，勅賜衲袈裟金環縧鉤。哲宗御書云："遂寧王陳美人願福壽延長，施長者真覺當來同感佛果，續賜制劄，逐歲度僧，天下名山福地，永遠居住。"初在福禪，次住秀州福巖。著作佐郎黄庭堅嘗贈之詩云："蒲團木榻付禪翁，茶鼎熏鑪與客同。萬户參差寫明月，一家寥落共清風。"又贊云："石出山而韻自丘壑，松不枯而骨立冰霜。今得雲門柱板，打破鬼窟靈牀。其石也將能萬里出雲雨，其松也故與三界作陰涼。此似昔人非昔人，山中故友任商量。"刑部侍郎陳軒亦嘗贈之詩云："車輪馬足走風烟，競看成都萬炬燃。獨我踏開庭下雪，伴師同坐一庵禪。"黄庭堅嘗爲作《蓮華銘》，又書《草庵歌》贈之。銘，南安有碑；歌，刻廬山歸宗寺。余按，福巖寺屬吾郡崇德縣，郡志云："徽宗在潛邸時，陳大（太）后病，適真覺在京，呪水治疾有功，許其住持名山。真覺乞來此，賜金鐶磨納袈裟。"又，嘉郡柳志，言師有《草庵歌》，黄山谷爲之書。俱與前説異而略，故並書以備互考。

出仁風門半里許爲靈山，其上有磐石，可坐百餘人。中一圓石，下不聯屬，勢重萬鈞，一夫撼之，輒動搖不止，其勢就下，若將彈丸走坂然；然而百夫撼之，雖動不移也。郡守周道光題爲"碧玉毬（毯）"。又，惠安縣有雲峰，上有大石，高廣四丈許，又有一石，上廣下削，高丈餘，架於其上，恒有落勢，併力推之不動，以芥挺之輒動，故名曰"危石"。二石之異若一轍焉。

南安姜相峰，唐相姜公輔，謫爲泉州別駕，恒居此峰。石上刻"姜相峰"三大字，是宋魏公蘇紳書。

高士峰，在南安，是唐校書郎秦系隱處。有石刻"高士峰"三字，隸書，旁有"才翁"二字。按志謂，蘇才翁爲漕使，嘗行部至泉，題晉江棲真院壁。疑此字乃蘇書也。

雄山，在南安。其上有飛瓦巖。相傳昔有僧結庵其上，因山伐木，但患山高運瓦之難，積瓦山下，詑欲作法飛瓦砌屋，不用工師。卜日已定，遠近觀者數千人。僧僞傭人挑瓦上山，觀者欲其速於作法，爭爲搬運，頃刻都盡。僧笑曰："吾飛瓦只如是耳！"或謂之智僧。余曰，此詭梵，然亦可與語權者。

金石峰，屬南安。上有疊石，其赤痕類丹書，有石刻"金石峰"三字。

泉之山莫多於西南，高絕者莫儷於船山。群峰列秀，此山獨出於其上，勢若一船。泉人加以"福"字，故名"福船山"。

韓昌黎言，閩人登進士自歐陽詹始。故知詹進士第，不但始泉州，亦爲八閩破天荒也。

《萬首唐人絕句》中，於吾郡及泉州有未收者，余錄其詩于左，以備補遺。

答陸澧

張九齡曲江人。

松葉堪爲酒，春來釀幾多。不辭山路遠，踏雪也相過。見嘉興府柳志。

張建封大夫奏系爲校書郎，因寄此詩

秦　系會稽人，隱南安九日山。

久是烟霞客，潭深釣得魚。不如芸閣上，遺校幾多書。

十三歲戲答清源牧

陳 黯 南安人。

玳瑁應難比，斑犀定不加。天嫌未端正，滿面與裝花。

壺 公 山

翁承贊 泉州人。

井色斜連北，蓬闕。直倚東。秋高巖溜白，日上海波紅。以上俱見《清源文獻》。

南安夕陽山真寂寺題詩

宣宗皇帝居邸時遁于此。

惟愛禪林秋月空，誰能歸去宿龍宮？夜深聞法餐甘露，喜在蓮花法界中。見《泉州府志》。

樂津店北陂

歐陽詹 晉江人。

嬋娟有麗玉如也，美笑當予繫予馬。羅幃碧簟豈相容，行到山頭憶山下。

出 蜀 門

北客今朝出蜀門，翛然領得入時魂。遊人莫道歸來易，三不曾聞古老言。

題第五司戶侍御

曾稱野鶴比群公，忽作長松向府中。驄馬不騎人不識，泠然三尺別生風。

建溪行待陳翊

偕行那得會心期，先者貪前後者遲。空憶麗詞能狀物，每看奇異但相思。以上俱見《歐陽文集》。

戴 雲 山

智 亮 廬于泉州德化縣戴雲山。

戴雲山頂白雲齊，登頂方知世界低。異草奇花人不識，一池分作九條溪。見《德化縣志》。

戴 雲 山 吟

人間漫說上天梯，上萬千迴總是迷。曾是老人巖上坐，清風明月與心齊。

答泉州薛播使君重陽日贈酒

秦　系見前。

強欲登高無力也,籬邊黃菊爲誰開?共知不是潯陽郡,那得王弘送酒來?

瀑布泉與唐宣宗皇帝聯句

黃蘗禪師

千巖萬壑不辭勞,遠看方知出處高。師。溪澗豈能留得住?終歸大海作波濤。宣宗。以上俱見《清源文獻》。《庚溪詩話》云:唐宣宗微時,武宗忌之,遁跡爲僧,遊方同安夕陽山,黃蘗禪師與觀瀑聯句。

泉郡志云,東出海門,舟行二日程,曰彭湖嶼,在巨浸中,環島三十六,如排衙然。昔人多僑寓其上,苫茅爲廬,推年大者爲長。不蓄妻女,耕漁爲業,牧牛羊,散食山谷間,各剺耳爲記。訟者取決於晉江縣。城外貿易,歲數十艘,爲泉之外府。後屢以倭患墟其地。或云抗于縣官,故墟之。今鄉落屋址尚存。唐施肩吾《島夷行》云:"腥臊海邊多鬼市,島夷居處無鄉里。黑皮年少學採珠,手把生犀照鹹水。"即其處也。今彭湖已設遊兵汛守焉。

泉州市舶稅課云,香之所產,以占城、賓達儂爲上,沉香在三佛齊,名"藥沉",真臘名"香沉",實則皆不及占城。渤泥有梅花腦、金腳腦,又有水札腦。登流眉有薔薇水。占城、賓達儂、三佛齊、真臘、渤泥、登流眉,皆諸番名。

泉州志:天順七年,會闈大火,焚死千餘人。上憐之,賜死者俱進士。余意千餘人中,亦必有供事人員,恐未可謂俱賜進士。因查《弇山堂別集·科試考》,是年癸未會試,舉人死于火者九十餘人,主試官俱越牆免。事聞,贈死者俱進士出身。然則舍舉人外,其他九百餘人,乃供事員役明矣。又按《名世類苑》,是年羅文毅公亦在闈中,賴謝大韶出之。公有詩寄大韶云:"曾同丙子看鄉榜,丙戌春闈又在門。南省再逢真父母,西湖歸老任乾坤。"《庚巳編》則云,一峰先生遭回祿,垣上一老人以杖提而出。時捐軀者幾二千人,而先生獲免,出招老人竟無所得。愚謂"垣上老人",或即大韶。被災人數,亦各舉大概,故不同耳。

泉之南三十里,曰"石龜",峻壁上有石二丈許,形酷似龜,行旅望之,遠近無異。吾郡宋太守岳公珂所著《桯史》云:"余外家居泉之石龜。"即其處也。

有亡賴王三,壞栅越渡,抱關丘斗五執之,法也。然斗五乘酒毆三幾斃。三之兄赴府告丘斗仔、斗五兄弟共毆,屬余拘訊,皆白晳讀書子也。其兄斗仔毅然自認。斗五曰:"毆三我也,何與兄事?"余壯其義,以傷者畀曰:"好護之,幸限外可無抵。"于是,斗五家悉力調理,乃不死。此弟兄重義輕死,吾故識之,以愧夫因貲財而鬩于牆者。

泉南雜誌卷下

　　清源山，一名泉山。《漢書·朱買臣》言："東越王居保泉山，一人守險，千夫不得上。今聞東越王更徙處，南行去泉山五百里，居大澤中。今發兵浮海，直指泉山，陳舟列兵，席卷南行，乃可破也。"師古注："泉山即泉州之山，保者保守之以自固也。"《泉州府志》非其注云："自師古言，時乃唐貞觀初之泉州，今福州也。又謂北山之巔，乃東甌王避漢兵處。然東甌王，即東越王餘善，為漢兵所攻，自所保之泉山南行，徙大澤中，繇王居股殺以降漢，亦無由至此山也。"余按：買臣聞東越王更徙處，南行去泉山，居大澤，以為易擊，故請發兵浮海，直抵泉山。上拜買臣會稽太守，居歲餘，與橫海將軍韓説等，始擊破東越，是漢兵未攻之歲餘前，而餘善已先去泉山，居大澤矣。志謂餘善為漢兵所攻而後去，亦非也。又按《閩粵王傳》，故粵衍侯吳陽反，攻粵軍於漢陽，及故粵建成侯敖與繇王居股謀，俱殺餘善，以其衆降橫海軍。所謂漢陽，則又非泉山矣。余登泉山及巔五里，梯磴頗夷，不為峻峭，即有險可守，然皆側徑細路，不能儲餉，四面平疇，困可立斃。若陵谷已變遷則已，如未變遷，吾意餘善欲保守自固，必不居此絶地，是知非買臣所指之山明其。志雖表其非是，然略而未備，且有先攻後徙之舛，余故申其説以俟考焉。

　　宋顯謨閣學士泉人傅伯成，狀前嘉興守程公行實，其略云：公諱卓，字從元，徽休寧人。開禧二年，除司農寺丞，十二月以親老抗疏請外補，差知嘉興府，丁母新安郡夫人艱。嘉定三年八月服闋，以嘉興治最，授朝奉郎，歷官正議大夫、同知樞密院事。致仕新安郡開國侯，贈特進、資政殿大學士。又云，檇李輔郡公，以推擇出守，剖決如流，莫不切中其情，然終歸平恕。或偽為倅廳印紙，與奸民為市，以充契券之用。流布既廣，吏因事覺，視為奇貨，謂無真偽，當歷加追驗,則所得可裨郡計不少。公曰:"此不過僞造者罪耳,若一一驗之,編民並擾,吾以安民爲先,利非所急也。"乃喻民有誤買者,許自陳,立與換印。陳者畢至,一郡晏然。尋以内艱解郡。按此則知公之澤被吾嘉甚厚,乃吾郡志自元郡幕單慶、學博徐碩,及明太守柳公,遺公之名與事之實,後遂泯泯。余讀《清源文獻》,漫爲録出,以備補遺。

泉自五代之際,腴田多屬寺觀,民間其下者耳。厥後漸爲勢佃轉相沉匿,寺觀反累虚糧,至今數百年來,尚有清查寺田,找價爲充餉之用者。余嘗奉差稽覈,溷不可了。朱紫陽簿同安日有詩云:"輸盡王租生理微,老僧行乞暮還歸。空山日落無鐘鼓,惟有虚堂蝙蝠飛。"是知僧寺糧累而貧,宋時已然矣。

唐盛均,泉人也。嘗病《白孔六帖》疏略,廣爲《盛氏十二帖》。宋鍾璇亦作《續白孔帖》。

《泊宅編》載泉州萬安渡,水闊五里,蔡襄造石橋,兩岸依山,非也。余嘗往來此橋,及按端明自爲記,長三百六十尺[①],非五里,岸左面山非依山,岸右則去山尚遠也。

宋德祐二年十二月,蒲壽庚反,知泉州田真子以城降于元。考《泉州府志》,田真子,晉江人,文天祥同榜進士,爲州司馬。蒲壽庚,其先西域人,與兄壽晟總諸番互市,因徙于泉,以平海寇得官。壽庚頑暴寡謀,壽晟爲之畫策,密界壽庚以蠟丸裹表潛出降元。今但知壽庚之叛宋,而不知壽晟之主謀也。其子師文尤暴悍嗜殺,孫勝夫其黨也。余按《宋元通鑑》云:我太祖皇帝禁泉人蒲壽庚、孫勝夫之子,不得齒於士。蓋治其先世導元傾宋之罪,故終夷之也。又《資治通鑑》、《府志》,俱曰田真子,而薛方山《宋元通鑑》則曰田子真,兩《通鑑》俱稱田知泉州,而《府志》則稱田爲州司馬。名與官皆屬互異,故并識之,不致賊臣溷逃斧鉞也。

衛民祠,爲前守熊公設也。公諱尚初,江西南昌人,由吏員,正統末知泉州,剛梗廉勤有善政。時鄧茂七反,據汀、延,遣劇寇侵掠泉界,民甚危之。郡將王指揮觀望不武。公曰:"吾當躬禦,不可延寇殲吾城。"請師未下,乃提民兵,與晉江簿史孟常、陰陽正術楊仕洪拒戰于古陵坡，皆爲賊所執。欲屈之，公執不可，追取贖又不可。公氣愈厲，罵愈甚，遂皆死之。繼而重兵至，賊走。後錄其死事，祠以祀之，以楊、史配。萬曆己巳，太守東山張公，見其祠傾圮，立欲新之，命余董厥事。甫庀材鳩工，有庠生某，以其父有近時說賊功，欲塑像史、楊之次，余曰："有勞桑梓，與死事並祀，固與禮合，但須論定，當事議許而後可。"會公解組去，後無任事者，祠尚頹然。蓋熊公以吏起至二千石，爲民死賊，城得保全，血食千秋，神爽赫弈，誰謂掾吏無人哉？公之外又有羅明，以劍州判，罵賊死；曾璉以連州判，禦賊死；劉俊以榮山尉，禦賊死；陳一道以蕪湖丞，禦倭死，俱蒙恩蔭，且立祠焉。嗟嗟！此數君者，甘殺身以成仁，不求生以害義，故能心堅鐵石，操厲松竹，履危亡而不顧，飲刀斧其如飴。是知蹈節捐軀，不限人地，彼紆朱鳴玉者，視死在前，而欲成此徽烈，幾何人哉？

　　國朝掾吏，不但熊、況兩公官太守，俱稱名臣，其尚書、侍郎、卿寺、銓司、台省、藩臬、二千石、府佐、縣令，不下數十百人，無論各省多有。即以泉與吾郡可指而數者，泉州有張苗、南通政使。張暉、光祿少卿。劉仲修、工部主事。黃均、知縣。趙應實、知縣加六品。黃永、寧波、湖州、廣信三府知府。嘉興有殷昶、監察御史。陳宣、河東運使。張翊、大理評事。顧琛、吏部郎中。葉春、刑部右侍郎。張振、重慶知府。金宗。禮部郎中。以上俱互見《弇州別集》，泉、嘉兩郡志。雖進取或有超資，要亦有可用者在。故知國家未嘗不用異途，特患頹靡不肯自立，苟有自立者出，而不爲群妒所射者少矣。且當事者不但不爲振拔，反疑而伺察之，使含沙得行，蘭猶共刈。是非所以激有志，以勸後來也。

　　東嶽行宮坊，扁曰"萬山第一"，是米元章書"第一山"、刻妙覺巖下者。相傳一羽士臨出，自書"萬"字足之。

　　余有米南宮"寶藏"二字，刻于無爲州者，徑二尺許，大有神勢。欲摹刻清源山中，客有謂余曰："院司且經遊，公位下，未宜勒石。"余乃笑而止。

　　庫貯敗鐵甚夥，皆先後所收不堪軍器也。余嘗監收，目擊可用，乃兵子飾虛，利在掊飼，不論堪否，故毀解還。余議堪者官給工料，分發各營修理兼用，不堪者作鐵與之，於軍器銀內，銀七器三，照額搭給。解驗查盤，一如新造之法。併散雨濕火藥，而加硝提之，計省二千餘金，即於餉銀內扣庫，以抵下年額征。節軍費以紓民力，計無便此。沈都閫士弘力贊如余言，郡司馬楊公、司理李公，欣然覆議，各以陞任、丁艱行，視篆汪公因議具申，乃當事者泛視不行，終作朽物。惜哉！

興化有海洋劇寇數輩，俱寘典常，惟賊首杜某尚在逋逃，乃興化海防同郡夏靖原公所部事也。中丞御史臺嚴限不獲。一日，公密札示余曰：「此巨寇也，幸加意緝之。」余始物色其人，饒於資，善航海，又多黨與，非計得不可。乃屬意諜者曰：「募君與夏多桑梓情，能爲爾地，來，吾爲若屬募君圖之，否則，終爲他擒無脫理，爾即走海，如妻子家產何？」杜然其言果至，余乃縛送科結。初，公之緝此賊久，屬余最後，偶然耳，不虞余得之如吹塵也。乃知作惡者終不能逃法網耳。

余司干揪，一青衿失盜，稱明火強盜，劫錢物數百金，在事駴曰：「城中盜至此極乎？」切責余往勘盜蹤。至則見一間矮屋，門有火炙一孔，若將伸指探炭屑者，余不問所失，第檢所存，有竹鼊一，鼊傍匡床一，綻布被一，舊履一量，碗筯數器，依床一桌而已。余即以開覆在事，吒而遣之。余問青衿曰：「公此舉何居？」青衿答曰：「賊雖無所得，然生既貧，反得所司例，守暴客，故作此鬧事，聊欲給其比追耳。」

城中一夕被盜，捕兵實爲之。招直巡兩兵，一以左腕，一以胸次，俱帶黑傷，而不腫裂，謂賊棍毆，意在抵飾。當事辭責司捕之弛於干揪也，甚厲。余意棍毆處未有不致命，且折亦未有不腫且裂者，無之，是必贋作。問諸左右，曰：「吾鄉有草可作傷色者爾，泉地云何？」答曰：「此名『千里急』。」余令取搗碎，以二人塗如其處，少焉成黑，以示兩兵。兩兵愕然，遂得奸狀。自是嚮道絕而外客無所容矣。按《本草》：「千里急，一名千里及，藤生道旁籬落間，葉細而厚，味苦平，小有毒，治疫氣、結黃、瘴蟲毒，煮汁服，取吐下，亦搗爛敷蛇犬咬，不入衆藥。」第不載此草可染膚黑，如鳳仙花可染指紅也。

葉湜爲泉州惠安丞，真文忠公守泉時，引以自助，有擒賊功甚著，公爲作墓誌。郡志失其名，何也？蓋未見《西山文集》耳。

宋進士呂造詩云：“閩海雲霞遶刺桐，往年城郭爲誰封？鵁鶄啼困悲前事，荳蔻香銷減舊容。”刺桐城，今泉州，築城時，環城皆植刺桐，故號“桐城”。

宋王（方）勺《泊宅編》云，七閩地狹瘠而水源淺遠，墾山壟爲田，層起如階級然，每引溪谷水灌溉，中塗必爲之磑，下爲磑米，亦能播精。朱行中知泉州，有“水無一滴不爲用，山到崔嵬盡力耕”之詩，蓋紀實也。余曰：“否！”蓋余於泉，嘗履畝焉，聽斷中多有爭水者，其田謂之“糞水田”，以水源遠近，爲價之高下，如吳中“上鄉”、“下鄉”然。港脈鮮少源流，僅是一溝，或積一潭，各從其派，非共由者不得盜決支流。田傍各濬土坑蓄水，遇旱置桔槹引灌，夜則守之，以防盜汲。朱行中所云“水無一滴不爲用”，蓋在此不在磑春也。余所經浙之金、衢達建安，始有水磑，田開山壟，閩實爲多，故余詩有“湍中纍石開泉磑，天半鋤雲種水田”之句。又，泉志郡守無朱行中，元祐間有朱服，改知婺州，婺州即三國時東陽也。《泊宅編》謂朱行中嘗守東陽，故知“行中”或即朱服字也。

宋陳復齋宓，知泉屬安溪時，各色錢不係上供，例歸縣官。吏以例進，公曰：“入縣即爲官錢，私有之則贓也。”良久曰：“此一‘例’字，壞了許多賢士大夫！”

泉南號文章之藪，而載籍甚少，何也？所見者惟《歐陽行周文集》、《真西山忠經》、《清源文獻》、泉郡志、《敬由編》，王梅溪、真西山兩公《溫陵留墨》、《蔡文莊公集》、《王遵巖先生集》，此外無聞焉。或曰，藏書家秘而不行耳。何怍庵先生曰：“蒲氏之變，泉郡概遭兵火，無復遺者。又避在一隅，傳播不廣；習尚纖嗇，梓刻不多；地氣卑濕，蠹魚爲虐。慨前人之苦心，悲後世之漸滅。”故公集《清源文獻》，以表前人，而引用諸書，皆出家藏也。

有一婦因夫出賈，便告離夫。屬余鞫之。余意買臣婦離夫，謂其終餓死溝中故也。經商非貧，離之必有姦事。陰遣人門外覘之，果得姦夫。論詞科斷。

余幕佐王君者，以細故瞋相，余以釋提婆那與佛問答二偈解之。其問偈云：“何物殺安樂？何物殺無憂？何物毒之根，吞滅一切善？”佛答偈云：“殺瞋則安樂，殺瞋則無憂，瞋爲毒之根，瞋滅一切善。"王君爲之改容，雖然，悔失攻中，而怒不可拔矣。

泉濱海，颶風時作。客因曰："此非雄風乎？然不聞有謂'雌風'者。"余同僚山陰俞君善謔曰："今内孺威作，非'雌風'乎？"余笑曰："雖然，風亦有相偶者。宋玉賦有'大王風'，劉孝威詩有'少女風'，《風俗通》有'君子風'，《北史》有'小人風'。"

優童媚趣者，不吝高價，豪奢家攘而有之，蟬鬢傅粉，日以爲常，然皆土腔，不曉所謂。余常戲譯之，而不存也。先是一彪黨，舉此以爲傷敗風俗，建白當事據行之，然而此種蓄於有力家，雖禁弗戢，第長彪黨之風，則曰："吾言足以取信當事。"從而伺察人過，動欲檢舉，設機嚇詐。卑官黔細，爲之不安。余雖白府，竟不我信，已而果驗余言。故凡建白，須出更老，要亦事可施行，假公濟私，所當深察也。

迎神賽會，莫盛於泉。遊閑子弟，每遇神聖誕期，以方丈木板，搭成抬案，索絢綺繪，週翼扶欄，置几於中，加幔於上。而以姣童妝扮故事，衣以飛綃，設以古玩，如大士手提筐筥之屬，悉以金珠爲之，旗鼓雜沓，貴賤混并，不但糜費錢物，恒有鬭奇角勝之禍。至於宵分鼓死，寂然無聲，便是人消物化境界，富貴下場榜樣矣！

雲間徐子丞贊晉江，嘗問余曰："律例果皆鄭侯作耶？"余曰："漢高祖法三章，蕭何增爲九章，叔孫通又增爲十八篇；文帝除肉刑，景帝減笞數；武帝律令凡三百五十九章，大辟四百九條、千八百八十二事，後世增删不一。我明附例居多，凡遣戍則引例，非律也。漢景帝時，笞者箠長五尺，其本大一寸，其竹也，末薄半寸，皆平其節，當笞者笞臀，毋得更人，畢一罪乃更人。然此代斬趾、代截鼻，非施之罪外者也。後世用竹爲刑具始於此，不但施之罪外，甚則五下一更人，笞臀去遠至於胯，不曰'笞'，而曰'打'矣。古之五刑，一曰墨，鑿其面，以墨涅之；二曰劓，截鼻也；三曰宫，淫刑也，男子割勢，婦人幽閉；四曰刖，斷足也；五曰殺，死刑也。今之五刑，一曰笞，用小荆杖，決打一十至五十，每一十爲加減一等；二曰杖，用大荆杖，决打六十至一百，加减等如上；三曰徒，拘收在官，以應用力辛苦之事，一年至三年爲五等，半年爲一等，酌罪輕重而加減之；四曰流，流去遠方，終身不得還鄉，二千里至三千里爲三等，五百里爲一等，酌罪輕重而加減之；五曰死，絞斬也，絞，全其肢體；斬，首身異處；凌遲，極刑也。

丙午旱魃爲虐，米價騰貴，兼一時私錢盛行，即官錢驟亦不用。議者欲減價平糶，併禁私錢。百姓嗷嗷，至於罷市。余白府曰："泉地米少，不比米多處，可以定價。今所藉以裕地方者，全在海商。若一減價，商必走他郡趣厚利。泉雖多財，如米之不至何？故宜一聽市值，俾海商聞之俱來，米既集而價未有不平者。若私錢新鑄也，火色未純，與官錢異，第緝治以私鑄之辜，則官錢自復。"府然余言。不浹句而海米來集，其價遂平，錢亦復故。

丙午夏旱，署府別駕舉繁露之儀，禱市月而土益焦。説者謂南門宜禁，不爲通者浹旬，百姓皇皇，絶於水火。余曰："南門閉則宜雨，閉久不雨，則非南門之故，何徒苦百姓爲？"當事始啓門。數日雨。

余方輯《雨異》一書，閱泉志"至正十三年七月，雨白絲"。書投篋中，如得至寶。

宋曾公亮，晉江人，少客京邸。有鄰生泣悲甚，問故。生歔欷久之，乃曰："僕因事負官錢，貧無以償，僅一女，鬻商人四十萬貸官，行有日，故泣耳。"公曰："商人轉徙不常，孰若售之我乎？"生喜。即如數與錢，約後三日以其女來，吾且登舟以俟。生如期往，公解維已三日矣。公歷官顯要，以太保致仕。卒年八十，贈太師中書令，謚宣靖，配享英宗廟庭。及葬，御篆其碑首曰"兩朝顧命定策亞勳之碑"。

薛天華，字君確，晉江人。其居鄉左戒云："毋通要路書，以務養節，則俯仰不瀆；毋豫塵紛事，以務養寂，則内外不擾；毋殉末俗態，以務養高，則志行不羞；毋受非禮餽，以務養廉，則彼己不失；毋妄結賓從，以務養交，則戚黨不棄，而善彙集；毋苟出言語，以務養德，則静噪不爽，而口過息；毋逐戀嗜好，以務養神，則天倪不伐，而和氣全；毋厭薄遲鈍，以務養量，則機心不熾，而真性得；毋譏訕世短，以務養福，則不忮人以見直，而鬼責消；毋虛邀時譽，以務養誠，則不怨己以見賢，而潛德進；毋娼疾儶能，以務養才，則不設阱以諏善，而有獎藉之功；毋歆羨汰靡，以務養嗇，則不競侈以蠹俗，而有由禮之慚。"公世廟時官方伯，講學厲行，以清白稱。

蘇隨，晉江人，嘉祐二年進士，令博羅，棄官歸，號"紫雲先生"。葆神鍊氣，不與俗接。一夕夢遊異境，覺而賦詩曰："夢乘鸞鶴到仙家，侍女風流魏月華。琥珀盞斟千歲酒，琉璃瓶種四時花。金函藏籙文刊玉，石壁題名篆點沙。一枕北窗初睡覺，日移門外柳陰斜。"後數年端坐而逝。

唐僧無等，會稽人，居南安延福寺。盧刺史三請不至，遣使仗劍云："不下山，取頭來！"無等曰："身非我有，況頭邪？"禪寂自若。盧嘆曰："空生之道，一至是乎？"

宋魏國夫人陳氏，晉江人。龍圖從易之女，內翰蘇紳之妻，丞相頌之母。三公皆嘗爲杭守。陳題杭郡舍柱云："吾少從吾父至此邦，中與吾夫偕來，今同吾兒，凡三到，盡閱江山之勝。"

歐陽公詹，初發太原，途中寄所思詩，有云："高城不可見，況復成（城）中人。"以此得函髻之謗。何怍庵先生曰："此樂府體，黃璞乃謂公悅太原一妓，卒以殞身。好事傳之，不信韓退之、李習之、李貽孫，信璞何哉？"余按公詩，有《太原呈薛侍御齊奉禮》、《和嚴長官》、《登太原龍興閣》、《陪太原鄭中丞》、《登汾上閣》、《上太原李尚書》，是皆所謂"城中人"也，故結句云："流萍與繫匏，早晚期相親。""流萍"喻聚散，"繫匏"公自喻。若思妓則安用"繫匏"？且太原妓函髻詩起云"自從別後減容光"，此乃鶯鶯句，剽竊傅會，其誣益見矣！

張襄惠公巡撫江西時，奉詔建嚴內閣迎恩樓，有司重復以請。公曰："供費如式，實奉明旨。"批卻之。又，夏內閣築生墳，使司議廣信七縣，每縣措夫價一千金。公曰："範金爲槨乎？每縣百金足矣！"夏謝曰："愛人以德者，固當如此。"

宋鄭俠，福清人，官司法參軍。會大旱民流，繪圖上神宗，致迕群奸，徙英州。元祐初，東坡、孫覺薦，起爲泉州教授。

韓國華守泉州，祥符元年戊申七月二日，生魏公於泉州州宅。世言魏公居河朔，故其狀貌奇偉而有厚重之德，見《嬾真子》。

王文正公曾，本泉州人。八歲徙青州益都。本朝丘文莊公，其祖亦晉江人，爲小官於瓊州，因家焉。

《吳中人物志》云，元陳寳生母莊氏，海鹽人，其父諱思恭，泉州大商，贅于莊。一年生寳生，甫四月，恭去商海上，久以爲死，莊誓不嫁。後恭還。及五年，又浮海去，遂溺死，莊益守志。恭有前娶生子曰寳一，在外家。莊曰："彼所生與吾所乳，均出吾子。"乃質田與之養。恭又嘗假貸友人五千緡，友人至是負官錢繫獄。莊曰："不可死有所負也！"傾囊償之。寳生與寳一爲兄弟如同胞，寳一死，寳生爲育其孤女。是知莊善教之有素也。寳生長好文，與縉紳大夫游，乞言表揚母節。嘗築春草堂，奉母于太倉里第。余按，《嘉興府志》、海鹽縣舊志、徐一夔贊序、《樂郊私語》，俱以莊爲泉人，陳爲鹽人，以商至泉贅焉。《府志》又言莊攜其孤歸海鹽，莊以壽終，高季迪作詩美之，則恭爲泉人似無疑。然三書俱不載莊之償貸，及質田養前妻子，與寳生育孤三事。《樂郊私語》又言黃公望子久，拉彥廉寳生字。觀濤，陳泣曰："陽侯，父仇也，何忍以怒眼相見！"子久爲之動容，不看而返，因作《仇海賦》，以記其事。其觀濤事，《人物志》亦不載，故並錄出。

科第之盛，莫盛於泉。如嘉靖戊午鄉舉中三十五人，辛酉、甲子各三十四人，近科有及五十人者。若嘉靖甲辰科，入試舉人八十餘人，俱下第。此又一時盛衰之異也。

真文忠公，於嘉定、紹定間，兩知泉州。余讀公集有登金山詩云："江來朱方注之東，海潮怒飛日夕相撞舂；天將古來義士骨，化作狂瀾中央屹立之青峰。孤根直下二千尺，動影裒窊沖融中。黃金側布蘭若地，鑿翠面面開窗櫳。雙橈伊軋破浪屋，怳惚置我高龍嵷。是時千山雪新霽，水面月出天清空。濤聲四起人籟寂，毛髮蕭爽琉璃宮。披衣明發躡烟靄，決背俯入歸飛鴻。襟前渤澥斂暝色,袖裹岷峨吹曉風。越南燕北但一氣,塵埃野馬何時窮?蒼梧虞舜不可叫,王事更恨歸恩恩。"正德間鎮江推官史魯修《京口三山志》不載此詩。公之詩至於遺漏可知矣。

歐陽公曰:晚唐詩人,無復李、杜豪放之格,然亦務以精意相高。如周朴作詩,搆思尤艱,極其雕琢,故時人稱朴詩"月鍜季鍊,未及成篇,已播人口"。余考朴吳人,隱泉州安溪。余有事過縣,經永安里周塘,即其隱處。後徙福州。黃巢攻城得朴曰:"能從我乎?"對曰:"我尚不事天子,安能從賊!"巢怒殺之,湧白膏起數尺。

布衣黃孔昭,泉州惠安人。何祚菴先生曰:"孔昭詩如入幽林長薄,其樹木皆世所有,而鬱然蓊翳,遂覺老蒼,歷下、瑯琊所稱'盧、謝',未之或先。"

何茂先,晉江布衣也。陳爾身曰:"予讀人之文多矣,至觀茂先之作,多撫几流涕。蓋其孝弟之言動人殊深。"

泉人蔡元偉云:"孤舟孤燈,聖賢爲侶,真有一日似兩日氣象。"

泉南布衣陳建鄖,年在耆老,性好吟咏,執操貞厲,居貧若康。嘗從何儀部研精墳典,於歐陽行周讀書處超然絕跡,可謂挺孤節於靡枝,激清風於頹俗者矣。

宋司農卿、湖廣總領詹體仁,淳熙間嘗爲泉州晉江丞。程尚書大昌、司馬侍郎伋相繼爲守,尤加賞異,待以賓禮,郡有疑獄必諮焉。嘗提舉浙西常平,謂浙右之有漕渠,非止通饋運、資國信往來而已,蘇、秀、常、潤田之高昂者實賴之。於是開漕渠,濬練湖,置斗門,爲旱潦備。真西山爲公作行狀。公於泉郡有善政,於吾郡有開渠功。泉志失之,余爲錄出。

守令庶屬,雖有崇卑,而官制悉志之者,昭臣服,徵淑愿也。間有遺落,或承前闕,爰採泉與吾嘉兩郡人官是邦者,錄于左方,以補未備。其已志而并錄之者,便類考也。

泉郡人宦吾嘉者,自藩臬外有:

林瞳晉江人。正統十年任桐鄉令。見嘉志。泉志作宣德間,任由歲貢。

林旺安溪人。歲貢。正統間任秀水丞。見泉志。嘉志闕。

林敏惠安人。歲貢。景泰間任嘉興丞。見泉志。嘉志闕。

蘇疇安溪人。歲貢。天順間任海鹽訓。見泉志。嘉志闕。

盧昭惠安人。歲貢。天順間任嘉興稅課大使。見泉志。嘉志闕。

饒恕晉江人。監生。成化十二年任桐鄉訓。見嘉柳志。泉志,歲貢。

汪順同安人。吏員。成化間任崇德丞。互見兩郡志。

蕭韶弘治癸丑任海鹽諭。見嘉志。泉志作博羅訓。嘉興柳志,由監生。

林秀晉江人。歲貢。正德間任桐鄉訓。見泉志。嘉志闕。

連桂惠安人。歲貢。正德間任海鹽諭。見泉志。嘉志闕。

洪熊南安人。舉人。正德八年任平湖訓。互見兩郡志。

曾仲魁晉江人。嘉靖二年進士,給事中,陞嘉興、池州知府。見泉志。嘉志闕,或未任。

徐榮晉江人。進士。嘉靖癸巳任嘉善知縣。互見兩郡志。

溫學舜晉江人。進士。嘉靖乙未任桐鄉令。泉志作海寧。

李漢安溪人。歲貢。嘉靖間任桐鄉訓。見泉志。嘉志闕。

陳道基同安人。進士。嘉靖庚戌任嘉善令。互見兩郡志。

張國謙晉江人。進士。嘉靖癸亥任嘉興推官。互見兩郡志。

田相泉人。秀水典史。

王用中泉人。秀水簿。

鍾信泉人。王江涇巡檢。以上俱嘉靖間任。見海鹽舊志。

蔡民望晉江人。舉人。隆慶庚午任嘉興同知。見嘉志。泉志作贛州推官。

史朝鉉晉江人。進士。隆慶己巳任嘉善令。互見兩郡志。

蔡貴易同安人。進士。隆慶壬申任崇德令。互見兩郡志。

胡世華晉江人。杉青閘巡檢。

駱世元晉江人。杉青閘巡檢。

王三陽晉江人。進士。萬曆辛巳任嘉善令。互見嘉志履歷。

蔡彭晉江人。進士。萬曆甲申任嘉善令。互見嘉志履歷。

蔡喬登晉江人。萬曆丙戌任桐鄉令。見嘉志。

謝吉卿晉江人。進士。萬曆己丑任海鹽令。見嘉志履歷。

林夢琦晉江人。進士。萬曆己亥任平湖令。互見嘉志履歷。

郭日疆晉江人。萬曆甲午任嘉興簿。

余嘉郡人官泉者，自藩泉外有：

劉昌海鹽人。選貢。洪武間任泉州訓。見嘉志。泉志闕。

許珣海鹽人。舉人。正統間任安溪令。見海鹽舊志。嘉志作訓導。泉志闕。

徐忠海鹽人。歲貢。景泰間任泉州經歷。見嘉志、海鹽舊志。泉志闕。

王輔崇德人。歲貢。天順七年任泉州訓。互見兩郡志。

周密海鹽人。吏員。天順間任安溪典史。互見兩郡志。

鄭恂海鹽人。吏員。天順間任晉江巡檢。見海鹽舊志。

汪順嘉興人。選貢。成化間任泉州訓。見泉志。嘉志作汪頤。

王浩平湖人。歲貢。成化五年任南安簿。見嘉志。泉志作湖州人。

顧旭嘉善人。成化二十一年任永春典史。見泉志。

周家顯海鹽人。吏員。成化間任泉州巡檢。見海鹽舊志。

沈慶嘉興人。監生。弘治九年任惠安簿。見泉志。

夏雄歲貢。任晉江訓導。見嘉郡柳志。

王簋嘉興人。正德九年任。泉志作泉州訓，嘉志作教諭。

沈鑨平湖人。嘉靖五年任惠安訓。見泉志。

譚鎧崇德人。舉人。嘉靖九年任泉州推官。見泉志。嘉志作桐鄉人。

吳元海鹽人。監生。嘉靖十年任南安簿。見泉志。

孟鍾嘉興人。吏員。嘉靖十三年任惠安簿。見泉志。

俞咨伯平湖人。進士。嘉靖十九年任泉州知府。見泉志。嘉志官提學副使。

仇俊卿海鹽人。舉人。嘉靖二十九年任惠安令。見泉志。嘉志作博士。

支大綸嘉善人。進士。萬曆間任泉州推官。

以下俱泉修志後任：

金枝崇德人。進士。萬曆間任同安令。

李在公嘉興人。進士。萬曆間任同安令。

夏建寅秀水人。舉人。萬曆間任惠安令。

陸鰲來海鹽人。舉人。萬曆三十年任泉州通判。以上互見嘉興志歷科履歷。

與余一時共事者，有費和、海鹽人。吏員。萬曆三十一年任南安典史。姚宗垚、秀水人。吏員。萬曆三十一年任晉江縣福全倉副使。張化龍、嘉興人。吏員。萬曆三十一年任同安縣金門倉副使。朱垚。嘉興人。吏員。萬曆三十三年任康店驛丞。不佞懋仁則泉州經歷也。

泉州朝天樓，考志，自唐貞元九年郡牧席相修後，無有繼者。四門博士歐陽詹序云："倚層霄於軒檻，納千里乎窗牖，此郡北牖之立候樓也。"萬曆乙巳冬，余董城工，見其歲久傾仄，居人兢兢焉，虞有拉攞之患。余亦念圮而後新，則爲費鉅，故欲易五六朽柱而正之，不費官帑，不煩民力，止取於余所董城工之羡緒中，經月可竣。議白，道府屬余經紀其事。甫庀材，而異議鼎沸，有謂關於文風者，有謂關於火災者，又謂非千金非經歲不訖工者，甚而曰有巨室重堪興言，賄匠易制者。余曰："樓有二十四柱，僅換六柱，而舊制移，如衆柱何？"監司句餘陳公、司李故鄢李公，拂群議是余言，咸出薪俸助工，於是議者不能難。是歲十一月二十六日興工，十二月二十五日安獸，所費才一百有四兩。訖工，僅三十一日耳。因請句餘公扁其樓曰"三台拱秀"云。丙午八月三日，海嘯颶作，郡中石坊公署多所傾圮，惟茲樓巋然獨存，慰余始志。是歲鄉舉三十三人，明年成進士十二人，魁二人，及第一人，館選二人。修城銀四百八十兩，内節羨七十在庫。余雖罷歸，當事自能找發，必不累趨事民也。

《清源文獻》曰：朱鑑，字用明，晉江人。永樂十二年舉人，官至都御史。正統己巳之變，公涕泣憤恨於君父之仇，疏十餘上，皆防邊大計。其保障雁門方略，至今賴之。黃河清曰：詳公之世，有足陰維社稷，動天地而感鬼神者。惜彭惠安錄本朝名臣，於公偶遺也。余考《吾學編》、《名臣記》、《弇山堂別集》、《都御史表》，亦俱未錄，余故備書以俟補錄者。按公初授蒲圻教諭，以學行擢監察御史，按湖廣、廣東，俱有諭賊緝奸大績，權璫王振挾駕出師，公時陞山西左參政，上疏懇留，極言虜勢。太皇太后讀其疏泣下。土木之變，公勒兵勤王，以遏南侵，令諭陞右副都御史，巡撫山西，保障雁門要害。公涕泣憤恨，以君父之讎，不共戴天，上疏言天位不可以無主，神器不可以久虛，宜急立儲君，選智勇之將，託忠義之臣，開直諫之路，杜權倖之門，早革內侍之政，再造中興之業，雪前恥以圖後功。公在山西十餘年，前後奏疏皆防邊大計，疏多不錄，所賜璽書至五十餘道。石亨曾以失機，為公所劾憾公，公遂懇致仕。家居二十餘年，壽八十八，無疾坐逝。訃聞，諭葬。弘治間公鄉人王宣從祀鄉賢議云，公之為人，雖所行未能盡合聖軌、上比孔庭，然其精忠峻節，餘韻流風，自足以風勵人臣，楷範後學。於是公遂列於俎豆矣。王宣者，以鄉舉受業蔡文莊公之門，養親不仕。次崖林氏曰：先生俯視一世，仰觀千古，使竟其所至，必有發前聖所未發者。"後亦從祀，因併著焉。

　　余廨在別駕廨前，頗曠遠，相傳是舊刑館改置，但郡志無此說。或者以廳事舊聯有"持三尺肅若秋霜"之類，非幕官語，故謂是司李署耶？安知非當時守法幕官所為也。余以蹇鄙，誤忝非服，因念污則自下機種，潔則人栽妒根，故不為撓事利己之圖，亦不能秕政麗熱，獨苦黔細，因揭一聯曰"體齊家之道以從政，推愛己之心以及人"，扁其堂曰"敬畏"。然終以奉三尺為時不容，是以儀部何公賦七言律四首贈余行，有"官小獨持三尺法，身輕不煖一年氈"之句。

　　余所蒙知，獨太守張公也。公行後有書勉余云："以足下而猶然魚服也，素王安得不錄簡分哉？方今操士如束濕，即椎（錐）處於囊，何能自見？願足下如老僧入定，一空無際，毋令山鬼得窺其伎倆，斯或逭于群妒耳。"公"老僧入定"數語，為余左契，敢緣所蒙，錄以識媿。

　　離署辭神，系以小詩云："逾年竊祿媿髯參，強欲從時苦未諳。念自為兒承母愛，忍他鸞子遂吾貪。竊鈇（鈇）以意顏無二，投杼（杼）隨人至有三。若斂泉黎泉貨去，祝融災後葬江潭。"

【校記】

① "三百六十尺"：誤，應作"三千六百尺"。

附録一

陳懋仁傳

　　陳懋仁,字無功。性嗜古,節俠自喜。參軍泉州,不以簿書廢鉛槧,記泉南事多故牒所未備。足跡幾遍海内。晚歸,著述凡二十餘種。李維禎嘗曰:"予周覽五十餘年,僅得檇李陳無功。"子蓋謨,篤行博學,精考天文、地理、象數、聲韻諸書,皆有師法,爲世所宗。

(康熙《浙江通志》卷三十七《文苑》)

附録二

四庫全書總目提要

泉南雜誌提要

泉南雜誌二卷 編修程晉芳家藏本。

明陳懋仁撰。懋仁字無功，嘉興人。官泉州府經歷。《浙江通志》稱其不以簿書廢鉛槧，記泉南事多故牒所未備，即是書也。其所載山川、古跡、禽魚、花木以及郡縣事實，頗爲詳具。中如"淳化帖"、"尼無著"等一兩條，亦稍有考證。其"官山"一條，破閩俗葬地之說，持論亦正。下卷則多記其在泉所施設之事，皆得諸身歷者。然如泉人之官嘉興，及嘉興人之官泉者，俱縷列姓名，即簿尉亦並載之，此非天下之通例，懋仁以嘉興人而宦泉州，故兩地互記耳。使修地志者人人皆援此例，則罄南山之竹不足供其私載矣。凡著一書，先存一厚其鄉人之心，皆至薄之見也。

（卷七十七史部三十三地理類存目六）

校 點 後 記

《泉南雜誌》二卷,明陳懋仁著。原版作者署"明檇李陳懋仁無功著","檇李"爲嘉興之古地名。

陳懋仁,字無功,浙江嘉興人。明萬曆年間官泉州府經歷,萬曆三十三年(一五五四)尚在任,不久去官。據《泉南雜誌》載:經歷"掌文書出入"。清康熙修《浙江通志》卷三十七《文苑》有陳懋仁傳,稱其"性嗜古,節俠自喜。參軍泉州,不以簿書廢鉛槧,記泉南事多故牒所未備。足跡幾遍海内。晚歸,著述凡二十餘種"。

該書爲清《四庫全書總目提要》收録。内稱:"《浙江通志》稱其不以簿書廢鉛槧,記泉南事多故牒所未備,即是書也。其所載山川、古跡、禽魚、花木以及郡縣事實,頗爲詳具。中如'淳化帖'、'尼無著'等一兩條,亦稍有考證。其'官山'一條,破閩俗葬地之説,持論亦正。下卷則多記其在泉所施設之事,皆得諸身歷者。然如泉人之官嘉興,及嘉興人之官泉者,俱縷列姓名,即簿尉亦並載之,此非天下之通例,懋仁以嘉興人而宦泉州,故兩地互記耳。使修地志者人人皆援此例,則罄南山之竹不足供其私載矣。凡著一書,先存一厚其鄉人之心,皆至薄之見也。"《提要》有褒有貶,議論中肯。雖如此,但因是書保存有明代泉州許多人文歷史資料,且多爲作者親身經歷,翔實可靠,足資參詳。

《泉南雜誌》曾單獨刊行,後收入《寶顔堂秘笈》、《學海類編》兩叢書。民國二十五年(一九三六),上海商務印書館王雲五主編的《叢書集成初編》亦予收録,與明江蘇太倉人、福建提學副使王世懋撰《閩部疏》合集。

一九七四年,泉州海外交通史博物館蠟紙謄刻翻印。

二〇〇五年,泉州市城市規劃建設專家顧問組與泉州市南建築博物館請楊清江先生以泉州市圖書館所藏海交館《泉南雜誌》油印本和民國王雲五《叢書集成初編》本校訂,重新斷句標點,形成一份新的打印本,但未印刷流通。

此次《泉州文庫》整理出版《泉南雜誌》,即以王雲五《叢書集成初編》本爲工作底本,參校楊清江先生整理本,以現行標點符號用法重新進行整理標點,對個別異體字、俗體字、通假字加以規範化,不另作校記。

鑒於學力粗疏,本書校點錯誤在所難免,敬請讀者教正。

編　者
二〇一九年六月

图书在版编目(CIP)数据

惠安政书/(明)葉春及著;鄭焕章點校.泉南雜誌/(明)陳懋仁著;吴遠鵬點校.—北京:商務印書館,2021
(泉州文庫)
ISBN 978-7-100-19808-0

Ⅰ.①惠… ②泉… Ⅱ.①葉… ②陳… ③鄭… ④吴… Ⅲ.①惠安縣—概况—明代②泉州—概况—明代 Ⅳ.①K925.7

中國版本圖書館CIP數據核字(2021)第063013號

本書地圖係原書地圖,審圖號爲GS(2021)3559號。

權利保留,侵權必究。

責任編輯　閻海文
特約審讀　李夢生

惠安政書　泉南雜誌

(明)葉春及　(明)陳懋仁　著

商　務　印　書　館　出　版
(北京王府井大街36號　郵政編碼100710)
商　務　印　書　館　發　行
山東韻傑文化科技有限公司印刷
ISBN 978-7-100-19808-0

2021年7月第1版　　　　開本705×960　1/16
2021年7月第1次印刷　　印張27　插頁2
定價:118.00元